フェミニズムと社会福祉政策

杉本貴代栄

[編著]

ミネルヴァ書房

目　次

序　章　フェミニスト社会福祉学をめざして ……………… 杉本貴代栄　1
　　　　──ジェンダー視点を据えた社会科学の歩みと到達点

　1　遅れてきたフェミニズム ………………………………………………… 1
　2　女性福祉とジェンダーの視点 …………………………………………… 2
　　　（1）婦人福祉から女性福祉へ　2
　　　（2）フェミニズムの視点からジェンダーの視点へ　4
　3　社会福祉政策の進展とフェミニズム …………………………………… 5
　　　（1）1980年代半ばから1990年代半ばまで　6
　　　　　──介護役割が社会福祉の課題となる
　　　（2）1990年代半ばから2000年　8
　　　　　──「ジェンダー問題」が社会福祉の課題となる
　　　（3）2000年代から現在まで　11
　　　　　──「男女共同参画」が社会福祉の課題となる
　4　「ジェンダーの視点」が明らかにしたこと，取り残したこと ………… 13
　　　　　──欧米の研究成果と比較して
　5　ジェンダー研究の課題 …………………………………………………… 16
　　　（1）男女共同参画社会のジェンダー課題　16
　　　（2）少子化政策のジェンダー課題　17
　　　（3）社会福祉基礎構造改革のジェンダー課題　18

第1部　社会福祉の実践

第1章　母子家庭対策における2002年改革の変遷と検証 …… 湯澤直美　24
　1　問題の所在──遅すぎた母子家庭の貧困の「再発見」 ……………… 24

2　2002年改革の重点期 …… 28
――「母子家庭の母の就業の支援に関する特別措置法」施行をふまえて
- （1）　母子家庭等自立支援対策大綱を起点とした2002年改革の特徴　28
- （2）　特別措置法施行と就業支援の展開　32
- （3）　成長力底上げ戦略と母子家庭の「福祉」　33

3　所得保障制度の見直し …… 35
- （1）　三位一体改革と生活保護制度の見直し　35
- （2）　就業支援策の限界と児童扶養手当一部支給停止措置　36

4　特別措置法失効後の母子家庭対策 …… 39
- （1）　在宅就業支援事業の登場　39
- （2）　母子加算の復活・児童扶養手当の父子家庭への適用拡大　40

5　問われる政策理念 …… 42

第2章　子ども・子育て支援施策 …… 原　史子　46
――重層的な生活課題を抱える子育て家族への支援の必要性

1　子育て支援施策検証の必要性 …… 46

2　子育て施策の推進――少子化対策から子ども・子育て支援へ …… 47

3　地域における子育て支援施策の進展状況 …… 53
- （1）　地域子育て支援センター・地域における子育て支援拠点の整備　53
- （2）　一時預かりサービス　55
- （3）　ファミリー・サポート・センター　56
- （4）　乳児家庭全戸訪問事業および養育支援訪問事業　56

4　子育ての実情 …… 58

5　重層的な生活課題を抱える子育て家族への支援の必要性 …… 62
- （1）　カナダのファミリー・リソース・センター　62
- （2）　韓国の多文化家族支援センター　64
- （3）　日本における子育て支援事業の課題　66

第3章　高齢社会とケア労働 …… 杉本貴代栄　72

1　ジェンダー研究と高齢者問題 …… 72

2　ケア労働をめぐる動向……………………………………………… 74
　　　（1）　介護保険施行前　74
　　　（2）　介護保険施行後　76
　3　ケア労働者の実態……………………………………………………… 78
　4　ケア労働が抱える課題………………………………………………… 81
　　　（1）　労働条件の処遇改善と人材確保の課題　81
　　　（2）　資格に関する課題　83
　　　（3）　外国人介護士の動向　86

第4章　売春防止法再考　……………………………………　宮本節子　90
　　　――女性の人権を確立するために

　1　課題認識の視野………………………………………………………… 90
　2　売春防止法改正の歩み………………………………………………… 92
　　　（1）　売春防止法の骨格部分の改正の歩み　92
　　　（2）　その他の法律改正時に連動した改正の歩み　94
　3　法理念改正と支援観の変遷――身体障害者福祉法を例に………… 95
　4　売春防止法の課題と改正への展望――みやもと私案について…… 98
　　　（1）　いま，改正するために考えておくべきこと　98
　　　（2）　性売買制度を支える人々と売春防止法の法対象者　99
　　　（3）　婦人保護施設における現行売春防止法の改正の動き　101
　5　改めて，なぜ改正が必要か…………………………………………… 107

第5章　フェミニスト・ソーシャルワークとは何か……須藤八千代　109
　　　――21世紀フェミニズム理論に伴走する実践と理論

　1　ソーシャルワークを産み出す思想…………………………………… 109
　2　フェミニスト・ソーシャルワークの道程…………………………… 113
　3　フェミニズム理論とソーシャルワーク……………………………… 114
　　　（1）　ケアとソーシャルワーク　116
　　　（2）　「貧困の女性化」とフェミニズム　118

　　　　（3）シチズンシップとソーシャルワーク　118
　　4　ドミネリとフェミニスト・ソーシャルワーク …………………………… 120
　　　　（1）リベラルフェミニズムとソーシャルワーク　121
　　　　（2）その他の潮流とソーシャルワーク　122
　　5　フェミニスト・ソーシャルワークのアクチュアリティ ……………… 123

第2部　新しい課題と政策過程

第6章　ドメスティック・バイオレンス ……………………… 山口佐和子 136
　　1　DVという言葉 ……………………………………………………………… 136
　　2　DVに対する取り組みの小史 ……………………………………………… 137
　　3　DV防止法と福祉政策 ……………………………………………………… 140
　　　　（1）DV防止法　140
　　　　（2）福祉領域の変化——光と影　143
　　4　フェミニズム，ジェンダー視点とDV政策 …………………………… 148
　　　　（1）DV政策の意義　148
　　　　（2）フェミニズム，ジェンダー視点からみた今後のDV政策の課題　151

第7章　ホームレスと女性の貧困 ………………………………… 丸山里美 158
　　1　野宿者の中の女性 ………………………………………………………… 158
　　2　ホームレスという概念 …………………………………………………… 159
　　3　なぜ女性のホームレスは少ないのか …………………………………… 161
　　　　（1）構造的な家への縛りつけ　161
　　　　（2）劣等処遇としての生活保障　163
　　4　ホームレスの女性を対象とした支援政策の展開 ……………………… 164
　　5　女性ホームレスたちの生活史 …………………………………………… 170
　　6　深化する貧困の女性化 …………………………………………………… 175

第8章　育児休業法と働く女性 …………………………… 乙部由子 178

1 育児休業法の規定内容の変遷 ………………………………………… 178
　（1）育児休業法におけるさまざまな制度　179
　（2）2010年の改正育児休業法の概要と特徴　181

2 育児休業法と関連する社会保険，労働保険からの給付率の変遷 …… 182
　（1）医療保険――国民健康保険・健康保険　182
　（2）年金保険――国民年金・厚生年金保険　184
　（3）労働保険――雇用保険　185
　（4）保険給付から明らかになること　186

3 育児休業法が女性労働者に与えた影響 ……………………………… 187
　（1）育児休業制度取得率の推移　187
　（2）育児休業者の休業取得期間　188
　（3）調査結果から明らかなこと　190

4 女性の就業継続と子育て意識 ………………………………………… 190
　（1）母親の子育て意識　190
　（2）出産前後の就業継続状況　192

5 現状から明らかになったこと ………………………………………… 193

第9章　ボランティア活動と女性 ………………………… 朝倉美江 198

1 ボランティアの誕生と女性 …………………………………………… 198
　（1）震災ボランティア　198
　（2）ボランティアの歴史と女性　200
　（3）国際ボランティア年とボランティアの独自性　202

2 ボランティアとジェンダー …………………………………………… 204
　（1）ボランティアと女性　204
　（2）福祉政策の中で期待される女性たち　205
　（3）NPOの誕生と権利の創造　208

3 ボランティアと多文化共生社会の形成 ……………………………… 210
　（1）男女共同参画社会から多文化共生社会へ　210
　（2）女性たち・マイノリティがつくる多文化共生社会　212

第10章　自己決定からとらえた援助する側と援助を受ける側との関係 …………………… 桑島　薫 217
　　　　――社会福祉現場への人類学的アプローチ

1 社会福祉の援助対象としての女性と援助側との関係にまつわる問題 …… 217

2 フェミニズムと社会福祉における自己決定をめぐる
　　議論の経緯と問題点 …………………………………………………………… 220

3 自己の再組織化と「自己決定」の創出プロセス …………………………… 222
　　（1）　自己決定をサポートする一時保護施設　222
　　（2）　自己決定のための枠づけ　226
　　（3）　経過メモを作成する　227
　　（4）　ドキュメント・テクノロジー　229
　　（5）　「自己決定」の場とプロセス　230

4 フェミニスト・ソーシャルワークへつなげる視点 ………………………… 232

第3部　海外の動向

第11章　欧米の社会福祉政策とジェンダーに関する研究動向 ………………………………………………… 大塚陽子 240
　　　　――北欧を中心として

1 ジェンダー視点からみた社会福祉政策研究 ………………………………… 240

2 福祉国家と女性との関係をめぐる議論 ……………………………………… 241
　　（1）　福祉国家類型論　242
　　（2）　フェミニストによるオルタナティヴな類型　243

3 家族政策とジェンダー平等 …………………………………………………… 245
　　（1）　パートナーシップと政策対象モデル　245
　　（2）　福祉国家のジェンダー戦略　247

4 有子家族支援政策から生ずるジェンダー平等ジレンマ …………………… 250
　　（1）　スカンジナヴィア3カ国のジェンダー平等ジレンマ　251
　　（2）　親休暇制度をめぐる課題　254

目 次

  5 ジェンダー平等と有子家族支援を両立させる政策とは？……………… 256

第12章 アメリカのソーシャルワーク教育 ………………… 菅野花恵 262
  ——バルドスタ州立大学ソーシャルワークプログラムを事例に
 1 ソーシャルワーク教育の全体像 ……………………………………… 262
 2 ソーシャルワーク教育の歴史 ………………………………………… 264
 3 MSW プログラム ……………………………………………………… 266
  ——バルドスタ州立大学の MSW プログラムを通して
  （1）バルドスタ州立大学について 266
  （2）バルドスタ州立大学の MSW プログラム開設の歴史 266
  （3）バルドスタ州立大学の MSW プログラムの教育倫理と
     コースカリキュラム 269
  （4）バルドスタ州立大学 MSW プログラムのコースの詳細と学生の特性 274
  （5）通信・インターネットによるソーシャルワーク教育の発展 279
  （6）ソーシャルワーク教育効果分析 281
  （7）評価・コンサルテーション・メンタリングによる教育の質の向上 281
  （8）ジョージア州とバルドスタ州立大学のソーシャルワーク教育の課題 282
 4 女性とソーシャルワーク教育 ………………………………………… 284

あとがき——社会福祉における「フェミ」たちの挑戦
人名索引
項目索引

コラム

 1 笑顔のお父さんといると子どもも楽しくなる 69
 2 名古屋市男女平等参画推進センター「つながれっと NAGOYA 相談室」 130
 3 特定非営利活動法人全国女性シェルターネット 155
 4 PROUD LIFE 196
 5 国立女性教育会館女性教育情報センター 236
 6 日本女性学研究会 260

| 序　章 | フェミニスト社会福祉学をめざして
——ジェンダー視点を据えた社会科学の歩みと到達点 |

1　遅れてきたフェミニズム

　従来からフェミニズムの影響を受けることが少なく，女性が「見えない存在」とされてきた社会福祉だが，それでも近年になり，社会福祉にはジェンダーから派生する問題が存在すること，それらが女性たちの抱える困難と結びついていることが問われるようになった。社会福祉の課題とは極めてジェンダーと密接に関連していること，そして現存の社会福祉の制度はそれらの問題を十分に援助していないことが「見える」ようになったのである。このような背景には，フェミニズムの主張が社会の各領域において徐々に浸透したこと，そして学問領域においてもジェンダーの視点から，各学問を問い直すことが進んだことがあげられる。

　既成の知識体系が，男性中心に偏向していること，女性が「見えない存在」であることに異議申し立てをし，新たな知の体系と教育体系の創造を求めることは，フェミニズムの重要な主張である。しかし，女性学・フェミニズム理論が先行した欧米諸国と比べると，日本においてはいずれの学問領域においても着手されることが遅かった。なかでも社会福祉の領域とは，フェミニズムによる影響を受けることが少なく，関連領域と比較しても大幅に出遅れた領域といわざるを得ない。フェミニズムが「見えるもの」にし，「名付けた」女性の抱える困難とは，社会福祉に密接に関わる問題であるにもかかわらずである。さらに社会福祉の領域とは，福祉労働としてそれを担う人も，家庭内で担う人も，また対象者も女性が多くを占め，ジェンダーの視点による再検討をより緊急に必要としているにもかかわらずである。いや，そのような「女性頼みの領域」

であることこそが，フェミニズムによる再検討が遅れた理由でもあるのだろう。さらに社会福祉が構造的性差別社会に深く根を下ろし，その成り立ちや構造自体が性差別を組み込んでいることが，フェミニズムによる取り組みが大幅に遅れた理由でもある。

　それでも1990年代に入ると，近接領域における研究が進んだこともあり，社会福祉をジェンダーの視点から再検討することが主張されるようになった。社会福祉が内在するジェンダーの課題も，たびたび取り上げられるようになった。今日では社会福祉の概論書にも，フェミニズムまたはジェンダーの記述があるものが増えつつある。学会や研究誌等でも，ジェンダーをテーマに取り上げることが多くなった。

　しかしこのような現状に到達する過程には，社会福祉のなかの「女性問題」をめぐる錯綜した状況があり，それはいまだ一掃されてはいない。本章の目的は，社会福祉政策とフェミニズムとのアプローチの軌跡を概観することにより，明らかになったことと残された課題について整理することにある。ゆえにまず，そのような錯綜とした「女性問題」の状況を整理することからはじめたい。

2　女性福祉とジェンダーの視点

（1）婦人福祉から女性福祉へ

　ジェンダーの視点による社会福祉の再検討は1990年代から始まったばかりだと既述したが，しかしこのことは，ジェンダーの視点を取り入れるという主張以前には，社会福祉が女性の問題を取り上げてこなかったということではない。社会福祉には従来から婦人保護，母子福祉といった領域が存在し，そこでの実践と研究の積み重ねが，「婦人福祉」という分野を形成してきたという歴史的経過がある。戦後になって登場した婦人福祉とは，当初は婦人保護事業を中心とする分野に限定的に使用されていたが，次第に婦人保護事業を中心としながらも対象を拡大し，母子世帯や母子保健に関する施策，勤労婦人のための各種施策といった「女性問題」を対象とする研究分野として定着した。そこではフ

序　章　フェミニスト社会福祉学をめざして

ェミニズムやジェンダーの視点という言葉は用いられはしなかったが，それらの研究のいくつかは，明らかに同様な視点を持っていた。しかし，婦人福祉が果たしたこのような歴史的役割は評価するものの，従来の社会福祉研究において抜け落ちていた，あるいは少ししか取り上げられなかった女性の問題を「付け加える」という婦人福祉の主張が，フェミニズムに立脚して社会福祉を再検討するという主張と出発点を異にしていたことは明らかである。また，婦人保護事業を中心としながら対象を拡大したとはいっても，婦人保護事業が欠くべからざる中心課題であったことには変わりはない。

　1990年代に入ると，婦人福祉は「女性福祉」と呼び替えられるようになる。「婦人」という用語一般が，「女性」と呼び替えられた趨勢を受けての変化であるのだが，「女性福祉」にはそれ以上の意味が付け加えられるようになる。より広範に「女性問題」を視野に入れた分野の総称として，また社会福祉の性差別性を問う研究視角をも意味するようになる。婦人保護事業を中心とする「女性問題」を扱う〈分野〉としての婦人福祉から，「ジェンダー問題」を取り上げる〈視点〉としての女性福祉へと変化したのである。近年の女性福祉に関する記述を見ても，それらは〈分野〉というよりも〈視点〉としての女性福祉を意味している(3)。

　しかし，女性福祉に新しい意味を持たせるという意図は理解するものの，その用語が持つ歴史的な混乱があることは否めない。女性福祉＝婦人保護事業という図式は，依然として存在しているからである。一例をあげれば，1990年代の半ばに売春防止法を女性の自立を支援する新しい法として改正することが「女性福祉法を考える会」により主張されたが，その新名称が女性福祉法とされたことが記憶に新しい(4)。また，ジェンダーから派生する社会福祉の問題がすべて「女性問題」に集約されるわけではないし，逆に「女性問題」以外にも女性の抱える課題は存在する（例えば教育問題等）。このように「女性問題」を「閉じこめる」危惧があるために，女性福祉とは混乱を招く不適切なネーミングだと言わざるを得ない。ジェンダー視点を据えた社会福祉の再検討のためには，女性福祉を超える〈分野〉と〈視点〉が必要なのである(5)。

（2）フェミニズムの視点からジェンダーの視点へ

　同時に1990年代に入ると,「フェミニズムの視点」あるいは「ジェンダーの視点」を持った社会福祉研究が主張されるようになる。ジェンダーを社会福祉の「指標」の一つとして用いること，それにより社会福祉総体を再検討するという主張は，女性福祉とは異なる主張である。「女性問題」に焦点を合わせてはいるものの，例えば社会福祉教育や福祉労働全体の問題等も視野に入れ，必ずしも「女性問題」だけを対象としてはいない。ジェンダーから派生する問題（その多くは女性の側に出現する問題ではあるが）を社会福祉の領域で取り上げ，社会福祉総体を捉え直すという，新たな社会福祉学の構築を目的としている。

　従来の女性福祉とは出発点を異にする，このような視点を明確に持った研究は，1990年代以降に進展した。女性労働問題や社会政策，社会学や心理学といった関連領域における研究成果が影響を与えたこともその理由の一つであった。このような研究が取り上げた社会福祉の課題とは多岐にわたりつつあるが，とくに研究が集中したのは，①高齢者介護や「ケア役割」をめぐって，②ドメスティック・バイオレンス（以下，DVとする）や児童虐待等の「新しい問題」をめぐって，③母子世帯問題等の従来からある「女性問題」の新たな切り口として，であった。[6]

　これらの研究は，「フェミニズムの視点」あるいは「ジェンダーの視点」と表現されることが多かったが，特定の名称を持っていたわけではなかった。同時期に女性福祉がたびたび使用されることになった理由として，このような事情も預かっていたのだろう。しかし，1990年代終わり頃になると，「ジェンダーの視点」という呼称が定着する。この背景には，1990年代後半から，社会全般において「ジェンダー概念」が採用されるようになったことがある。とくに1995年の北京での国連第4回世界女性会議以降，「ジェンダーの視点」という用語が行政サイドにおいて頻繁に使用されるようになった。フェミニズムが，「生物学的性別」を表すセックスと区別した，ジェンダーという「文化的・社会的性別」を表す概念を持ち込んだことは，今まで自然的なものとされ，したがって変えることのできないものとされていた性差を相対化し，男女の役割分

業の変革を可能にするからである。しかし一方で，ジェンダーという概念は，フェミニズムという既成の価値観が色濃くつきまとう用語と違って，「中立的」で「客観的」な響きがあるため，フェミニズムの政治性を排除する意味で行政サイドで頻繁に使われるようになったという理由もあった。「フェミニズムの視点」が，「ジェンダーの視点」と呼び替えられ定着したことは，このような趨勢とも無関係ではない。

ともあれこのような理由と経過を辿って，「ジェンダーの視点」は新たな研究視角として名づけられ，社会福祉研究のなかに位置を占めつつある。厳密にいえばジェンダーとは，性差の社会的影響を問題視する概念であり，フェミニズムと同義語ではないのだが，本章では，「ジェンダーの視点」とは「フェミニズムの視点」と同義語として使用することを断っておきたい。

フェミニズムと社会福祉の出会いは遅れたものの，このような経過を辿って社会福祉のジェンダー研究は進展した。次なる段階は，ジェンダー偏在を排除するための具体的な政策が論じられるべき時である。

3　社会福祉政策の進展とフェミニズム

近年の日本の社会福祉政策は，多かれ少なかれ，あるいは良くも悪くも，フェミニズムの影響を受けて進展した。その軌跡をフェミニズムの視点から概観すると，①1980年代半ば頃から1990年代半ばまでの時期，②1990年代半ばから2000年はじめまでの時期，③2000年以降の時期，の3段階に大きく区切ることができるだろう。むろんそれ以前にも，女性の抱える問題は社会福祉の課題の一つではあったが，問題を抱える一部の女性の問題であり，女性全体が抱える「ジェンダーの課題」として共有化されてはいなかった。例えば，死別母子世帯問題や売春問題，子どもの保育問題は社会福祉の課題とされてはいたが，困難を抱える一部の女性を対象とした制度にすぎなかった。「女性」であることによって負わされている介護役割や子育て役割，あるいはDVやセクシュアル・ハラスメントに代表されるようなジェンダーから派生する女性特有の困難

は，社会福祉の課題とされてはいなかった。それらが社会福祉の課題として取り上げられるようになるのは，フェミニズムの影響が社会福祉に及ぶようになる1980年代以降である。具体的には①国際的な趨勢，②高齢社会の進展，③少子化社会の継続，を契機として，フェミニズムは社会福祉政策に影響を及ぼすようになる。ここでは，社会福祉政策の進展をフェミニズムの側面から概観することにする。

（1） 1980年代半ばから1990年代半ばまで——介護役割が社会福祉の課題となる

この時代の国際的な趨勢の最大の影響は，1985年に成立した「雇用の分野における男女の均等な機会及び待遇の確保等女子労働者の福祉の増進に関する法律（以下，「均等法」とする）」である。1975年が国連によって「国際婦人年」と設定され，それに続く1976年から1985年までが「国連婦人の10年」とされたことは，国連加盟各国が男女平等政策を推進する後押しをしたのだった。日本におけるその影響は，女性差別撤廃条約の批准をテコとした均等法の法制化であった。法的な不備が批判された面は多々あったものの，「男女が平等に働く」ことをともかくも法的に承認した同法が，男女平等の進展に寄与したことは間違いない。これ以降，社会福祉を含める関連分野の政策は大きく進展するのだが，その意味からも均等法が成立した1985年とは，その起点ともいうべき年であった。

均等法は，性別によってでなく，能力によって男女に均等な機会を与えることを意図した法律であるが，当時の（そして現在も）女性労働者にとって最大の問題であった男女の役割分担という枠組みを変えることを視野に入れた法ではなかった。女性にとって，「家庭と仕事の両立」をいかにうまく成し遂げるかということが前提となっている。そのような枠組みのなかで，能力によって男女に均等な機会を与えるということの遂行は，結果として女子労働の「階層化」と「多様化」をもたらすこととなった。均等法と同時期に導入された年金・税制の専業主婦優遇政策は，このような「階層化」に拍車をかけた。男性並みに平等に働く女性と，男性とは異なる働き方をする女性とに二極化したのである。そして「多様化」とは，女性のライフスタイルに合わせた——育児や

介護といった女性のライフステージにおいて必要とされる——女性役割と調和する働き方のことである。つまり均等法は，男女の働き方を平等化するよりも女性の働き方を多様化させることに働いたのだが，それでも労働市場への女性の進出は（必ずしも正規雇用としてではなくても），「日本型福祉社会」に揺さぶりをかけたのだった。

　1973年の第1次石油ショックを契機として，1970年代後半の政策に顕著になり，1980年度からの行政改革の追い風のもとで進行した，老親同居三世代家族を受け皿とする「日本型福祉社会」は，1980年代半ばになると少しずつ形を変えていく。1988年に出された経済計画「世界とともに生きる日本——経済運営5カ年計画」には新たな「日本型福祉社会」が描かれているが，それは「公民の組み合わせによる独自の『日本型福祉社会』であり，その際，①社会保障制度の効率化・総合化，②世代間や制度間，受益者と負担者の間の公平，公正の確保，③民間活力の積極的活用と自助努力の促進を基本としつつ，施策を推進する」社会であるとされた[7]。このような，いわば「新・日本型福祉社会」とは，家族や地域の機能の弱体化や働く女性の増加を前提とし，三世代同居を強調しないことが特徴としてあげられる。ここにきて，弱体化した家族機能を補うために，在宅福祉サービスが政策の課題となった。介護にあたる家族を支援するために，ショートステイ，ホームヘルパー，デイサービスを中心とする在宅サービスが，1980年代後半から整備された。

　しかしこれらの政策は，依然として自助・連帯を重視し，公的部門をできるだけインフォーマル部門へ移行させる方針が明らかであり，女性はそのインフォーマル部門の中核として積極的に位置づけられている。例えば，1991年4月から，子育て後の主婦を主たる対象としたホームヘルパー養成を目的とした段階的研修制度がスタートした。「新・日本型福祉社会」を支えるヒューマンパワーとして，女性（主として「主婦」）が積極的に位置づけられたのである。

　「実りある長寿社会に向けて」と題した1994年度の『国民生活白書』は，このような傾向を，女性の生き方の一つと「評価」する。高齢者の介護のヒューマンパワーに言及して，「専門的で効率的な介護マンパワーを養成することに

よって，かえって女性の就労が可能になるといった面もあることに留意すべきである」と述べ，「このような専門的な外部サービスの導入は，サービスの質の向上と効率化をもたらすだけではなく，とりわけ女性にとっては，職業生活と家庭生活の両立を容易にすることにもなることから，女性の自己実現を可能とし，国民経済的な観点からは労働力の確保にもつながるという面がある」と強調している[8]。

「新・日本型福祉社会」とは，家族（女性）だけを介護の受け皿とはしていないけれども，依然として女性を介護の担い手——ホームヘルパー，あるいはボランティア——として位置づけた社会なのである。つまり，家族＝女性に家庭内介護を担わせることは「日本型福祉社会」「新・日本型福祉社会」ともに一貫した政策である。1990年代の終盤になって登場する介護保険は，社会的介護を担う労働力として改めて女性を組み込むことになる。

（2）1990年代半ばから2000年——「ジェンダー問題」が社会福祉の課題となる

フェミニズムの影響を受けた第2期ともいえるこの時期には，女性が抱える困難——ジェンダー問題——が今までになく取り上げられ，社会福祉の課題となった時期である。その結果，1990年代の後半から2000年のはじめにかけては，ジェンダーを課題とする新たな法が次々に成立した。ここに来てフェミニズムは，社会福祉政策に直接的な影響を与えるようなった。

ジェンダー問題が政策課題となった背景には，1990年代に入ってから国連でたびたびジェンダー問題が取り上げられるようになったことがある。とくに女性の身体の自己管理やセクシュアリティに関連した女性の権利についての諸問題は，1990年代前半に開催された一連の国際会議で取り上げられた。1993年6月にウィーンで開催された25年ぶりの世界人権会議は，「ウィーン人権宣言と行動計画」のなかで「女性の権利」を明記した。この宣言を受けて国連は同年12月に，「女性に対する暴力撤廃宣言」を採択した。1994年9月にはカイロで国際人口開発会議が開催され，女性のリプロダクティヴ・ヘルスが議論の焦点となった。また，1995年9月に北京で開催された世界女性会議では，それまで

序　章　フェミニスト社会福祉学をめざして

の集約として多くのジェンダー問題が取り上げられ，北京から世界へ向けて発信された。このような国際的な趨勢を受けて，日本においては今までになく新たなジェンダー関連の政策が成立・施行された（表序-1参照）。これらの法はいずれも，国際的な趨勢とフェミニズムの影響がなければ成立することが難しかった法である。

　一方で，少子・高齢化の進展は社会福祉の緊急な政策課題となった。「女性」であることによって負わされている介護役割や子育て役割が，やっと政策課題として取り上げられるようになったのである。介護に関しては，来るべき超高齢社会を視野に入れた「介護の社会化」を標榜する介護保険法が1997年に制定された（施行は2000年4月から）。「新・日本型福祉社会」は，今一度方向転換をすることを余儀なくされたのである。しかし介護保険の実施体制とは，家族だけではなく，性別分担に基づいた女性の不安定な労働をも「受け皿」として成り立っている。いわば「日本型福祉社会」と決別しないまま，その上に成り立っている「介護の社会化」なのである。

　介護保険制定までの議論の一つは，家族介護をどう位置づけるかということであった。介護保険の創設の発端が，家族（女性）が担う介護の負担を軽減することであったため，家族介護をどう評価するか——家族介護に対して現金給付をすべきか否か——は議論の焦点であった。1996年4月に出された「高齢者介護保険制度の創設について」のなかでも結論が出ず，1996年6月に老人保健福祉審議会が出した答申「介護保険制度案大綱について」のなかでようやく家族介護への現金給付という案が消滅したのだった。この経過には，女性を介護役割に縛り付けるという観点から現金給付に反対した「高齢社会をよくする女性の会」の活動や意見が影響したという見方もある。(9)しかし介護保険実施直前の1999年になり，家族介護という「美風」を保つために，外部の介護サービスを利用せずに重度の高齢者を介護している住民税非課税の世帯に対して，介護保険の枠外で慰労金を支給することになったことは周知のことである。

　子育て役割に関しても，1990年代に入ると社会福祉の緊急の課題としてたびたび取り上げられるようになる。1994年に策定されたエンゼルプランと緊急保

表序-1　1990年代以降のジェンダー関連政策

年	社会福祉政策	その他のジェンダー関連政策	年金・税制に関連する政策	ジェンダーに関する社会の動き
1990				
1991		育児休業法成立・公布 児童手当制度改正（支給額の倍増）		
1992				
1993				世界人権会議（ウィーン） 国連が「女性に対する暴力撤廃宣言」を採択
1994	エンゼルプラン策定 緊急保育対策等五カ年事業の策定			国際人口開発会議（カイロ）
1995	新ゴールドプラン策定	育児・介護休業法（育休給付金25％に。介護休業は1999年度から実施） 労働者派遣法改正（26種に拡大）		第4回世界女性会議（北京） 日本がILO156号条約を批准
1996				アメリカで福祉改革法が成立
1997	介護保険法（2000年施行） 精神保健福祉士法 児童福祉法改正（1998年4月から施行）	男女雇用機会均等法改正（1999年4月施行）		
1998	児童扶養手当制度の改正			
1999	新エンゼルプラン策定 ゴールドプラン21の策定	男女共同参画社会基本法 児童買春・児童ポルノ処罰法 労働者派遣法の改正（ほぼ自由化）		
2000	児童虐待防止法 社会福祉法 児童手当の一部を改正する法律	児童手当制度の改正（対象の拡大）		国連特別総会「女性2000年会議」（ニューヨーク）
2001	配偶者からの暴力防止及び被害者の保護に関する法律 児童福祉法改正	児童手当制度の改正（対象の拡大） 育児・介護休業法改正（育休給付金40％へ）		
2002	児童扶養手当制度の改正			「ジェンダー・バッシング」盛んになる
2003		次世代育成支援対策推進法 少子化社会対策基本法 労働者派遣法改正（2004年4月施行）	配偶者特別控除の廃止（2004年度から）	千葉県の男女共同参画条例が廃案になる
2004	配偶者からの暴力防止法の改正 児童虐待防止法の改正	児童手当制度の改正（対象年齢の拡大） 育児・介護休業法改正（対象・期間の拡大）	年金法改正	都教委が「ジェンダーフリー不使用」の通知を出す
2005	障害者自立支援法（2006年4月から施行） 介護保険法改正			政府の第2次男女共同参画基本計画が閣議決定される
2006	生活保護の母子加算の段階的廃止開始（2009年に全廃）	男女雇用機会均等法改正（2007年4月施行）		教育基本法改正
2007	配偶者からの暴力防止法の改正	児童手当制度の改正（0-2歳は月1万円へ） 育児・介護休業法改正（育休給付金50％へ）	離婚による年金分割制度開始	

出所：著者作成。

育対策等5カ年事業に次いで，1999年には新エンゼルプランが策定され，社会福祉の重要な課題と位置づけられた。歯止めのかからぬ少子化の趨勢は，政策の標的としてさらに女性を押し出すことになる。

（3）2000年代から現在まで――「男女共同参画」が社会福祉の課題となる

　男女平等を推進する国際的な流れを受けて，1990年代にはジェンダー平等を志向する政策が一定の前進をしたのだが，なかでも特筆すべきは1999年6月に成立した男女共同参画社会基本法であった。同法は，日本政府が1985年6月に批准した女性差別撤廃条約のなかで求められていたのだが，当時としてはそのような立法は実現不可能であり，その他の条件（均等法の成立，国籍法の改正，家庭科の男女共修の導入）を整えることにより同条約を批准したという経過があった。しかし，1990年代に入ると国連を中心とした男女平等を求める動きは活発化し，日本においても女性差別撤廃条約が求めている「性差別禁止法」を策定しようとする動きが高まった。[10]このような動きを受けて，北京における世界女性会議後の1997年には内閣総理大臣から男女共同参画審議会に基本法の検討が諮問され，審議会は「男女共同参画社会基本法について――男女共同参画社会を形成するための基礎的条件づくり」を答申した。この答申に基づいた基本法が国会に提出され，1999年6月に男女共同参画社会基本法が成立した。同法は，男女共同参画社会の実現を21世紀の最重要課題と位置づけ，基本理念を明らかにし，国・地方公共団体・国民の責務を明記して，男女共同参画社会を総合的かつ計画的に推進することを目的とした法である。しかし，皮肉なことに同法を契機として，揺り戻しが生じたのである。

　「ジェンダー・バッシング」と名づけられた揺り戻しは，各自治体で進められている男女共同参画条例の制定をめぐって表面化した。各条例が専業主婦や「男らしさ，女らしさ」を否定し，男女の区別をなくして人間の中性化を図るとして批判し，条例案の変更や廃案を要求することが2000年以降から続出した。[11]このようなバックラッシュは，条例づくりだけに出現したわけではなく，公教育の場での男女混合名簿や性教育も批判の対象とされる等，広範囲にわたって

出現した。このような混乱を反映して，政府の対応はジェンダー・フリー（とジェンダー政策の進行）に極めて消極的となった。例えば，2005年末に閣議決定された「男女共同参画基本計画（第2次）」には，「社会的性別（ジェンダー）」という記述はかろうじて残されたが，ジェンダー・フリーには以下のような注釈が加えられた。「『ジェンダー・フリー』という用語を使用して，性差を否定したり，男らしさ，女らしさや男女の区別をなくして人間の中性化を目指すこと，また，家族やひな祭り等の伝統文化を否定することは，国民が求める男女共同参画社会とは異なる。例えば，児童生徒の発達段階を踏まえない行き過ぎた性教育，男女同室着替え，男女同室宿泊，男女混合騎馬戦等の事例は極めて非常識である。また，公共の施設におけるトイレの男女別色表示を同色にすることは，男女共同参画の趣旨から導き出されるものではない」[12]。東京都教育委員会は，2004年8月に「ジェンダー・フリーは使用しないこと」という通達を出した。

　一方で，2000年に入ると少子化対策は，量も質も大きく変化した。「子育て支援」を中心とした狭義の少子化対策から，性別役割分業の見直し，雇用環境の整備，青少年の自立の促進，不妊治療等をも含む広義の少子化対策を，国，地方公共団体，企業が一丸となって推進すべきものへと変化した。その背後には，歯止めのかからない出生率の低下，晩婚化・非婚化だけはでなく，結婚した夫婦の出生力も低下するという，少子化の進行を後押しする要因が明らかにされたことがある。少子化への「危機感」は，一層の少子化対策の進展を促したのだった。2003年7月に成立した「少子化社会対策基本法」は，そのような「危機感」が結集されたものである。

　男女共同参画社会基本法の施行を契機として期待されたジェンダー平等へ向けての政策のさらなる進行は，このような風向きの変化のなかでは，足踏みをせざるを得ない。1990年代に一定の前進を見たジェンダー平等政策を今後も推進することは，労働力確保の点からも，少子化対策としての「両立支援」政策の点からも必要であり，まったく放棄されることはないながらも，ジェンダー平等よりも労働力確保，あるいは財政的理由に重点が置かれがちである。国が

かけ声をかける「男女共同参画」とは，そのような意味を増しつつある。

4　「ジェンダーの視点」が明らかにしたこと，取り残したこと
　　　　──欧米の研究成果と比較して──

　本章の冒頭に，女性学・フェミニズム理論が先行した欧米諸国においては，社会福祉をその一つとする各学問分野での再検討が行われたと記述した。ここではその問題に立ち返り，まずは欧米諸国において明らかにされたことを整理してみよう。

　欧米における社会福祉のジェンダー研究は，1960年代に起こった女性解放運動を端緒としているが，その研究の経過は，以下のような3つの方向から行われてきた。[13]

① 社会福祉のなかの「セクシズム」批判──ソーシャルワークという職業や教育のなかの性差別を問うこと
② ソーシャルワーク実践技術への取り込み──フェミニスト・ソーシャルワークの構築
③ 福祉国家のなかの「セクシズム」批判

　上記の①と②の方向からの社会福祉の再検討は，女性解放運動の影響を受け，その直後の1970年代始めから着手されたものである。しかし，社会福祉のなかに存在するジェンダーの問題が次第に明らかになるにつれ，個々の制度に存在する男女間の違いだけでなく，社会福祉（政策や制度だけでなく，社会のあり方や福祉観も含めて）の「あり方」が，男女間で異なっていること，あるいは男女間で不平等に割り当てられているといった，社会福祉の構造自体が内包する「ジェンダー偏在」──福祉国家のなかの「セクシズム」──が問われるようになる。しかしそのためには，ある程度ジェンダー視点による研究が進展することが必要であった。3つの方向のうち，①と②は1970年代から出現したが，

③はその後，1980年代に入ってから，いわば第2段階に入ってから登場した。つまりこれらの研究は「方向」でもありながら，一方では研究の経過をあらわす「段階」でもあったのである。1990年代に入ると，①と②の研究分野も継続して取り組まれているけれども，社会福祉のジェンダー研究はその研究対象を「福祉国家と家族」に集中させる。フェミニズムから提出された議論とは，福祉国家の政策が「一定の家族モデル」を前提として組み立てられ，それを固定化していることにあった。性別役割分業を発見し批判の焦点としていたことはフェミニズムの大きな功績であるのだが，それが社会保障・社会福祉のなかに持ち込まれていることを明らかにしたのだった。

　1990年代以降今日でも，欧米においては福祉国家批判はきわめて隆盛である。それらは上記のようなジェンダー研究の積み重ねの結果であるのだが，一方でエスピン・アンデルセン（Espin-Andersen, G.）により提唱された福祉国家類型論（福祉レジーム論）の議論が預かっていることも確かである。1990年にエスピン・アンデルセンが著した *The Three Worlds of Welfare Capitalism.*（Polity Press）（日本語訳：岡沢憲芙・宮本太郎監訳『福祉資本主義の三つの世界——比較福祉国家の理論と動態』ミネルヴァ書房，2001年）は，多くの研究者が参加する議論を拓き，なかでもフェミニスト研究者からの批判が新たな知見を提出し，注目されたからである。

　日本においてもエスピン・アンデルセンを契機とした福祉国家類型論は盛んである。つまり上記の3つの分野（段階）のうち，③「福祉国家と女性」は論じられるテーマとなってはいるが，一方で①も②も，ほとんど取り上げられてはいない。このような「差」の理由として，まずは日本においてはエスピン・アンデルセン以前には社会福祉領域でのジェンダー研究の積み重ねがほとんどなかったということ。エスピン・アンデルセンを契機として，今までになくジェンダー研究が注目されるに至ってはいるが，いわば「外圧」による関心の高まりともいえるだろう[14]。このような関心の高まりが，職業としてのソーシャルワークや社会福祉教育のなかの「セクシズム」を克服することに向けられるかどうかは疑問である。もう一つの理由として，「福祉国家研究」であったから

こそ、日本においても多くの研究者が関心を示したという、日本的な理由があげられるだろう。超高齢社会に突入し、介護問題や貧困問題が女性が抱える深刻な問題として明らかになったこと、少子化社会の課題がジェンダーに直結していること、それらを見据えて社会保障・社会福祉を改革することに直面した日本においては、その「独特の福祉国家」を理解する必要があったからである。

日本が「独特な福祉国家」であることは、多くの論者によって指摘されている。日本の福祉国家がどの類型に属するかという議論もさまざまである。社会保障支出の程度や社会保険プログラムの特徴からすると、ティトマス（Titumuss, T.）の分類でいえば産業的業績達成モデル、エスピン・アンデルセンの福祉国家レジーム論でいえばコーポラティズム／保守主義レジームとして位置づけられよう。しかし、公的扶助の給付に伴うスティグマの程度等の社会的市民権の指標からすると、また、女性の労働市場への参加の程度、社会保障制度が男性を扶養者・女性を被扶養者とする家族モデルにどの程度依拠しているか等のジェンダー的指標からすると、むしろ残余的モデルや自由主義レジームに近い群に位置すると指摘する論者もいる。つまり、日本が「独特な福祉国家」である理由は、ジェンダー側面とおおいにかかわっている。日本のジェンダー側面を明らかにすることは、緊急な関心ある研究テーマとなったのである。

つまり、福祉国家論や類型論にはおおいに関心が寄せられ、家族と福祉国家の関係も明らかにされつつあるのだが、一方で、欧米においては研究が積み重ねられてきた他の分野、職業としてのソーシャルワークや社会福祉教育のなかの「セクシズム」、フェミニスト・ソーシャルワークといった技術の発展については取り残されたままである。福祉国家批判という大所からの問題だけではなく、そこから派生して社会に構造的に埋め込まれた、ソーシャルワークという職業や教育のなかに存在する性差別、高齢者介護や母子家庭問題、DVといった女性が抱える生活上の諸問題も、同様に関心を持つべき社会福祉の「メインテーマ」なのである。

5 ジェンダー研究の課題

1990年代以降,社会福祉のジェンダー研究は活発化し,その研究対象も次第に拡大した。しかし一方で,社会福祉を取り巻く今日の状況は複雑化し,新たなジェンダー課題を提出しつつある。本章の最後として,社会福祉のジェンダー研究が直面している課題,あるいは今後取り組むべき課題についてまとめておくことにする。

(1) 男女共同参画社会のジェンダー課題

1999年6月に成立・施行された男女共同参画社会基本法は,男女共同参画社会の形成の促進を総合的かつ計画的に推進することを目的とし,男女共同参画社会の形成に関しての基本理念を定め,国,地方公共団体,国民の責務を明らかにした。ゆえに,性差別の禁止や今後の男女平等政策の策定に法的根拠を与えることになる。また現在議論が集中している,税制・年金等の不平等についても,再検討を促す根拠を提供することが期待される。しかし一方で,基本法を通して明らかになった男女共同参画社会の社会像とは,フェミニズムが描く社会像とは,どうも少し異なるようである。「女性差別の存在」や「男女平等化を目指す」ことを「男女共同参画」と言い換えた社会とは,現存する性差別を曖昧にしがちである。このような,一見「男女平等風」な社会像は,近年になって「ジェンダー概念」が多用され,特に行政によってフェミニズムを読み替える「中立的」な用語として積極的に導入されたことと無関係ではない。このような男女共同参画社会では,現存する性差別が見えにくくなり,「見える」ようになった女性が抱える社会福祉の課題は,男女が抱える共通の問題として,再び「見えにくく」なる——ジェンダー側面が希薄化する,という懸念がある。

例えば,児童扶養手当や母子生活支援施設といった女性だけが該当する制度や施設は,男女平等の理念からすると,消滅すべきものということになる。事実,児童扶養手当は2010年8月から母子世帯だけではなく,同様な条件下にあ

る父子世帯にも支給されるように変更され，同年12月から支給が開始された。[15]
法律や制度が男女平等になることは必要ではあるが，労働のジェンダー分化が存在し，女性にとって労働市場へのアクセスが圧倒的に不利である現状においては，依然として女性だけを対象とする制度を必要とする側面もあることは否めない。男女共同参画社会においてのジェンダー問題は，より注意深く具体的に検討されなければならない。

(2) 少子化政策のジェンダー課題

これまでも出生率の低下を契機として，エンゼルプラン（1995-1999年度）・新エンゼルプラン（2000-2004年度）の策定，少子化社会対策基本法の制定とそれに基づく少子化社会対策大綱の策定，子ども・子育て応援プラン（2005-2009年度）の策定，さらに「新しい少子化対策」や「子どもと家族を応援する日本」重点戦略が策定された。これらの少子化政策によって制度が改革されたり，拡充されたりしたことは確かである。子育てと就業の両立を図るための保育サービスや雇用面での整備が進みつつあるし，男女の性別役割分業を見直す契機にもなっている。しかし少子化政策には，ジェンダー視点から見ると二つの大きな矛盾がある。

一つは，少子化政策はジェンダー側面に配慮をした政策を施行しながらも，一方で，弱体化した家族機能を憂い，家族（両親家族）を強化する政策を志向する側面があるということ。そのような一連の政策は，明示的であれ暗示的であれ，出産・子育てを女性の義務と規定する。また「産まない女性」へのバッシングも強くなる。森喜朗元首相が「子どもをつくらない女性が年をとって，税金で面倒をみろというのはおかしい」という発言（「朝日新聞」2003年7月5日付朝刊）や，柳澤伯夫元厚生労働大臣の「女性は産む機械」発言（「朝日新聞」2007年1月28日付朝刊）はその典型である。[16]

もう一つは，子どもを持つか持たないかという，きわめて個人的な選択の問題を政策課題にするという矛盾である。特に1990年代になると，国連を中心とした国際会議で，性と生殖に関する権利（リプロダクティヴ・ヘルス／ライツ）は

女性の権利であることがたびたび取り上げられている。子どもを持つか持たないか，何人の子どもをいつ産むかは，女性の自己決定権であることが確認された。そのような時代における少子化政策とは，対象とすべき政策を慎重に選択する必要があるはずである。近年の少子化政策は，1990年代に推進された「子育て支援」を中心とした狭義の少子化政策から量も質も変化した。時に最近では，不妊治療や結婚相手を求める「出会い」や若者の自立という，個人の生き方に関わることまで対象とするように拡大されている。

2000年代に入っての「ジェンダー・バッシング」により，男女共同参画の推進が揺らぎつつある政府の政策の矛先は，大方の賛同を得られやすい少子化政策の進行に集中しつつある。

（3）社会福祉基礎構造改革のジェンダー課題

1990年代後半になると，来るべき超高齢社会を視野に入れた社会福祉システムを構築するべく，従来の社会福祉の枠組みを抜本的に見直す社会福祉基礎構造改革が進行した。2000年6月には，社会福祉事業法を中心とする8法を対象として改正し，社会福祉法という新法が成立・施行された。新法による改革は広範に及んでいるが，その改革の「目玉」の一つは，税（公費負担）による「措置」に基づく福祉サービス体制を見直し，利用者がサービスを選択して決定する利用（契約）制度へ移行させること，多様な主体の参入を認めることにより，福祉サービスの質と量を確保することという福祉労働分野の改革にあった。社会福祉法に先立って施行された介護保険では，従来の措置制度から，要介護認定を受けた利用者が認定された限度額の範囲内で介護サービスを選択して利用する利用制度が採用されていたし，民間企業やNPOをはじめとした多様な経営主体が福祉サービスを提供できることになった。社会福祉法の成立は，介護保険で導入した選択利用制度の仕組みを社会福祉基礎構造改革によって他の施策に拡大することであり，また一方では，介護保険の円滑な実施に必要な利用者支援の仕組み作りを改革が推進するという，相互補完的な関係なのである。

序　章　フェミニスト社会福祉学をめざして

　社会福祉基礎構造改革が推し進める新しい制度のもとでは，多様な事業者がサービスを提供し，利用者は介護サービスを選択して利用する。このようにして登場した新たな福祉労働市場は，不況下でのリストラ等で雇用が難しくなるなかで，今後も新たな雇用を創出する分野として期待されている市場である。政府はこのような福祉分野を受け皿にして，500万人の雇用創出構想を明らかにした。[17]

　しかし一方で，介護保険と社会福祉基礎構造改革が後押しした多様な福祉サービスが増加すること——特に営利事業主体が参入することに不安を覚える人も多かった。その不安とは，①介護サービス利用者の階層格差，②企業の営利性の追求，③福祉労働の不安定化，についてである。つまり，お金のある人は高価な介護を購入し，そうでない人は質の低い介護を購入したり，あるいは家族介護に頼ることになるかもしれない。営利を追求する事業体は，利益率の高いサービスに集中し，過疎地や廉価なサービスを敬遠するかもしれない。またこのような営利事業体で働く人は，低賃金なパート雇用が中心となり，不安定で不利な女性労働力が中心となるかもしれない。女性の安上がり労働を組み込んでの社会福祉の再構築がされるのならば，今までよりも福祉労働のジェンダー分化は進行することが懸念される。女性が男性とは異なる種類の労働に従事させられること，福祉国家の発展のなかで形成されてきた「女性の仕事」＝ケア役割を考慮することはフェミニズムにとっての大きな課題でもあるのだが，社会福祉にとっても直面せざるを得ない大きな課題となったのである。「日本型福祉社会」も「新・日本型福祉社会」もそれから自由ではなかったが，近年の社会福祉政策の進行は，このようなジェンダー分化をより推し進めることになるかもしれない。フェミニズムと社会福祉が，手を携えて挑戦すべき今日的な課題が提起されている。

注
(1)　2011年3月4日に，社会政策関連学会協議会の主催により，協議会に参加している各学会がどのようにジェンダーをとらえてきたかを討議する研究会，「ジェンダーと社会政策——各学協会はどうとらえてきたか」が開催されたが，そのなかで

も，社会福祉領域の取り組み（日本社会福祉学会）が他学会と比べても遅れていることが報告され，確認された。
(2) ジェンダーについて記述している社会福祉の概論書・入門書には，以下のようなものがある。①古川孝順・松原一郎・社本修編『社会福祉概論』（有斐閣，1995年），②橋本宏子『女性福祉を学ぶ』（ミネルヴァ書房，1996年），③岩田正美他『ウェルビーイング・タウン社会福祉入門』（有斐閣，1999年），④杉本貴代栄『ジェンダーで読む福祉社会』（有斐閣，1999年），⑤山縣文治編『社会福祉法の成立と21世紀の社会福祉』（ミネルヴァ書房，2001年），⑥山縣文治他編『よくわかる社会福祉』（ミネルヴァ書房，2002年），⑦杉本貴代栄『ジェンダーで読む21世紀の福祉政策』（有斐閣，2004年），⑧森田明美編著『よくわかる女性と福祉』（ミネルヴァ書房，2011年）。研究誌では，『社会福祉研究』（鉄道弘済会）が2001年発行の第81号で，〈特集：社会福祉システムの再検討——ジェンダーの視点から〉をはじめて特集した。また，社会福祉領域の主たる学会である日本社会福祉学会では，2010年に社団法人設立記念企画「他領域からの提言」として，ジェンダー研究の立場から上野千鶴子さんを講師の一人として招いたことも付記しておく。
(3) 例えば女性福祉とは，橋本宏子は，「女性一人一人が人間として幸福を追求し，人生設計をするための基盤としての生活を整備すること」（橋本宏子『女性福祉を学ぶ』ミネルヴァ書房，1996年），林千代は「女性であるという性を理由に，幾重にも重なって生活を脅かす差別をとらえ，支援策を検討しつつ人権の確立をめざすこと」（「女性福祉」『アエラムック——社会福祉学のみかた』朝日新聞社，1997年），湯澤直美は「女性であるという属性であるがゆえに直面する性・セクシュアリティーに関わる問題を中核にしながら，性差別的社会構造のなかで生み出されるこれらの生活問題に対応するものであり，性差別の撤廃と対等かつ平等な関係性を基盤とした人権の確立を目指す活動の総称である」（「女性福祉への視座」山縣文治編『社会福祉法の成立と21世紀の社会福祉』ミネルヴァ書房，2001年）と，規定している。
(4) 1995年に，婦人相談員，弁護士，研究者等による「女性福祉法を考える会」が結成された。同会の目的は，現行の売春防止法を名称，内容ともに改正する法案を検討すること，婦人保護事業を女性の人権を確立する視点から発展させること等であった。その際の新法の名称が女性福祉法であった。同会は，定期刊行物「セクシャル・ヒューマン・ライツ」を中心に活動を続けたが，1998年に目的を達せずに解散した。
(5) このような主張があるにもかかわらず，「女性福祉」は社会福祉の各領域において頻繁に使用されている。例えば，日本社会福祉学会の分科会名として「女性福祉」（1991年以前は「婦人福祉」，2004年以降から現在までは「女性福祉・ジェン

序　章　フェミニスト社会福祉学をめざして

ダー」）が，また福祉系大学における講座名には「女性福祉」が多く使われている。
(6)　社会福祉のジェンダー研究が集中した3つの領域についての詳細は，杉本貴代栄「社会福祉とジェンダー——研究の方法・到達点と課題」『社会福祉研究』第81号（2001年）を参照のこと。
(7)　経済企画庁編『世界とともに生きる日本——経済運営5カ年計画』1988年。
(8)　経済企画庁編『国民生活白書——実りある長寿社会に向けて　平成6年版』1994年。
(9)　介護保険の審議過程に，「高齢社会をよくする女性の会」の影響があったことについては，中井紀代子「高齢者介護政策における家族の位置」中井紀代子『家族福祉の課題』（筒井書房，2000年），ペング，イト「日本型福祉国家におけるキャッシュとケアと女性の市民権」『海外社会保障研究』No. 127（1999年）に述べられている。
(10)　女性差別撤廃条約の第2条（b）には，「女性に対するすべての差別を禁止する適当な立法その他の措置（適当な場合には制裁も含む）をとること」と書かれていて，性差別禁止法を国内的に作ることを求めている。
(11)　例えば，山口県宇部市で2002年6月に制定された男女共同参画条例には，「専業主婦を否定することなく，現実に家庭を支えている主婦を……支援するよう配慮に努める」という文言が入れられた。2003年には，女性の雇用に積極的な企業を県が工事請負などで優遇する，農家の夫と妻の間で収益の分配等を定めた家族経営協定を促進する，子どもを産むか産まないかは自ら決定できる等の内容を盛り込んだ千葉県の条例案が，最大会派の自民党から反発を受け，事実上廃案となった。
(12)　内閣府男女共同参画局「男女共同参画基本計画（第2次）」2005年。
(13)　これらの研究の経過と詳細については，杉本貴代栄『社会福祉とフェミニズム』（勁草書房，1993年）を参照のこと。
(14)　欧米と日本におけるジェンダー研究の「差」については，デイリー，メリー・レイク，キャサリン／杉本貴代栄監訳『ジェンダーと福祉国家——欧米におけるケア・労働・福祉』（ミネルヴァ書房，2009年）の杉本貴代栄による解説「フェミニスト研究の経過と到達点——日本の課題」を参照のこと。
(15)　児童扶養手当の父子世帯への拡大は，近年のジェンダー課題の一つであり，父子世帯への拡大により，母子世帯への支給が縮小されることが危惧されたのだった。2010年の拡大は，民主党のマニフェストに掲げられていたために実現し，母子世帯への支給を縮小する結果とはならなかった。詳細は本書第1章を参照のこと。同手当を受給している父子世帯数は5万9,415である（2011年8月）。(http://www.mhlw.go.jp/wp/hakusho/boshi/10/dl，2012年6月20日アクセス）。
(16)　「朝日新聞」2003年7月5日付朝刊，2007年1月28日付朝刊を参照。

⒄　政府の総合規制改革会議が2001年11月に提出した最終提言にも，今後規制緩和を推進する分野の一つに福祉分野があげられ，今後労働力が高まる分野として福祉労働が期待されていた。

参考文献
杉本貴代栄『社会福祉とフェミニズム』勁草書房，1993年。
杉本貴代栄編著『フェミニスト福祉政策原論』ミネルヴァ書房，2004年。
デイリー，メリー・レイク，キャサリン／杉本貴代栄監訳『ジェンダーと福祉国家——欧米におけるケア・労働・福祉』ミネルヴァ書房　2009年。

（杉本貴代栄）

第1部　社会福祉の実践

第1章 母子家庭対策における2002年改革の変遷と検証

1 問題の所在——遅すぎた母子家庭の貧困の「再発見」

 バブル経済崩壊後の経済不況と雇用の非正規化が急速に進行した1990年代を経て，2000年代に入ると「2002年1月に景気の谷を迎え，景気回復局面に移行」したとして，2005年年次経済財政報告は「日本経済は"バブル後"と呼ばれた時期を確実に抜け出した」と明言した。この景気回復期間は2007年まで続き，第2次世界大戦後，最長の69カ月に及ぶという。景気拡大局面の山とされた2007年10月を経て後退局面に移行するなか，リーマン・ショックとその後の世界同時不況期を迎えるものの，2009年春には景気は持ち直しの局面にあると報じられた。このような2000年代初頭の景気回復期において，人々の暮らしは改善の兆しをみせたのであろうか。企業部門における企業収益の増加が指摘される一方，家計部門への波及は遅滞した。雇用の非正規化は一層進行し，雇用者総数に占める非正規雇用者の割合は3割を超えている（平成14年「就業構造基本調査」）。賃金は抑制され雇用者報酬はほとんど増加しなかった。さらに，リーマン・ショックに端を発する世界経済危機を受け，非正規雇用者の大量解雇に踏み切る企業が続出し，雇用破壊とも言われる事態が引き起こされた。
 このような2000年代初頭の社会変動のなかで注目すべきは，その影響をより強く受ける社会集団としての「子ども」である。2011年7月公表の「平成22年国民生活基礎調査」（厚生労働省）では，初めて分析手法として貧困率を採用し，1985年から2009年まで，3年ごとの大規模調査年次の貧困率の推移を掲載した。1985年には10.9％であった子どもの貧困率は，2000年では14.5％，2003年13.7％，2006年14.2％と推移し，2009年にはさらに1.3ポイント悪化し，この

約4半世紀のうち最高値である15.7％に至っている。2009年の全年齢層の貧困率は16.0％であり，2006年の15.7％から0.3ポイントの悪化であることと比較すると，子どもをとりまく貧困化の加速がみてとれる。このような変化をより実感に即して把握するために全年齢層の所得の中央値と貧困線をみると，2000年240万（貧困線120万）円・2003年233万円（117万）円・2006年228万（114）万円・2009年224万（112万）円であり，2000年以降，一貫して低下していることがわかる。

　さらに注目すべきは，ひとり親世帯の突出した貧困率である。2009年データでみると，子どもがいる現役世帯のうち，大人が2人以上の世帯の貧困率は12.7％であるのに対し，大人が1人の世帯では50.8％と格差が大きい。大人が1人の世帯には父子世帯や親以外による養育者世帯が含まれるものの，大多数である母子世帯の実態が反映されている数値である。このような親が1人の世帯の貧困率の高さは，OECD諸国と比較しても際立っており，日本はほぼ最高位の指数となっている。母子世帯の1世帯当たり平均所得金額は262万6,000円，世帯人員一人当たりでは97万1,000円に過ぎない。全世帯の平均所得金額は549万6,000円であり，この平均額以下の所得である世帯の割合をみると，全世帯では61.4％，児童のいる世帯では42.2％であるのに対し，母子世帯では95.1％と差は歴然としている（「平成22年国民生活基礎調査」をもとに算出）。

　景気回復局面とされた2002年は，おりしも厚生労働省により母子家庭等自立支援対策大綱が告示され，戦後の母子寡婦対策の転換に踏み出した，いわば見直し元年であった。同大綱では，「昭和27年に戦争未亡人対策から始まり50年の歴史を持つ我が国の母子寡婦対策を根本的に見直し，新しい時代の要請に的確に対応できるよう，その再構築を目指す」として，国による基本方針の策定，都道府県・市等の自立支援計画の策定による政策の推進が企図された。大綱策定後10年を経た現在においても未だ深刻な実態にある母子世帯の貧困の実態を鑑みると，母子寡婦対策の2002年改革とその後の政策過程を総括し政策課題を抽出するとともに，今後の政策展開の道筋を検討することが必要である。

　そこで本章では，まず，2002年改革の特徴を整理したうえで，「母子家庭の

第1部 社会福祉の実践

表1-1 母子家庭に関わる対策の動向：2002年度～2011年度

年次	政府による対策の動向	児童扶養手当	母子寡婦貸付金	養育費
2002年度	◆母子及び寡婦福祉法一部改正 ◆母子家庭及び寡婦の生活の安定と向上のための措置に関する基本方針告示	◆児童扶養手当法施行令一部改正／施行：所得制限等見直し ◆支給事務：都道府県から市等に委譲	◆児童扶養資金創設	◆「養育費の算定表について」：局長通知（厚生労働省）
2003年度	◇改正母子及び寡婦福祉法施行 ◆平成15年度全国母子世帯等調査実施		◆技能習得資金の一時貸付：開始当初に貸付実施に改善 ◆修学に関わる資金：児童本人を借り主にできるよう変更	「養育費の手引き」配布
2004年度	◇基本方針改定		◆就学支度資金：私立高校・私立大学分の貸付限度額引き上げ	◆担保物権及び民事執行制度の改善のための民法等の一部を改正する法律施行（民事執行法改正）：強制執行手続きが可能に
2005年度	◇平成15年度全国母子世帯等調査結果公表 ◆「母子家庭等対策総合支援事業」統合補助金の創設	◆生活保護費及び児童扶養手当に関する関係者協議会開催		
2006年度	◇平成18年度全国母子世帯等調査を実施（5年に1回のところ2年早めて実施）	◆三位一体改革により、国庫補助金負担割合は3／4から1／3に改定		
2007年度	◇平成18年度全国母子世帯等調査結果を公表	◆母子福祉団体と厚生労働省の意見交換会 ◆一部支給停止措置につき与党プロジェクトチームとりまとめ		◆養育費相談支援センター創設 ◆母子家庭等就業・自立支援センターに養育費専門の相談員を配置
2008年度		◆児童扶養手当施行令改正：4月より一部支給停止措置開始 ◆第169国会：一部支給停止措置に係る規定削除の児童扶養手当法一部改正案衆議院で否決（5月）		
2009年度			◇連帯保証人がいる場合、貸付利率を無利子に。いない場合、有利子による貸付可能に ◇技能習得・修業資金等：貸付期間を最大5年に延長	
2010年度		◆児童福祉法一部改正：父子家庭も支給対象に拡大		
2011年度				

注：①年度単位で整理しているため、1月から3月の動きは前年度の欄に記載している。
　　②初回に出てくる項目は◆、2回目以降は◇で表記している。
出所：『厚生労働白書』「全国児童福祉主管課長会議資料」各年（厚生労働省）等をもとに、著者作成。

第1章　母子家庭対策における2002年改革の変遷と検証

生活保護	就業支援策	生活支援	社会的動向
			◆経済財政諮問会議「構造改革と経済財政の中期展望」閣議決定 ◆「少子化対策プラスワン」(厚生労働省)
◆社会保障審議会福祉部会(厚生労働省)に「生活保護制度の在り方に関する専門委員会」設置	◆母子家庭雇用促進チーム設置：当面の取り組みを公表 ◆母子家庭の母の就業の支援に関する特別措置法公布・施行(時限立法) ◆母子家庭等就業・自立支援センター事業創設 ◆母子家庭の母の就業支援に関する省庁連絡課長会議	◆母子家庭介護人派遣等事業：補助対象事業者を市町村に拡大・提供者の自宅活用等 ◆ひとり親家庭支援事業：補助対象を市町村に拡大等 ◆母子自立支援員：市等も委嘱主体に	◆次世代育成支援推進法成立 ◆労働者派遣法改正：期間制限の延長、製造業務への拡大等 ◆骨太の方針第3弾：地方財政の三位一体改革の2006年度までの改革工程を提示
◆生活保護制度の在り方に関する専門委員会報告書提出	◆センター指導職員セミナー事業創設 ◆民間事業主への啓発リーフレット作成・配布		◆配偶者からの暴力の防止及び被害者の保護に関する法律：改正法交付・施行
◆高等学校等就学費の創設 ◆16歳以上の子に係る母子加算：段階的廃止(17年度まで3年で減額)			◆男女共同参画基本計画第二次：閣議決定 ◆「三位一体の改革について」政府・与党合意
	◆母子家庭の母の就業支援を図る優良企業等表彰制度創設		◆「成長力底上げ戦略」 ◆「子どもと家族を応援する日本」重点戦略検討会議発足(内閣府) ◆「多様な機会のある社会推進会議」「中間とりまとめ」
◇16歳以上の子に係る母子加算廃止 ◇15歳以下の子に係る母子加算：段階的廃止 ◆ひとり親世帯就労促進費創設	◇母子家庭の母の就業の支援に関する特別措置法：2008年3月末で失効 ◇自立支援教育訓練給付金制度：受講料返戻2割に低下 ◇常用雇用転換奨励金事業：2007年度で廃止		◆「福祉から雇用へ」推進5か年計画(厚生労働省) ◆テレワーク人口倍増アクションプラン ◆仕事と生活の調和憲章 ◇DV防止法改正法交付 ◇離婚時の厚生年金の分割制度開始 ◇「子どもと家族を応援する日本」重点戦略とりまとめ
	◇母子家庭等就業・自立支援事業実施要綱 ◇一般市等就業・自立支援事業を創設 ◇高等技能訓練促進費改定：入学支援修了一時金 ◆就職準備コース創設		◇DV防止法改正法施行 ◇離婚時の3号分割制度開始
◇15歳以下の子に係る母子加算：廃止 ◆厚生労働省「生活保護母子世帯調査等の暫定集計結果」公表 ◆12月：母子加算復活 ◆就労意欲喚起等支援事業	◆高等技能訓練促進費：支給期間を修業期間全期間に改定・支給額引上げ ◆職業訓練を受ける際の託児サービス		◆相対的貧困率公表 ◆子ども・子育てビジョン閣議決定 ◆「経済危機対策」政府・経済対策閣僚会議合同会議 ◆税制改正大綱
◆「被保護母子世帯の日々の生活に関するアンケート結果」公表(厚生労働省)	◆ひとり親家庭等の在宅就業支援事業創設		◆男女共同参画基本計画第三次：閣議決定 ◆新成長戦略 ◇次世代育成支援対策推進法：後期行動計画 ◇新・仕事と生活の調和憲章 ◆新たな情報通信技術戦略
			◇「福祉から雇用へ」推進5か年計画・目標期間最終年

母の就業の支援に関する特別措置法」(平成15年法律第126号:「特別措置法」と略す)が施行された5年間を2002年改革の重点期と捉え,その政策動向を概観する(第2節)。ついで,同時並行して進められた所得保障制度の見直しについて整理する(第3節)。次に,特別措置法が失効した2008年4月以降の新たな政策動向を把握したうえで(第4節),最後に2002年改革の課題を整理する。研究方法としては,政府・自治体の行政文書や会議資料および政府統計などを参照し,整理・検討した。[1]なお,個別施策の事業評価など政策効果の検証については,紙面の都合から本章では取り扱っていない。

近年の母子家庭をめぐる政策については,児童扶養手当を中心とした所得保障制度を検討したもの(田宮,2009;湯澤・藤原・石田,2012),就業支援策について論じたもの(藤原,2008),2002年改革の評価を論じたもの(大石,2005)などの先行研究があるが,本章は2002年改革後10年間の経緯を概観し検討することを通して,今後の政策を展望するうえでの基礎的な知見を提供するものである。

2　2002年改革の重点期
──「母子家庭の母の就業の支援に関する特別措置法」施行をふまえて──

(1) 母子家庭等自立支援対策大綱を起点とした2002年改革の特徴

2002年3月に告示された母子家庭等自立支援対策大綱による諸改革は,同年11月の母子及び寡婦福祉法一部改正(2003年4月1日施行),同年8月の「児童扶養手当法施行令」一部改正(同年8月1日施行)と11月の同法一部改正,2003年3月の「母子家庭及び寡婦の生活の安定と向上のための措置に関する基本的な方針」告示,2003年7月の「母子家庭の母の就業の支援に関する特別措置法」の公布(同年8月施行)といった一連の法制度の変更・新設を経て実行に移された。改革後の政策動向を整理したものが表1-1である。

2002年改革では,母子家庭等の自立を促進するため,①子育て・生活支援,②就業支援,③養育費の確保,④経済的支援の4本柱から施策を推進するとして,国の基本方針をふまえて都道府県等の地方公共団体は,「母子家庭及び寡

婦自立促進計画」を策定することが要請された。

　2002年改革の特徴は，離婚の増大にともなう母子家庭の増加をふまえ，これまでの児童扶養手当など所得保障に重点を置いた政策から就労による自立促進を主眼とする政策に転換することにある。児童扶養手当については，離婚後等の生活の激変を緩和するために，母子家庭となった直後の支援を重点的に実施するとともに，就労による自立，子を監護しない親からの養育費の支払いの確保を重視することが打ち出された。児童扶養手当とは，「父と生計を同じくしていない児童」について，その福祉の増進を図ることを目的として支給されるものとして1961年に創設された制度であり，おもに生別母子世帯が受給している（2010年より母と生計を同じくしていない児童にも適用拡大）。死別母子世帯には遺族年金制度が対応したのに対し，生別母子世帯に対応する所得保障制度がなかったことから，年金制度を補完するものとして創設されたが，1985年の児童扶養手当法改正により「自立の促進」に寄与する制度へと変更された。

　そもそも母子及び寡婦福祉法第4条では，「母子家庭の母及び寡婦は，自ら進んでその自立を図り，家庭生活の安定と向上に努めなければならない」として自立への努力義務が規定されていた。2002年の一部改正では，「家庭生活」に加えて「職業生活」の安定と向上の努力義務が追加された。加えて，第5条では，母子家庭の母の扶養義務の履行への努力義務と非監護親の扶養義務の履行を確保するための努力義務が新設された。総じて，就業と養育費確保への自助努力による自立が強調されている。このような福祉領域における自立支援を強調した政策転換は，1990年代後半から推進されてきた社会福祉基礎構造改革の一環である。その背後には，福祉国家の社会政策をめぐる方策として先進諸国で焦点化されている福祉と雇用の再編（ワークフェア）という動向がある。

　他の福祉領域をみると，2002年に施行されたホームレスの自立の支援等に関する特別措置法でも，第4条で自立への努力義務が規定されている。しかし，同法は「ホームレスは，その自立を支援するための国及び地方公共団体の施策を活用すること等により，自らの自立に努めるものとする」（第4条）として，施策の活用を前提とする表現を取り入れている点に相違がある。また，障害者

基本法では，2004年6月の改正において，基本的理念として障害者に対して障害を理由として差別その他の権利利益を侵害する行為をしてはならない旨を規定し，第6条に規定されていた自立への努力義務を削除している。さらに，2005年に成立した障害者自立支援法においては，「自立した日常生活又は社会生活を営むことができるよう」という第1条の目的規定について，「自立した」という表現は「基本的人権を享有する個人としての尊厳にふさわしい」に改められることとなった（地域社会における共生の実現に向けて新たな障害保健福祉施策を講じるための関係法律の整備に関する法律：2012年成立・公布）。このように他の福祉領域と比較してみても，母子家庭対策の2002年改革は個人の努力義務が全面に押し出されている点に特徴があることがわかる。

その特徴がより端的に示された制度改変が，児童扶養手当制度における一部支給停止措置の導入である。児童扶養手当は，就労による自立を促進する仕組みとするための見直しとして，①「全部支給」の所得制限限度額を90万4,000円（収入ベースで204万8,000円）から57万円（収入ベースで130万円）まで引き下げる一方，②「一部支給」については230万円（収入ベースで365万円）に引き上げるとともに，支給額を4万2,360円から1万円まで所得に応じてスライド方式で設定する方式に変更した。また，養育費の8割を所得として算入し，加えて，寡婦控除・寡婦特別加算は控除しないことになり，結果として，33万人の受給者の手当額が減額となったという。そのうえ，新設した児童扶養手当法第14条第4項「受給資格者（養育者を除く）が，正当な理由がなくて，求職活動その他厚生労働省令で定める自立を図るための活動をしなかつたとき，その額の全部又は一部を支給しないことができる」という規定により，5年間受給している場合にはその一部を支給停止する措置を2008年4月から導入するとした。

このような制度改正について，衆議院厚生労働委員会（第155回国会第5号・2002年11月8日）において政府参考人の岩田喜美枝は，「平成14年8月の所得制限などの見直しによりまして児童扶養手当の削減が行われますが，その金額は，平成14年度の予算においては，年度途中からの削減でございますので，国費ベースでは約120億円，地方負担を含めた事業費ベースでは約160億円となりま

す。平成15年度概算要求におきましては、この削減が平年度化いたしますので、国費ベースでは約360億円、事業費ベースでは約480億円と見込んでいる」と答弁している。受給者の増加分を見込んでも、平成15年度予算要求では前年比で80数億円の削減となり、その削減額を「自立支援策のための予算に優先的に充てる」という。委員会での議論の末、一部支給停止に係る政令を国が定めるにあたっては、改正法施行後における諸施策の進展状況及び離婚の状況等を十分ふまえること、また、所得制限については「今後とも社会経済情勢や母子家庭の状況等を勘案しながら適切に設定すること」が付帯決議として採決された。

このような経緯により、2003年3月に告示された「母子家庭及び寡婦の生活の安定と向上のための措置に関する基本的な方針」は2007年度までの5年間を対象期間とし、「母子家庭の母の就業の支援に関する特別措置法」も5年間の時限立法として同年7月に公布された。雇用の劣化が進むなかにあって、就労を軸とした自立促進が5年間というタイムスパンでめざされることとなったのである。

母子世帯数の増加にともなう政府の財政負担をいかに抑制するかは先進諸国において政策課題となっているものの、日本の2002年改革は、就労自立に向けた活動を正当な理由なく実施していない場合には児童扶養手当を一部支給停止にするという負のサンクションを当事者に課した点が特徴的である。配偶者がいる女性については、むしろ子どものために家庭にいることが"良き母親像"として規範化されている日本社会にあって、母子世帯になることや母子世帯であることは、より一層スティグマをともなうものになったといえよう。また、2002年改革と前後して、2001年10月には「配偶者からの暴力の防止及び被害者の保護に関する法律」が施行されていた。同法により、夫等からの暴力被害を受けている女性やその子どもには、暴力の危険から避難し地域社会で暮らすことができる仕組みを政府の責任により推進することになったのである。しかしながら、2002年改革においては、母子家庭になる背景要因としての暴力が生活に与える影響は考慮されないまま一律に早期自立がめざされており、女性政策の流れに逆行していたといえる。

（2）特別措置法施行と就業支援の展開

　特別措置法の施行に先立ち，2003年5月には母子家庭雇用促進チームの会合が開催され，全省的な検討が開始された。雇用均等・児童家庭局審議官を座長として，メンバーには大臣官房，健康局国立病院部，労働基準局，職業安定局，職業能力開発局，雇用均等・児童家庭局，社会・援護局，社会・援護局障害保健福祉部，老健局，社会保険庁総務部が名を連ねている。

　就労促進の具体策として打ち出されたのは，①地方公共団体が中心となり就業相談・就業支援講習会・就業情報の提供等を行う母子家庭等就業・自立支援センター事業の創設，②自立支援教育訓練給付・母子家庭高等技能訓練促進費・常用雇用転換奨励金からなる母子家庭等自立支援給付金事業，③特定求職者雇用開発助成金・試行（トライアル）雇用等のハローワークにおける就職援護措置，等である。また，地域の実情に応じた先駆的な事業をモデル的に実施し評価検討を行ったうえ，推奨すべき事例と認められた場合には全国的な普及展開を図る特定事業推進モデル事業を開始した。これらの事業の着手と並行して，同年10月には「母子家庭の雇用促進に向けた当面の取組」を公表し，厚生労働省から経済団体に対し母子家庭の母の採用に関する要請を行うとともに，都道府県労働局においても，地域の事業主団体に対し母子家庭の母の採用に関する要請を行ったこと，加えて，事業者向けリーフレットを30万部作成し，民間事業者に対し母子家庭の母の雇用について協力を要請していることが確認された。また，「母子家庭の母の就業支援に関する省庁連絡課長会議」では，国の機関の非常勤職員や公益法人等の職員の求人情報を母子家庭等就業・自立支援センターへ提供することが申し合わされた。

　このような雇用促進対策が着手された2003年の年度末に開催された全国児童福祉主管課長会議においては，母子家庭等就業・自立支援センター事業等各種事業の地方自治体における実施状況にばらつきがみられるとして，「児童扶養手当の一部減額措置が行われる4年間に，集中的に就業支援を推進していく必要があることから，全都道府県あげて事業を実施されたい」と指導されている。母子家庭等自立促進計画についても，都道府県に比べ，政令市・中核市の取り

組みが低調であるとして、政令市・中核市においても積極的に取り組むことが要請されている。特定事業推進モデル事業をみても2003年度は1市のみの実施であり、基礎自治体の反応は芳しくなかったことがわかる。そのような政府と基礎自治体の温度差を受けて、この会議においては、「児童扶養手当相談窓口、現況届提出時等において、母子家庭の母に対し自立支援施策の実施状況について周知徹底をお願いしたい」とも呼びかけられている。支援情報の入手が当事者にとって重要であることはいうまでもないが、個別の生活状況を勘案せずに周知徹底に終始する場合には、就労できない状況にある母子家庭がスティグマを感じて相談の窓口から遠ざかるリスクにもつながりかねない。

(3) 成長力底上げ戦略と母子家庭の「福祉」

特別措置法では、第3条において、対象期間に係る各年度の就業支援策とその実施状況を国会に提出する義務を政府に課している。そこで、「平成16年版母子家庭の母の就業の支援に関する年次報告」(第159回国会〔常会〕提出)を皮切りにして、平成20年版までの年次報告が提出された。施策の実施状況については、各種事業を実施する自治体数や新規求職申込件数と就職件数のほか、相談件数・講座受講者数・情報提供件数(いずれも延べ数)・就業実績等が記載されている。しかしながら、肝心な就業実績については、「常勤」「非常勤・パート」「自営業・その他」別の延べ件数が記載されているにとどまり、企業規模や職種、雇用形態、賃金の支払い形態、平均賃金等は把握することができない。結果として、当事者が施策の利用前と利用後にどのように生活水準が変化したのかを推定することもできず、すでに85％前後が就労している母子家庭の母への施策の効果を年次報告から把握することは出来ない。

それにもかかわらず、母子家庭の就労促進は政府の成長戦略にも明記され、さらなる推進目標が定立される。つまり、2007年2月には、成長力底上げ戦略として政府の基本構想がとりまとめられた。この戦略の趣旨は、「単に『結果平等』を目指すような格差是正策とは異なり、意欲のある人や企業が自らの向上に取り組める"機会(チャンス)"を最大限拡大することにより、底上げを図

るもの」である。この流れのなかで，同年12月には，厚生労働省は「福祉から雇用へ」推進5か年計画を策定し，「福祉を受ける方に対して，可能な限り就労による自立・生活の向上を図る」として，「国民が社会的，経済的，精神的な自立を図る観点から，自ら，働いて生活を支え，健康を維持する，といった"自助"を基本に，それを"共助"，"公助"が支える福祉社会」の構築を打ち出す。計画期間は2007年度を初年度として5年間であり，2009年度までの3年間が集中的に取り組みを強化する期間とされた。母子家庭，生活保護世帯，障害者等については，就労移行の5年後の具体的目標を設定し，「福祉（就労支援）と雇用（受入促進）両面から総合的取組を推進」するとして，数値目標が提示された。すなわち，①母子家庭自立支援給付金事業や母子自立支援プログラム策定事業を行う地方公共団体の割合を，2009年度までに100％に引き上げ，その後も維持する，②母子自立支援プログラムの策定件数を2009年度までに2万件以上とする，③母子家庭等就業・自立支援センター事業を行う自治体の割合を2009年度までに100％に引き上げ，その後も維持する，④児童扶養手当受給者に対する就業相談の延べ件数の割合を2009年度には10％以上とする，という4点である。

　ここで注目すべきは，政府の政策文書において「福祉＝就労支援」と明記され，就労率がより低い生活保護世帯・障害者等と並列する形で母子家庭の「就労移行」が政策課題として掲げられた点である。母子家庭の就業率は戦後一貫して85％前後で推移していることは周知の事実であり，母子家庭に必要とされるのは「機会（チャンス）」の拡大ではなく，子育て世帯として子どもの養育支援と教育を保障できるより真っ当な仕事の提供と生活保障である。

　成長力底上げ戦略が登場した2007年は，一方で12月に開催された「官民トップ会議」において，「仕事と生活の調和（ワーク・ライフ・バランス）憲章」及び「仕事と生活の調和推進のための行動指針」が，政労使による調印の上，決定された年である。同憲章では，「仕事と生活の相克と家族と地域・社会の変貌」という項目で「家族との時間」や「地域で過ごす時間」を持つことが難しい社会状況を踏まえ，「性や年齢などにかかわらず，誰もが自らの意欲と能力を持って様々な働き方や生き方に挑戦できる機会が提供されており，子育てや親の

第1章　母子家庭対策における2002年改革の変遷と検証

介護が必要な時期など個人の置かれた状況に応じて多様で柔軟な働き方が選択でき，しかも公正な処遇が確保されている」ことが，目指すべき社会像の一つとして提示されている。親が一人である場合の「仕事と生活の相克」の深刻さを鑑みれば，母子家庭の就業支援にこそ「仕事と生活の調和」が必要とされる。しかしながら，母子家庭の就労促進とは，政策的には「児童扶養手当からの早期脱却」が目指されたのであり，当事者の暮らしは「仕事と生活の相克」のただなかに置かれ続けているといえよう。[2]

3　所得保障制度の見直し

（1）三位一体改革と生活保護制度の見直し

　特別措置法による就業支援が展開される一方，所得保障制度についての見直しも進められる。2005年4月には生活保護費及び児童扶養手当に関する関係者協議会が開催されている。これは，「三位一体の改革について」（2004年11月26日政府・与党合意）において，生活保護・児童扶養手当に関する負担金の改革は，「地方団体関係者が参加する協議機関を設置して検討を行い，2005年秋までに結論を得て，2006年度から実施する」とされたことを受けたものである。協議の結果，児童扶養手当の国庫補助金負担割合は4分の3から3分の1に縮減された。その結果，国の2005年度予算額（児童扶養手当給付費負担金及び児童扶養手当給付費）は325,244百万円であったのに対し，2006年度予算額は154,593百万円にまで低下し，地方自治体の大幅な負担増となっている。

　加えて，生活保護のあり方についても見直しが要請され，母子家庭もその影響を受けることになる。生活保護制度については，2003年6月に閣議決定された「経済財政運営と構造改革に関する基本方針2003」（経済財政諮問会議：いわゆる「骨太の方針第3弾」）においても見直しに向けた専門的な検討の必要が指摘され，同年8月，厚生労働省社会保障審議会福祉部会に「生活保護制度の在り方に関する専門委員会」が設置された。翌年に提出された報告書では，①生活扶助基準の妥当性の検証・評価，②加算の在り方，③自立支援の推進，④資

35

産・能力の活用等の在り方，⑤制度の実施体制等が提言された。母子家庭に直接関係する事項としては，母子加算の支給対象となる子どもの年齢要件の引き下げと段階的廃止がある。報告書では廃止の結論は示されなかったものの，その後の政府方針として，16歳以上の子どもに係る母子加算（1級地2万3,260円）を2005年度から3年かけて減額し2007年度に廃止，そして，2007年度からは15歳以下の子どもに係る母子加算を減額し2009年度に廃止が打ち出された。一方，母親の就労を促進する狙いから，2007年度にはひとり親世帯就労促進費を創設し，月3万円以上の就労収入を得ている母子世帯に月額1万円，職業訓練等を受けている母子世帯に月5,000円の給付を開始した。

母子加算廃止が与えたインパクトの一つは，中位の所得の「一般母子世帯」の消費水準と比較して，母子加算を加えた保護基準の方が高いというデータが根拠とされた点にある。中位の所得といっても，元来，低所得である母子世帯の消費水準を用いて，生活保護の水準を下げることとなった。インパクトの2点目は，母子加算は，子育てを1人で担う母親には追加的な飲食物費が必要であることを理由に創設されたものであるが，就労状況に応じた付加給付に代替された点である。生活保護受給母子世帯については，「一般母子世帯」に比べ母親・子どもともに健康状態が悪い者が多く，とくに無職の場合には約7割が健康状態がよくなく，約4割が精神疾患を疑われる状態にあることが政府が実施した調査から把握されている。また，約7割がDV被害の経験をもっている。[3] 働こうにも働けない状態にある者が多いにもかかわらず，就労状況を軸として給付が差異化されたのである。このように，制度変更をめぐり被保護母子世帯と非保護母子世帯を対比させて議論が展開されたことは，同じ低所得世帯である両者を対立させる構図を生み出したといえる。本来であれば，両親世帯や子育て世帯全体と比較対照することで，子どもの社会的不利を緩和／解消する議論こそ必要とされよう。

（2）就業支援策の限界と児童扶養手当一部支給停止措置

児童扶養手当の一部支給停止措置の導入に先立って，厚生労働省は5年に1

第1章　母子家庭対策における2002年改革の変遷と検証

回の割合で実施している全国母子世帯等調査について，2006年度に2年前倒しで実施し，翌2007年度にその結果を公表した。それによると，2005年の母子家庭の平均収入は213万円であり，前回2003年調査の212万円（2002年の数値）からわずか1万円の増加にとどまり，手当など社会保障給付費を除いた就労収入は171万円であり，前回と比べ約9万円増であった。この結果について，厚生労働省母子家庭等自立支援室は「景気回復などで就労収入は伸びたが，制度変更で児童扶養手当の支給が一部の世帯で減ったため，平均年収は横ばいにとどまった」と分析している（『日本経済新聞』2007年10月17日付朝刊）。ここで忘れてはならないのは，母子家庭は子どもを養育しているのであり，有子世帯の全般的動向のなかで，どのような社会的位置にあるかをみなければならないという点である。ちなみに，国民生活基礎調査による2002年の子どものいる世帯の年収は702万7,000円，2005年では718万円であり，3年間での増加額も18万円と大きい。子どものいる世帯の年収に対する母子家庭の年収割合は2002年で30.2％，2005年では29.7％と3割を切る水準となり，世帯類型による格差は拡大しているといえる。

　政府は「受給期間が5年を超える場合に最大2分の1の額を削減する」方針を決めていたが，「母子家庭の平均収入が依然として低水準にとどまっている実情に配慮する」として，自民・公明両党は与党プロジェクトチームにて方針を協議した。その背後には，当事者団体による削減に反対する署名活動をはじめとする活発な要請行動もあった。結果として，「受給者本人やその子ども等の障害・疾病等により就業が困難な事情がないにもかかわらず，就業意欲がみられない者についてのみ支給額の2分の1を支給停止するとし，それ以外の者については一部支給停止を行わない」とする取りまとめがなされ，2008年2月に児童扶養手当法施行令の一部を改正する政令を公布・施行した（『厚生労働白書　平成20（2008）年版』）。福田内閣は，このほかにも高齢者医療費負担増の凍結，障害者自立支援法の抜本見直しなど，自助努力を基底にした諸改革の見直しを迫られることとなった。新聞等においては，「全面凍結に近い形」「事実上，凍結」と報じられたが，2008年3月に児童扶養手当受給5年以上になる約26万

世帯に配布された「お知らせ」や自治体の広報等をみた母子家庭には、混乱と不安を与える結果となった。たとえば、ある自治体のホームページでは次のように周知されている（一部省略）。

> 平成20年4月分の手当から、手当の受給開始から5年等を経過した場合に、受給資格者やその親族の障害・疾病等により就業が困難な事情がないにもかかわらず、就業意欲が見られない方について、一部支給停止（2分の1の減額）が開始されます。
> 【一部支給停止の対象となる方】
> 支給対象児童の母（養母を含む。）であって、平成20年3月において手当の受給から5年等経過した方から対象となり、平成20年4月以降順次、手当の受給から5年等経過した方はその翌月の手当から、一部支給停止の対象となります。
> 【一部支給停止の適用が除外される方】
> 下記の一部支給停止が適用除外となる事由に該当する方は、必要な手続きをすれば、一部支給停止はされません。
> ◇一部支給停止が適用除外となる事由：①あなたが就業している、②あなたが求職活動等の自立を図るための活動をしている、③あなたに身体上又は精神上の障害がある、④あなたが負傷又は疾病等により就業することが困難である、⑤あなたが監護する児童又は親族が障害、負傷、疾病、要介護状態等にあり、あなたが介護する必要があるため、就業することが困難である。
> 【手当の受給開始から5年等経過した以後の8月の現況届時について】
> 一部支給停止適用除外事由の届出の手続きが原則として毎年、必要となります。

このように、このホームページでは、就業意欲が見られない人には、一部支給停止が開始されると明記されている。また、最後に「一部支給停止（減額）が行われる経緯」に触れられ、「平成14年の法改正により…（中略）…、児童扶養手当制度については"離婚等による生活の激変を一定期間緩和するための給付"へと見直され、手当の受給開始から5年等経過した場合に手当額の一部支給停止（減額）を行うこととなりました」と説明している。このような周知方法をみると、「事実上凍結」という実感とは程遠く、当事者には児童扶養手当を受給し続けることに罪悪感を抱かせるような心理的機制を働かせると思われる。就業支援策の効果がみられないことを反映して一部支給停止措置の廃止という選択肢をとらず、適用除外規定を明示化した方策は、児童扶養手当制度が目指す人間像が「意欲をもって就業する健康な労働者」モデルであることを知らしめることとなった。

こうした政策動向のもと、2008年3月、母子家庭の母の就業の支援に関する特別措置法の失効期限を迎えた。

4　特別措置法失効後の母子家庭対策

(1) 在宅就業支援事業の登場

　特別措置法の失効後，母子家庭対策はいかなる方向に向かっているのだろうか。「平成20年全国厚生労働関係部局長（厚生分科会）」資料では，2007年公表の全国母子世帯等調査で「低所得世帯が多く占める状況には大きな変化はみられない」として，与党プロジェクトチームで就業支援については一層の強化を図るべきと指摘されたことを受け，次の諸点が提示されている。すなわち，①できるだけ身近な地域で就業支援が行えるよう都道府県・指定都市・中核市以外の一般市等において母子家庭等就業・自立支援センターと同様の就業支援事業等を行う一般市等就業・自立支援事業の創設，②自立支援プログラム策定対象者のうち直ちに就業移行が困難な者につき，就業意欲を醸成するためにボランティア活動を実施する就職準備支援コースの創設，③ひとり親家庭等の在宅就業支援事業の創設，④高等技能訓練促進費等事業について，看護師や介護福祉士等の養成課程修了後に入学金の負担を考慮して一時金を支給する仕組みの導入，である。ここにきて，行き詰る就労促進の新たな方策として在宅就業が登場する。在宅で子育て等をしながら就業できる在宅就業は，ひとり親にとって「効果的な就業形態」であるとして，都道府県及び市が実施主体となって業務の開拓・仕事の品質管理・従事者の能力開発・相談支援等を一体的取り組みとして実施する事業であると説明されている。2011年度末までが事業の実施期間であるが，2011年度中に開始された訓練全般の経費は2013年度末まで助成対象となる。[5]

　在宅就業の普及を促進させる政策動向は，2007年5月にまとめられた「テレワーク人口倍増アクションプラン」（テレワーク推進に関する省庁連絡会議決定）に表れていた。テレワークは，「情報通信技術を活用した場所と時間にとらわれない柔軟な働き方」であり，多様な就業機会や起業・再チャレンジ機会を創出するものとして，2010年までの集中期間に2005年比でテレワーカー人口比率

を倍増し，就業人口に占める割合の2割を達成することがめざされている。プランの基本認識では，少子化・高齢化問題等への対応として，「出産・育児」と「仕事」の二者択一を迫る状況を緩和し，育児・介護と就労の両立を容易にして，育児期の親・介護者・障害者・高齢者等，その能力を遺憾なく発揮できる環境の実現に寄与するとして，柔軟な働き方の推進が謳われている。そこでは，「次代を担う子供たちを家族のより深いふれあいの中で育む環境の実現」にも寄与することが強調される。一方，企業側にとっては，生産性や営業効率の向上・コスト削減等のメリットがあるとして，人口構成の急激な変化やグルーバル化のなかで企業の活力・生産性・国際競争力の向上等に寄与することが謳われている。このような文脈の中で，「これまで以上に女性や高齢者，チャレンジド（障害者）の能力活用は有力な選択肢となりうる」と位置づけられている（『情報通信白書　平成22（2010）年版』）。

　このように示されたテレワークの意義を概観すると，かつて低成長期に打ち出された日本型福祉社会構想を彷彿させる。「家庭は福祉の含み資産」であるとして，自立自助により子育て・介護を担う家庭の役割が強調された。ここでいう「家庭の役割」とは「女性（被扶養の妻／母）の役割」を指していたといえるが，テレワークが謳う両立を担う主体も，「子供たちをより深いふれあいの中で育む家族」もまた，「家族＝女性（被扶養の妻／母）」を前提としていると捉えられる。在宅就業では業務や技術によって収入に幅があるものの，ある自治体の在宅就業支援センターの紹介例をみると，「月3万円〜5万円」の確保を視野に入れると書かれている。主たる稼得者（夫等）がいる主婦を想定した家計補助的収入額であるが，同センター事業はひとり親や障害者が対象である。在宅就業のみで生計を維持できるレベルに到達するにはハードルが高く，在宅就業で目指されている月収は児童扶養手当の代替ともいえる低い額となっている。

（2）母子加算の復活・児童扶養手当の父子家庭への適用拡大

　児童扶養手当の一部支給停止措置による混乱が続くなか，その翌2009年6月

には，母子加算復活のための「生活保護法の一部を改正する法律案」が民主党・共産党・社民党・国民新党の共同で第171国会にて衆参両院に提出された。参議院で可決されたものの衆議院解散に伴って審議未了で廃案となるが，大臣告示という形態をとって同年12月より母子加算は復活となり，それに伴ってひとり親世帯就労促進費は廃止された。

　また，2010年2月には，父子家庭の父を児童扶養手当の支給対象とする措置を講ずるために児童扶養手当法の一部を改正する法律案が閣議決定され，国会に提出された。この際，母子家庭の当事者団体や野党等からは，児童扶養手当の一部支給停止措置を規定する条文の廃止も要望されていたが，この点については厚生労働大臣は政府内で調整がつかなかったとして法案には盛り込まれなかった。生活保護基準以下の所得水準にありながら保護を受給していない母子家庭は多いものの，その生活を支える児童扶養手当制度そのものが揺らいでいるなかで，政権交代を追い風として母子加算の復活のみが実行に移されたことは，母子家庭当事者間の軋轢を生むことになったのも事実である。

　一方，父子家庭当事者団体による要請行動がようやく実を結び，2010年8月1日より，「子と生計を同じくしている父」についても児童扶養手当の支給対象となった。父子家庭においても低所得層がいるにもかかわらず，これまで児童扶養手当の対象外とされてきた背景には，男性を一律に扶養者とみなす男性稼ぎ主モデルによって規範的家族像を徹底させてきたジェンダー固定的な社会政策がある。このようなステレオタイプなまなざしは，社会経済状況によって脆弱な生活基盤にある家族が解体を余儀なくされる現実を，不可視にしてきた。実際，2011年1月現在の児童扶養手当受給の父子世帯数は5万3,866世帯に及んでいる。父子世帯への支給拡大は，児童扶養手当制度本来の趣旨である「児童の福祉の増進に寄与する」観点に立った措置であり，就業意欲など保護者の状況と関わりなく子ども本人の福祉を保障する社会手当の必要性を示しているといえる。

　児童扶養手当法の一部を改正する法律（平成22年法律第40号）附則第5条では，「政府は，この法律の施行後3年を目途として，この法律の施行の状況，父又

表1-2 ハローワークにおける母子家庭の母等の新規求職申込件数等

(万件, %)

年　度	2004	2005	2006	2007	2008	2009	2010
新規求職申込件数	134,669件	168,437件	182,345件	186,569件	217,237件	235,020件	264,742件
就職件数	54,286件	66,266件	72,604件	73,716件	75,823件	80,247件	85,480件
就職率	40.3%	39.3%	39.8%	39.5%	34.9%	34.1%	32.3%

資料：厚生労働省職業安定局調べより著者作成

は母と生計を同じくしていない児童が育成される家庭における父又は母の就業状況及び当該家庭の経済的な状況等」を勘案し児童扶養手当制度を含め当該家庭に対する支援施策のあり方について検討を加え，その結果に基づいて必要な措置を講ずると明記した。三位一体改革によって，児童扶養手当予算における国の負担額は大幅に減じられたなかにあって，緊縮財政を根拠とした予算抑制の議論はすでに説得力を欠いている。施行3年を目途とした議論が，家族への介入的視点から当事者の分断を更に深めるものになるのか，子どもの最善の利益の視点から人々の連帯を促進するものになるのか――そこでは，私たちが如何なる社会を望むのかが問われている。

5　問われる政策理念

　OECD諸国のなかでも最も高い就業率でありながら，最も貧困率が高い日本の母子家庭の現状に鑑みると，2002年改革は緊急性の高い社会問題への抜本的な改善として期待されるものであった。しかしながら，「就労促進による自立」を児童扶養手当制度の改変とセットで遂行した方策が，当事者や自治体行政等にもたらした混乱は大きく，改革の方向性の再考が迫られている。

　第一に，改革が前提とする母親像の再考が必要である。児童扶養手当の5年一部支給停止措置の導入は，「離婚等による母子家庭は"就労自立＝手当受給からの離脱"を5年で目指すべき」という不文律（暗黙の了解）を浸透させた。家族介入的性質を強めたこの方策は，夫のいる妻（母）に対しては「能力活用」を強調するのに対し，母子家庭の母に対しては「自立への努力義務」を強

調する政策として，被扶養の立場にあるか否かにより異なった価値判断の基準を使い分ける二重規範（ダブルスタンダード）を強化させた。遺族年金制度では給付の条件に就労が要件とされない死別母子世帯との制度運用上の差異化もより鮮明になり，ここでも二重規範が強化されたといえる。

　また，一部支給停止の適用除外事由（就業中・求職活動等実施中，親自身が身体又は精神の障害・疾病等で就業困難，児童や親族の介護で就業困難）の明示化は，これらに該当しなければ「就労意欲がない」と認定し給付対象から除外できるため，親の状況によって子どもの福祉に格差がもたらされることとなった。このような負のサンクションは，「救済に値する貧民」と「救済に値しない貧民」に峻別したかつてのイギリスにおける救貧法制／行政を彷彿とさせる。結果として，児童扶養手当制度の改変は，子どものケアを犠牲にしてでも就労に邁進する母親像を徹底する政策となった。このことは，母子家庭になることへの不安を増長し，離婚を回避するべく，人々を規範的家族に動員する政治的効果をもたらす。しかし，もはや規範的家族そのものが経済の低迷や雇用の劣化，混迷する政治に晒されて危機に瀕しているのである。

　武川正吾は，社会給付や社会規制については，それが必要となった原因は問わずに結果だけを無差別平等に扱うというのが，これまで福祉国家がめざしてきたことであると指摘する。「福祉国家が前提する価値（承認と連帯）」と「福祉国家がこれまで追求してきた必要原則」（武川，2007）という観点からみれば，児童扶養手当法第14条4項（正当な理由がなく求職活動その他厚生労働省令で定める自立を図るための活動をしなかった時は支給停止できるとする条項）の撤廃が求められる。

　第二に，就労促進の効果と限界を見極め，所得の再分配とともに所得保障によるセーフティネットを整備しつつ，ひとり親家庭の社会的包摂という視点を明確にした総合的な見地から，政策を再構築する必要がある。ハローワークにおける就職状況をみても（表1-2），「母子家庭の母等の新規求職申込件数」の増加傾向に反比例して，就職率は年々低下している。一方，本人あるいは生計を同じくする扶養義務者の所得が限度額を超えて児童扶養手当が停止になる者

がどの程度いるのだろうか。2010年度に児童扶養手当が全て支給停止となった者は計2万3,509人（社会福祉行政報告例・厚生労働省）であり，前年度受給者数98万5,391人のわずか2.4％でしかない。もはや，母子家庭の就業や所得の確保は，当事者の意欲や努力を超えた構造的問題であることは明白である。

ある自治体の児童扶養手当受給資格者について5年間の所得変動をパネルデータから分析した先行研究では，所得がより低位な階層ほど所得の上昇移動が困難であるばかりかより強い固定性があること，また，所得の下降移動をみると，高位な階層に比してより低位な階層から下降する比率のほうが高いという特徴が指摘されている。そもそも児童扶養手当受給資格者の所得水準が低位な所得階層に偏りが大きく，5年間で十分な所得の上昇が見込まれる層は限定的である（湯澤・藤原・石田，2012）。就労による自立を問うには，児童扶養手当制度受給資格者の内部構成がいかに階層分化しているかを丁寧に精査し，エビデンスに基づいた制度設計を進める必要がある。

2002年改革から10年を経た今，労働市場がもたらす人々の序列化や排除の構造を見据え，ひとり親家庭の形成自体に社会経済的要因が作用している側面に光を当て，長期継続的に社会的不利に晒されてきた人々をいかに包摂する社会を構想できるかが問われているといえよう。ジェンダー平等と家族をめぐる公正を射程にした包摂的な社会政策へと舵を切ることにより，第二ステージへの確かな移行に繋ることを期待したい。

注
(1) 2002年改革の焦点は，おもに児童扶養手当による所得保障を重視する政策から就労促進による自立を目指す政策への転換であるため，本章ではおもに児童扶養手当制度と就業支援策の動向を概観しており，養育費や子育て・生活支援策については別稿の課題とする。
(2) 例えば，平成24年政府資料における高等技能訓練促進費等事業の説明文書でも，「経済的な自立に効果的な資格の取得により，児童扶養手当から早期脱却することを支援するため（中略）促進費等を支給」と明記されている。
(3) 「平成21年生活保護母子世帯調査等の暫定集計──一般母子世帯及び被保護母子世帯の生活実態について」厚生労働省社会・援護局保護課，2009年を参照のこと。

(4) ここでいう手当の受給開始から5年等経過とは、「支給開始月の初日から起算して5年（全部支給停止の期間も含む。）」又は「手当の支給要件に該当した日の属する月の初日から起算して7年」のうちいずれか早い方を経過したときをさす。ただし、手当の認定請求（増額の額改定請求を含む）をした日に3歳未満の児童を監護する場合は、この児童が3歳に達した月の翌月の初日から起算して5年を経過したとき（8歳に達したとき）となる。
(5) 2010年11月現在、15都道府県市において国審査分事業として実施されているほか、都道府県審査分事業として、9県1市で実施中又は予算措置済みとなっている。（平成23年全国厚生労働関係部局長会議〔厚生分科会〕資料）その後、在宅就業支援事業は2012年度まで延長された。
(6) 2010年5月の174-衆-厚生労働委員会では、答弁のなかで厚生労働大臣は2010年1月時点で一部支給停止者数が3,958人いると答弁しいている。
(7) 厚生労働省「福祉行政報告例（平成23年1月分概数）」による。東北地方太平洋沖地震の影響により福島県からの報告表提出が不可能な状況となったため、郡山市及びいわき市以外の福島県を除いて集計した数値。

引用文献

大石亜希子「母子世帯の経済状況と2002年改革の評価」『生活経済研究』No103，2005年。
武川正吾『連帯と承認――グローバル化と個人化のなかの福祉国家』東京大学出版会，2007年。
藤原千沙「2002年改革後の母子世帯と就業支援策の状況：児童扶養手当の削減と凍結をめぐって」『女性と労働21』17（65），2008年。
田宮遊子「給付抑制期の児童扶養手当の分析」『社会政策研究』9，2009年。
湯澤直美・藤原千沙・石田浩「母子世帯の所得変動と職業移動：地方自治体の児童扶養手当受給資格者データから」『社会政策』第4巻第1号，2012年。

参考文献

中田照子・森田明美・杉本貴代栄『日米のシングルマザーたち――生活と福祉のフェミニスト調査報告』ミネルヴァ書房，1997年。
埋橋孝文編著『ワークフェア――排除から包摂へ？』法律文化社，2007年。
浅井春夫・松本伊智朗・湯澤直美『子どもの貧困――子ども時代の幸せ平等のために』明石書店，2008年。

（湯澤直美）

| 第2章 | 子ども・子育て支援施策 ――重層的な生活課題を抱える子育て家族への支援の必要性 |

1　子育て支援施策検証の必要性

　2010年6月，厚生労働省は「イクメンプロジェクト」を発足させた。「イクメンプロジェクト」とは，働く男性が育児をより積極的にすることや，育児休業を取得することができるよう，社会の機運を高めることを目的としたプロジェクトと説明され，ホームページも開設されている。過去には同じく厚生省(当時)が1999年に，「育児をしない男を，父とは呼ばない」というキャッチコピーを用いた子育て支援社会をめざすキャンペーンをはり，賛否両論の反響を巻き起こしたことも思い起こされる。働く父親と家事・子育てに専念する母親といった家族像の肯定一辺倒だった時代があったことを思えば，子育てをめぐる社会環境は変わりつつあるといえる。

　日本における子ども・子育て支援施策は，合計特殊出生率が戦後最低をマークした1989年の「1.57ショック」を契機として取り組まれてきた。1990年代以降，政府は上記のような男性が育児に関わることを社会的に推進させようとする取り組みのみならず，積極的に少子化対策の一環としての子育て支援を検討し，子育てしやすい環境の整備に取り組んできた。そして「子育て支援」という言葉が一般的に使われるようになり，児童福祉の対象が，かつての救貧的・選別的なものから，広く子どもとその家族一般に広がったと肯定的にとらえられた。しかし他方では，児童虐待相談対応件数が増加し続けている等，子育ての困難さをめぐる諸問題は，解消とはほど遠いところにあるのも実情である。

　このような状況の中，1990年代以降取り組まれてきた子育て支援施策について，支援が支援を必要とするところへきちんと行き届いているか，潜在的な支

援対象へ目をめぐらせる体制は整っているかといった観点から，子育て支援施策の有効性の検証が必要である。

本章では，このような問題意識に基づき，1990年代以降の子ども・子育て施策の内容や支援の対象を検討し，その成果と課題を明らかにすることを目的とする。特に，重点的に取り組まれてきた，すべての子育て家族を対象とする「地域における子育て支援」に焦点をあて検討することとする。

2　子育て施策の推進——少子化対策から子ども・子育て支援へ

日本における子育て施策の本格的なスタートは，先にも述べた通りであるが1990年代以降に入ってのことである。『子ども・子育て白書　平成23（2011）年版』では，「1990（平成2）年の『1.57ショック』を契機に，政府は，出生率の低下と子どもの数が減少傾向にあることを『問題』として認識し，仕事と子育ての両立支援など子どもを産み育てやすい環境づくりに向けての対策の検討を始めた」(1)と説明されている。

しかしながら，日本では1970年代前半の第2次ベビーブーム以降，合計特殊出生率は一貫して減少しているとともに，人口置換水準の約2.1を下回っている。そのようななかで政府は1990年になって初めて少子化傾向にあることを「問題」として認識したわけである。実際，1990年代以前の子育て施策は，いわゆる「私事化政策」がとられてきた。ここでは詳細は省くが，(2)戦後の高度経済成長期以降，子育ては地域や社会から切り離され，主に母親が担う「私事」とされてきた。子育ては個人・家族が担うものであるという認識である。それがここへきてやっと子育てというものが国の将来をおびやかしかねない懸案事項として認識されたというわけである。

社会意識としても同様であり，1970年代には「コインロッカーベビー」が，1970年代後半から1980年代には「ベビーホテルにおける乳幼児の死亡事故」がマスコミで大きく取り上げられた。その際には，親，とりわけ母親の責任が一方的に追求されるのみで，背景にあるさまざまな子育てをめぐる問題に目が向

けられることはなかった。しかし，1990年代後半になると，少子化問題が顕在化するとともに児童虐待相談件数は著しく増大し，育児不安が大きく取り上げられ，ようやくその社会的背景にも目が向けられるようになっていったのである。

それでは，「1.57ショック」以降の1990年代に入り，子育て施策はどのように展開されてきたのだろうか。

1994年に策定された通称エンゼルプラン（「今後の子育て支援のための施策の基本的方向について」）およびエンゼルプランを実施するために策定された「緊急保育対策等5か年事業」(1995-1999年) は，サービスの充実を図るために児童福祉分野で初めて政府が数値目標を設定し計画的な展開をはかったプランである。

図2-1はこれまでの政府の取り組みがまとめられたものである。「緊急保育対策等5か年事業」(1995-1999年) から，「新エンゼルプラン」(2000-2004年)，「子ども・子育て応援プラン」(2005-2009年)，「子ども・子育てビジョン」(2010-2014年) へと，それぞれ5年間に講ずる施策と目標が示されている。このうち，少子化社会対策基本法に基づく「大綱」として定められた「子ども・子育てビジョン」では，「少子化対策」から「子ども・子育て支援」への転換を掲げ，「これまで進められてきた少子化対策の視点からは，真に子ども・若者のニーズや不安，将来への希望に応える政策を生み出す事はできなかった[3]」と述べ，社会全体で子育てを支えるとともに，「生活と仕事と子育ての調和」を目指すとしている。

では，それぞれの施策の特徴や効果を振り返ってみよう。エンゼルプランと関連する緊急保育対策等5か年事業，および，次の新エンゼルプランでは，低年齢児保育，延長保育，休日保育，乳幼児健康支援一時預かり等，保育サービスの充実が重点的に図られた。1994年まで減少し続けていた保育所在所者数は緊急保育対策等5か年事業の開始年の1995年以降から増加し，保育所数は2000年まで減少し続けていたが，2001年以降は増加し，図2-2に示されている通り，2005年以降の保育所数，保育所利用児童数，定員も確かに増加している。

第2章 子ども・子育て支援施策

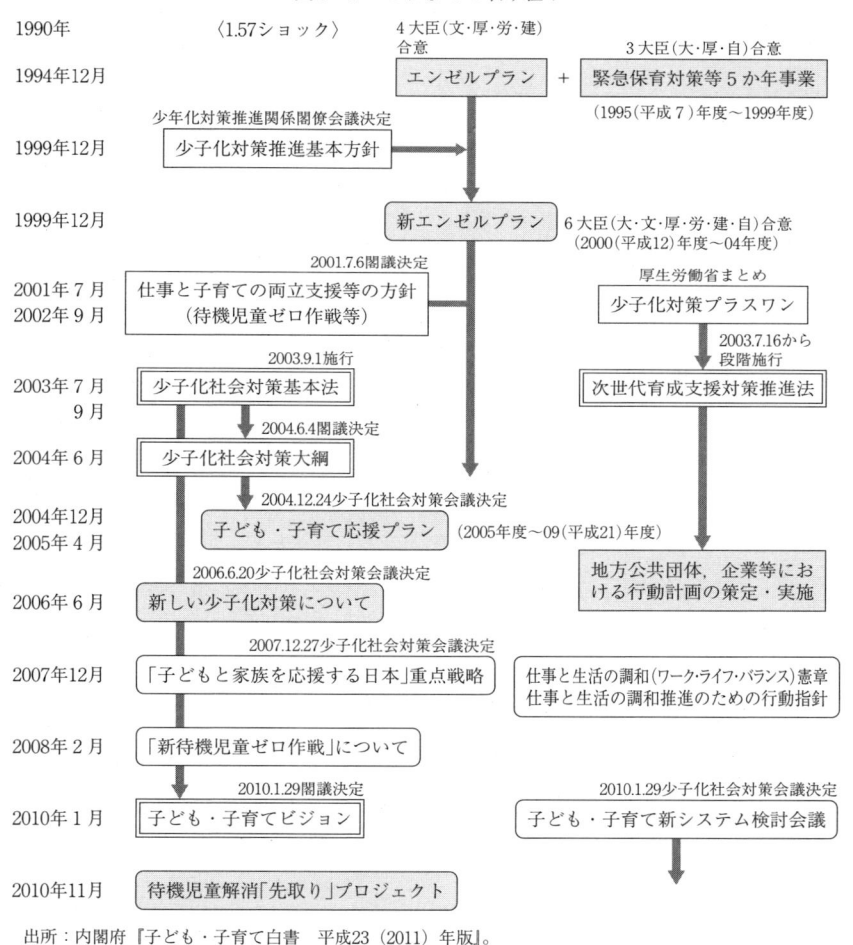

図2−1 これまでの取り組み

1990年	〈1.57ショック〉	
1994年12月	4大臣（文・厚・労・建）合意　エンゼルプラン ＋	3大臣（大・厚・自）合意　緊急保育対策等5か年事業（1995（平成7）年度〜1999年度）
1999年12月	少年化対策推進関係閣僚会議決定　少子化対策推進基本方針	
1999年12月	新エンゼルプラン	6大臣（大・文・厚・労・建・自）合意（2000（平成12）年度〜04年度）
2001年7月 2002年9月	2001.7.6閣議決定　仕事と子育ての両立支援等の方針（待機児童ゼロ作戦等）	厚生労働省まとめ　少子化対策プラスワン
2003年7月 9月	2003.9.1施行　少子化社会対策基本法	2003.7.16から段階施行　次世代育成支援対策推進法
2004年6月	2004.6.4閣議決定　少子化社会対策大綱	
2004年12月 2005年4月	2004.12.24少子化社会対策会議決定　子ども・子育て応援プラン（2005年度〜09（平成21）年度）	地方公共団体，企業等における行動計画の策定・実施
2006年6月	2006.6.20少子化社会対策会議決定　新しい少子化対策について	
2007年12月	2007.12.27少子化社会対策会議決定　「子どもと家族を応援する日本」重点戦略	仕事と生活の調和（ワーク・ライフ・バランス）憲章　仕事と生活の調和推進のための行動指針
2008年2月	「新待機児童ゼロ作戦」について	
2010年1月	2010.1.29閣議決定　子ども・子育てビジョン	2010.1.29少子化社会対策会議決定　子ども・子育て新システム検討会議
2010年11月	待機児童解消「先取り」プロジェクト	

出所：内閣府『子ども・子育て白書　平成23（2011）年版』。

　乳幼児を持つ母親の就業の増加を反映して，保育所入所を希望する児童は増え続け，図2−3に示されている通り3歳未満の利用率も高まっている。また，保育所における低年齢児の受入や延長保育の推進も着実になされてきた。
　続く「子ども・子育て応援プラン」は2004年12月に策定された。前年に超党派の議員立法により，少子化に的確に対処するための施策を総合的に推進する

第1部　社会福祉の実践

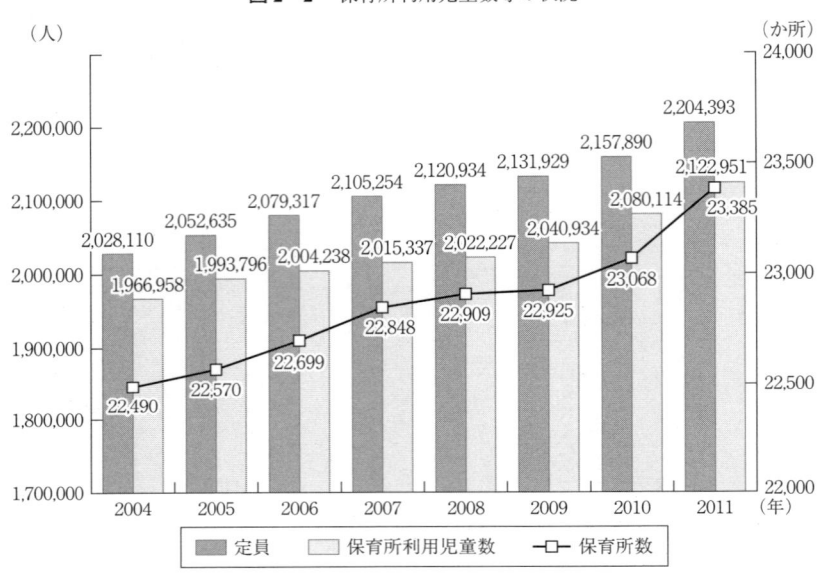

図2-2　保育所利用児童数等の状況

(人) 　　　　　　　　　　　　　　　　　　　　　　　　　　　　　(か所)

年	定員	保育所利用児童数	保育所数
2004	2,028,110	1,966,958	22,490
2005	2,052,635	1,993,796	22,570
2006	2,079,317	2,004,238	22,699
2007	2,105,254	2,015,337	22,848
2008	2,120,934	2,022,227	22,909
2009	2,131,929	2,040,934	22,925
2010	2,157,890	2,080,114	23,068
2011	2,204,393	2,122,951	23,385

出所：厚生労働省報道発表資料「保育所関連状況とりまとめ（平成23年4月1日）」(http://www.mhlw.go.jp/stf/houdou/2r9852000001q77g.html, 2011年11月15日アクセス)。

ために「少子化社会対策基本法」が制定され，少子化に対処するための施策の指針としての大綱の策定が政府に義務づけられたが，それを受けて政府は2004年に「少子化社会対策大綱」を閣議決定した。この大綱に盛り込まれた施策の効果的な推進を図るため策定された「少子化社会対策大綱に基づく具体的実施計画」(2005-2009年)が，「子ども・子育て応援プラン」である。

　子ども・子育て応援プランは，若者の自立を目指した就労支援や子育てバリアフリーの推進等も含めた幅広いものであった。ところが2005年は，日本で人口動態をとり始めて以来，初めて総人口が減少に転じ，合計特殊出生率は1.27と過去最低を記録した。これを契機に少子化対策の抜本的な拡充強化・転換が図られ，少子化社会対策会議における重点戦略として「働き方の見直しによる仕事と生活の調和（ワーク・ライフ・バランス）の実現」とともに，その社会的基盤となる「親の就労と子どもの育成の両立」と「家庭における子育て」の推

第2章　子ども・子育て支援施策

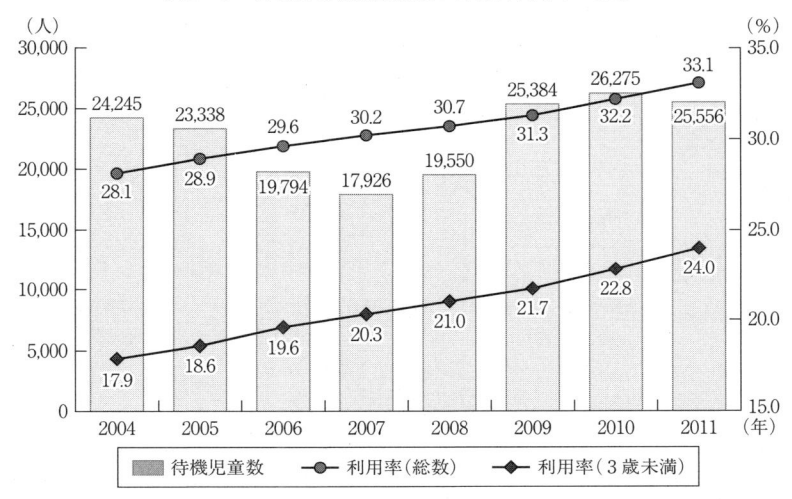

図2-3　保育所待機児童数及び保育所利用率の推移

利用率（総数）：28.1（2004）、28.9（2005）、29.6（2006）、30.2（2007）、30.7（2008）、31.3（2009）、32.2（2010）、33.1（2011）

利用率（3歳未満）：17.9（2004）、18.6（2005）、19.6（2006）、20.3（2007）、21.0（2008）、21.7（2009）、22.8（2010）、24.0（2011）

待機児童数：24,245（2004）、23,338（2005）、19,794（2006）、17,926（2007）、19,550（2008）、25,384（2009）、26,275（2010）、25,556（2011）

出所：厚生労働省報道発表資料「保育所関連状況とりまとめ（平成23年4月1日）」(http://www.mhlw.go.jp/stf/houdou/2r9852000001q77g.htm, 2011年11月15日アクセス)。

進を平行して取り組んで行く方向が示された。

　この「親の就労と子どもの育成の両立」支援のためには，育児休業制度と育児休業給付の充実が求められる。1992年に施行された育児休業法は改訂を重ね，その対象は非正社員にも広げられ，育児休業給付金も2010年の改訂により40％から50％にまで引き上げられた。そして，女性の育児休業取得率は1996年の49.1％から上昇を続け，図2-4に示したように，2008年には90％を超えるに至った。実際には，育児休業取得前に退職する女性が多いことや男性の育児休業取得者が極めて少数であることなど課題は多々あり，育児休業取得者がほとんど正社員に限られているという実態は，表面化しづらい多くの問題が潜んでいることを示唆しているように見受けられる。しかし，法律自体の整備の進展とともに著しくみられる取得率の伸びは，この制度が実際のニーズに応えていることを意味するといえるだろう。

　次の子ども・子育てビジョンでも生活と仕事と子育ての調和がさらに目指され，男性の育児参加の促進や子育てしやすい働き方と企業の取り組み等をも数

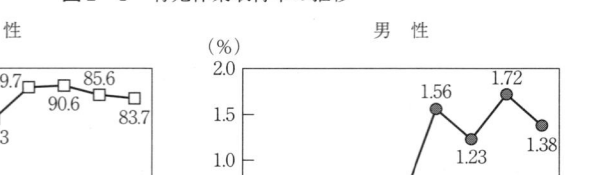

図2-4 育児休業取得率の推移

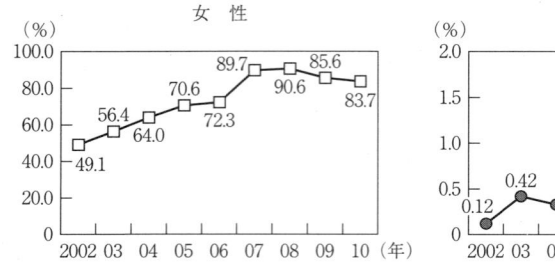

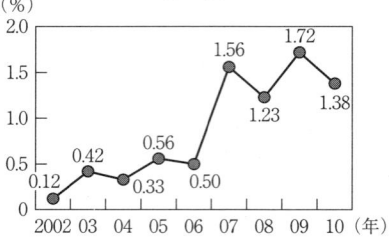

女性: 2002年 49.1％、03年 56.4％、04年 64.0％、05年 70.6％、06年 72.3％、07年 89.7％、08年 90.6％、09年 85.6％、10年 83.7％

男性: 2002年 0.12％、03年 0.42％、04年 0.33％、05年 0.56％、06年 0.50％、07年 1.56％、08年 1.23％、09年 1.72％、10年 1.38％

育児休業取得率＝（出産者のうち、調査時点までに育児休業を開始した者（開始予定の申出をしている者を含む）の数）／（調査前年度1年間の出産者（男性の場合は配偶者が出産した者）の数）

出所：厚生労働省「平成22年度雇用均等基本調査」結果概要（http://www.mhlw.go.jp/stf/houdou/2r9852000001ihm5.html、2011年11月15日アクセス）。

値目標に含むものとなっている。

　現在も都市部を中心とした待機児童の解消や保育の質の担保等の急を要する課題は多々あり，すべての乳幼児が適切な保育を受けられる体制が望まれるが，具体的な計画に基づいて展開される保育サービスの拡大や女性の育児休業の取得率については，一定の成果があげられてきたとみることができる。しかしながら，各種の子育て関連の調査で，求められる施策として必ず上位にあげられる「経済的支援」については，これらのプランのなかには含まれていない。児童手当の支給対象拡大や政権交代に伴う子ども手当への変更およびその改訂等という形でまったく考慮されないというわけではないものの，理念に支えられた長期的な戦略による改訂とは言いがたい。

　このことから，これまで政策的に進められてきた子育て支援施策は，実際には非常に狭い範囲に限定されたなかでの展開でしかないと見ることもでき，具体的なニーズを踏まえるならば，住宅問題や教育問題も含めた総合的な子ども・子育て施策として，手当制度等の経済的問題も含めて検討していくことが求められる。

3　地域における子育て支援施策の進展状況

　本節では,「地域における子育て支援施策」の進展状況について検証していくこととする。緊急保育対策等5か年事業の時から重点的に取り組まれた「地域における子育て支援施策」とは,「保育に欠ける」子どもの保育を目的とした保育所事業とは異なり,母親の就労状況に関わりなく子育て世帯を対象とするものである。保育サービス同様,市区町村が実施主体である。2003年7月に成立した「次世代育成支援対策推進法」に基づき,都道府県や市区町村は国の定めた行動計画策定指針に即して,地域における子育て支援等を内容とした地域行動計画を策定することとなったが,2006年10月1日時点で,すべての市区町村で策定済みとなっている。[4]

　ここでは,地域における子育て支援施策として緊急保育対策等5か年事業の時から整備目標が掲げられてきた,地域子育て支援センター,一時保育,ファミリー・サポート・センターと,さらに児童虐待防止対策の充実として国が2007年度に予算化を図った,乳児家庭全戸訪問事業,養育支援訪問事業について整備状況を確認する。

（1）地域子育て支援センター・地域における子育て支援拠点の整備

　1993年度から地域の子育て家庭に対する育児支援を行うため,地域子育て支援センター事業が実施されてきた。地域子育て支援センターでは,次の5事業から地域の実情に応じた3事業（小規模型では2事業）を選択して実施することとされた。

　① 育児不安等についての相談指導
　② 地域の子育てサークル等への育成・支援
　③ 地域の保育需要に応じた保育サービスの積極的実施・普及促進の努力
　④ ベビーシッターなど地域の保育資源の情報提供等
　⑤ 家庭的保育を行う者への支援

表2-1 地域子育て支援センターの設置箇所数の推移

年度	1994	1999	2000	2001	2002	2003	2004	2005	2006
箇所数	236	997	1,376	1,791	2,168	2,499	2,786	3,167	3,436
うち従来型	—	668	844	1,015	1,198	1,362	1,496	1,644	1,774
うち小規模型	—	309	532	776	970	1,137	1,290	1,523	1,662

出所：各年版の『子ども・子育て白書（旧少子化社会白書）』等より筆者作成。

　地域子育て支援センターの数については，各地方自治体で積極的に取り組まれ，表2-1に見られる通り数を増やしてきている。

　2004年に策定された「子ども・子育て応援プラン」では，すべての子育て家庭が，歩いて行ける場所に気兼ねなく親子で集まって相談や交流ができるようにし，孤独な子育てをなくすことを目指すべき社会の姿として掲げている。そのために地域における子育て支援拠点の整備を2009年度までに6,000カ所で実施することを数値目標とした。この数値目標は子育て支援拠点の拡充により，前倒しで実施されることとなり，2007年度から「地域子育て支援拠点事業」として，子育て中の親子が気軽に利用できる子育て支援の拠点整備が急速に図られてきた。

　地域子育て支援拠点事業では，次の4つの事業に取り組んでいる。
① 子育て親子の交流の場の提供と交流の促進
② 子育て等に関する相談・援助の実施
③ 地域の子育て関連情報の提供
④ 子育て及び子育て支援に関する講習

　具体的には，公共施設の空きスペースや商店街の空き店舗等において実施する「ひろば型」，保育所等において実施する「センター型」，民営児童館において実施する「児童館型」の3つの類型により事業展開が図られている。地域子育て支援拠点事業では，当事者自身が共に支えあい，情報交換し，学び合う活動を広げていくことが重要な課題とされている。

　一方で，2002年度からは，概ね満3歳未満の乳幼児とその親が気軽に集まり，相談，情報交換，交流ができる「つどいの広場」事業の実施が促進されてきた

表2-2 地域における子育て支援拠点の整備状況

	2004年度実績	2005年度実績	2006年度実績	2007年度実績	2008年度実績	2009年度実績	2010年度実績（交付決定ベース）
地域子育て支援拠点（箇所数）	2,936	3,629	4,129	4,386	4,851	5,173	5,521
・ひろば型	154	480	694	894	1,233	1,508	1,965
・センター型	2,782	3,149	3,435	3,464	3,463	3,470	3,201
・児童館型	—	—	—	28	155	195	355

出所：表2-1と同じ。

表2-3 一時預かりサービス（一時保育）実施箇所数の推移

年　度	1994	2003	2004	2005	2006	2007	2008	2009
実施箇所数	450	4,959	5,651	5,959	6,727	—	—	6,460
予算実施箇所数	—	—	—	—	—	6,759	7,202	7,736

注：2008年版からは「予算実施箇所数」と表記されている。2009年度については，実施箇所数と予算実施箇所数，両方の数の記載がある。
出所：表2-1と同じ。

が，2007年度より開始された「地域子育て支援拠点事業」に統合された。この「地域子育て支援拠点事業」は2008年の児童福祉法改正により，2009年4月より児童福祉法上の事業として位置づけられ，市町村に対し，その実施に努力義務が課された。

全国の市区町数は2011年11月時点で1,742（指定都市の行政区は除く）であるが，現在，地域子育て支援拠点の数は表2-2の通り，その約3倍となっている。

（2）一時預かりサービス

一時預かりサービス（一時保育）は，就労形態の多様化に対応する一時的な保育や，専業主婦家庭等の緊急時の保育ニーズに対応するために，1990年度から実施されてきた。利用要件の詳細は自治体により異なるが，保護者の育児疲れ解消など私的な理由での利用も認められている。児童福祉法改正により，2009年から「一時預かり事業」として，児童福祉法上の事業として位置づけら

第1部　社会福祉の実践

表2-4　ファミリー・サポート・センター実施状況の推移

年　度	2005	2006	2007	2008	2009	2010
箇所数	437	480	540	579	559	637
依頼会員（人）	―	223,638	256,787	―	319,702	―
支援会員（人）	―	83,836	88,107	―	108,318	―
両方会員（人）	―	29,948	33,945	―	38,246	―
活動実績（件）	―	1,474,628	1,540,010	―	1,482,881	―
病児・緊急対応強化モデル事業	―	―	―	―	―	75か所

出所：表2-1と同じ。

れた（表2-3）。

（3）ファミリー・サポート・センター

ファミリー・サポート・センターとは，乳幼児や小学生の児童を持つ子育て中の親等を会員として，送迎や放課後の預かり等の相互援助活動を行うセンターである。児童の預かり等の援助を受けることを希望する者と援助を行うことを希望する者とが会員となり，センターが相互援助活動に関する連絡，調整を行っている。2009年度よりファミリー・サポート・センター事業の中に「病児・緊急対応強化モデル事業」を新設し，病児・病後時の預かり，早朝・夜間等の緊急時の預かり事業を市町村の事業として実施している。2010年度は75カ所で実施されている。

表2-4に援助希望者である依頼会員と援助を行うことを希望する支援会員数を記したが，依頼会員に比して支援会員が少なく，支援会員を増やすことがどのセンターでも課題となっている。

（4）乳児家庭全戸訪問事業および養育支援訪問事業

従来から母子保健法に基づき「新生児訪問」および「妊産婦訪問」が実施されていたが，児童虐待防止対策の充実として国が2007年度に予算化を図った事業が「生後4か月までの全戸訪問事業」「育児支援家庭訪問事業」である。こ

れら事業は2009年の改正児童福祉法施行により児童福祉法に位置づけられ，「乳児家庭全戸訪問事業」「養育支援訪問事業」となり，区市町村の実施義務が課されるとともに，第二種社会福祉事業に位置づけられた。

「乳児家庭全戸訪問事業」は，孤立化防止や養育上の諸問題への支援を図るため，すべての乳児がいる家庭を保健師，助産師，看護師の他，保育士，母子保健推進員，児童委員，子育て経験者等（自治体によって資格要件を設けることができる）が訪問し，子育て支援に関する情報提供や養育環境等の把握，相談助言等を行う事業である。実施状況は，2010年7月時点では全市区町村の約9割に相当する1,561市区町村で実施されている。

「養育支援訪問事業」は，養育支援が必要な家庭に対して，訪問による養育に関する相談，指導・助言等の支援を行う事業である。実施状況は，2010年10月時点では1,041市区町村（全市区町村の約6割）であり，十分に整備されていない自治体もある。

このように地域における子育て支援事業の整備状況はこの十数年で飛躍的な量的拡大がなされ，1990年代以前と現在の状況を比較すれば，子育て環境は大きく変化・整備されてきた。特に，地域子育て支援拠点事業，一時預かり事業，乳児家庭全戸訪問事業および養育支援訪問事業が法定化されたことの意味は大きい。

現在では，多くの自治体の広報誌やホームページには，子育て支援関連の情報が掲載されており，自ら求めればさまざまな情報を入手することができる。また，子どもを連れて気軽に外出し時間を過ごすことができ，子どもと一緒に参加できる行事や講習などが開催されているという状況がどの自治体にもある。実際に子育て支援の場は多くの親子で賑わっている。

しかし，支援を要する家族を直接的な対象とした在宅のサービスは，「養育支援訪問事業」のみであり，先にも述べたように十分に整備されていない自治体が少なくないとともに，対象拡充や頻度の見直しも必要である。支援を要する家族を在宅で支援する場合，保育所利用がまず思い浮かぶが，社会的事由による保育所入所は定員に余裕がある場合のみ可能であるという限定的なもので

あるし，ショートステイも引受先施設・定員の不足が指摘される。

また，ファミリー・サポート・センター以外の事業は，概ね学齢前の子どもとその親を対象としている。学齢期には，放課後の生活の場として放課後児童クラブの量的拡大がなされているところであるが，学齢期の子どもを持つ親が気軽に子育て相談ができ，親同士が関係を作れるような場の整備はほとんどなされていない。

4　子育ての実情

前項では，地域における子育て支援施策の整備状況を確認してきた。地域における子育て支援の場が整備されてきた一方で，2010年度に全国の児童相談所で対応した児童虐待相談対応件数は5万5,152件であり，5万件を超えた。[5] 統計を取り始めた1990年度から一貫して増加傾向が続いていたが，伸び率は約50倍となり最多の件数となった。

この件数の増加については，児童虐待に対する社会的認識が国民や関係機関に広がり，これまでそれぞれの家族内の問題でしかないと思われていたものが，児童相談所に相談あるいは通告すべき事象と認識されるようになったことが一因とも考えられている。とはいえ，児童相談所に相談・通告をするような状況が現に数多くあるということは確かであろう。

また，主たる虐待者は，図2-5に見られるように，「実母」が最も多く，2009年度においては実母が2万5,857件（58.5％），次いで実父が1万1,427件（25.8％）となっている。実母による虐待が際立って多いのは，日本の子育て環境の特殊性の現れと見てもいいだろう。

このように，子育て支援事業の充実とは裏腹に，児童虐待相談対応件数は増加の一途をたどっている。

では，子育てで困難を抱えている家族のおかれている状況とは具体的にいったいどのようなものなのであろうか。筆者は，それを知る手がかりの一つとして，厚生労働省が2004年以降調査結果を報告している「子ども虐待による死亡

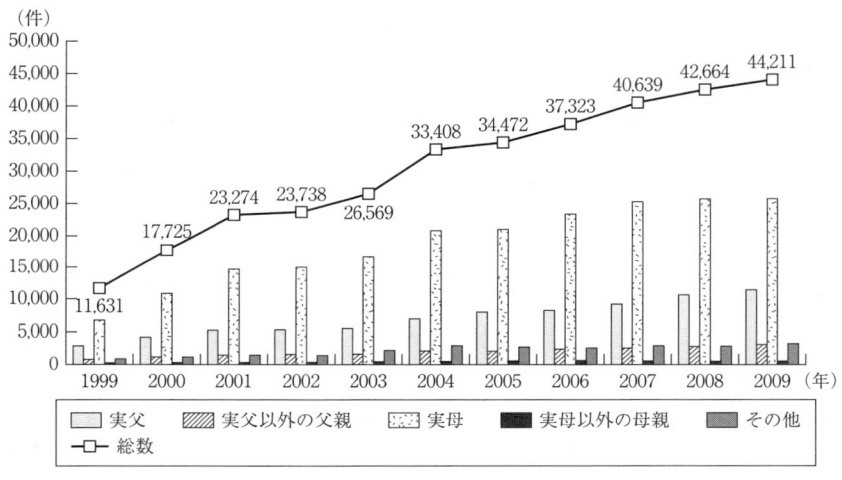

図2-5　主たる虐待者の推移

(件)
50,000
45,000　　　　　　　　　　　　　　　　　　　　　　　　　　　42,664　44,211
40,000　　　　　　　　　　　　　　　　　　　　40,639
35,000　　　　　　　　　　　　　　　37,323
30,000　　　　　　　　　33,408　34,472
25,000　　　23,274　23,738　26,569
20,000　17,725
15,000　11,631
10,000
5,000
　　1999　2000　2001　2002　2003　2004　2005　2006　2007　2008　2009 (年)

□実父　▨実父以外の父親　▦実母　■実母以外の母親　▤その他
─□─総数

出所：内閣府『子ども・若者白書　平成23年版』。

事例等の検証結果等について」の報告書（2004～2008年）と東京都が2001年と2005年に公表した児童虐待の実態報告をもとに分析を試みた（原　2008）。

　東京都の報告では，虐待に繋がると思われる家庭の状況に関する調査において，「ひとり親家庭」「経済的困難」「親族，近隣等からの孤立」「就労の不安定」といった事情を併せ持っている場合が非常に多いことが明らかにされている（東京都福祉保健局　2005）。「子ども虐待による死亡事例等の検証結果等について」から虐待死の起こった家族は，地域社会との接触が希薄であり養育の支援者が少なく，経済的課題を抱えている状況にあることが見て取れた。

　「子ども虐待による死亡事例等の検証結果等について」はその後も毎年報告されているため，最新版の第7次報告でも結果を確認してみよう。第7次報告は2009年4月1日から2010年3月31日までの12カ月間に発生または表面化した子ども虐待による死亡事例77例88人（虐待死事例47例49人，未遂を含む心中事例30例39人）が対象とされているが，特に虐待死に着目すると，主な虐待の種類は，身体的虐待が約6割，ネグレクトが約4割となっており，主たる加害者は実母が46.9％と最も多く，実母と実父の両者によるものが12.8％で次に多い。

家族の状況に関連する項目結果を挙げると、家族形態については「実父母」55.3%「ひとり親」8.5%、「連れ子の再婚」10.6%、「内縁関係」14.9%となっており、「ひとり親」は減少しているものの、「連れ子の再婚」や「内縁関係」等の不安定な家族関係が多くみられる。地域社会との接触について「ほとんどない」又は「乏しい」が40.4%である。育児を支援した人については、「なし」が27.3%となっている。子育て支援事業の利用は「なし」が63.8%であり、「あり」であっても、「保育所入所」と「乳児家庭全戸訪問事業」のみである。家族の経済状況は、不明が約半数を占めるが、有効割合でみると「市町村民税非課税世帯」が30.4%、「生活保護世帯」が26.1%であり、貧困家庭とみなせる場合が非常に多い。住宅の状況は集合住宅（賃貸）が55.3%となっている。「子ども虐待による死亡事例等の検証結果等について」は対象事例数が少なく一概にはいえないが、先に述べた東京都の状況と実状としては同様であることが伺える。

児童虐待の起こる家族について岩田正美は、「児童虐待の中には、一方で、貧困な環境の中でひどくなるタイプのものがあり、他方で、そうした環境とは関係なく、もっぱら養育者の精神状態や性格が理由で生じるタイプのものがあるのではないか。あるいは…（中略）…、養育者の精神疾患や性格といったものと、養育者の生活環境とが何らかの関連性をもっているとするならば、ひどい虐待を行う人たちは、貧困な生活環境にあってストレスを抱え込んでしまったと捉えることも可能である」（岩田 2007）と述べている。

山田昌弘も同様に、現代社会において、生活水準の格差拡大がすすむと仕事や人生に対する意欲の有無など「社会意識」の差が現れることを問題とし、こういった「家族の二極化」がすすむ様を各種データに基づき明らかにしているが、児童虐待についても生活水準の格差を問題にし、「カウンセリングが有効」な場合と「経済的な問題をどうにかしない限り、解決できない事態」とを切り分けて考える必要性を述べている（山田 2004）。

このように考えると、前項で述べてきたほとんどの子育て支援施策が対象としている親子は、山田の言葉を借りれば「カウンセリングが有効」な親子であ

り，切実に支援を要する貧困な生活環境にある家族には必ずしも有効とはいえないという実状が浮かび上がってくる。したがって，前者に対しての支援は，この十数年でかなり充実してきたといえるが，後者に対しては，決して十分とはいえない。

　ここで，人口10万人弱，Ａ市（小学校が9校，中学校が3校あり，第3次産業従事者が約7割を占める都市のベッドタウン）の子育て支援状況を例として見てみよう。

　市内4カ所に子育て支援センターがあり，利用対象者は0歳から就学前までの乳幼児とその保護者である。紹介文には，子育て支援センターは，「乳幼児とその親（家族）が，好きな時間に自由に来て，親子で好きな遊びを楽しんだり，子どもや親同士の仲間づくりをする事ができるような遊びの場の提供と支援活動を行うところです。また，子育てに悩むお母さんの相談，憩いの場です」と記されている。ここでは，子育て相談（電話・面談）を祝日・年末年始を除く月曜から金曜の午前9時から午後4時まで行っている。親子で自由に遊べる場「子育てサロン」があるが，その開設時間も同様に祝日・年末年始を除く月曜日から金曜日の午前9時から午後4時までである。多数の子育て講演会・講座の開催や親子で遊びながら友達に会える場「ひろば」が各地域で開催されているが，時間はいつも平日の午前，もしくは午後となっている。

　いうまでもなく，働いている親は利用しにくい開設曜日・時間の設定であり，実施者視点の運営である。利用者の事情への配慮という点で何らかの工夫がなされているかということについては疑問が残ると言わざるを得ない。これらの支援を利用したいと思っても利用できない親子も存在するということに注意を払う必要がある。

　また，制度を知らないか，知っていても何らかの距離感を感じることにより利用しない親子も存在する。このような親子には制度の紹介だけにとどまるのではなく，同行する，申し込みを一緒に行う等の対応の検討も必要である。

　要支援家族を対象とした施策としては，前節で述べた「養育支援訪問事業」が挙げられるが，既に述べた通り十分な状況ではなく，アプローチのノウハウ

第1部　社会福祉の実践

を含めよりきめ細やかな対応が求められる。

5　重層的な生活課題を抱える子育て家族への支援の必要性

　これまで，少子化対策及び子育て支援をめぐる4つのプランや，行政と住民がより接近した中で展開される「地域における子育て支援」について見てきたが，子育て支援拠点に出てこない・出てこられない親への支援や，子育て困難になる前の予防的支援は十分な状況にはないといえる。

　ここでは，生活課題を抱える子育て家族に正面から向き合っている，あるいは，向き合わざるを得なかった海外の事例と日本の現在の取り組みを並列させることで，重層的な生活課題を抱える子育て家族への支援の必要性やそのあり方について検討する。

（1）カナダのファミリー・リソース・センター

　日本において子育て支援の必要性が叫ばれるようになって以降，主に1990年代末から2000年代初頭にかけて，カナダの家族支援がさかんに紹介された。カナダの家族支援には問題の発生予防の観点が明確に位置づけられている。問題が起きる前のごく一般の状況における親と子の生活を支援し，力をつけることで問題発生を事前に減らそうというものである。そのなかで，重要な柱は，①子どもにとっての発達を最大限に保障することで問題の発生を予防しようとすること，②無知と貧困の再生産を断つということである（小出 1999）。

　これについて小出まみは次のように説明している。少し長い引用であるが紹介する。

　　ハイリスクの家庭の親たちは，自身が高校中退者であったり，混乱の国からの難民，移民などの悲惨な過去を持ち，その無知ゆえに社会的に弱者であり，貧困者である場合が多い。その人々が次世代を育てるとき，無知と貧困をそれも十代のうちから自分の子どもに再生産してしまう危険性が

非常に高い。子育て家庭支援政策は、そのような危険性を持つ親たちに、少しでも子どもの発達や教育や保育や社会政策の諸制度などについて知識を持ち、またニーズを満たしていくために、現状改革のために自ら立ち上がる力を親たちにつけようというのである。子どもと親と両面からこうして生きていく力をつけていくこと、エンパワーメントしていくことで、彼らの階層の中への社会問題の拡大再生産が防げると考えるのである（小出1999）。

このような理念に基づき具体的な支援がなされる場が「ファミリー・リソース・センター」と呼ばれるセンターである。家庭生活に有用な制度や施設、その他の情報や知識、支えてくれ頼れる人材もいる場である。多様な運営主体があり、センターの活動も広汎多岐にわたっているという。その中心的な構成要素が次の6つであると報告されている。

① 親やケアギヴァー(7)のための教育と支援

　ドロップイン（たまり場）プログラムやプレイグループ、その他子どもの発達のための活動、子どもの発達や保育に関する情報提供と関連機関への問い合わせ、親の学習プログラムコースや研修・講習等、さらにおもちゃ図書館やその他のリソース、図書館つまり本・図書・育児書・雑誌・育児関係のビデオ・育児用品等の貸出し、各種サポートグループ、家族向けの行事や活動等を含む。

② 家族保護

家庭訪問等のアウトリーチによって機能の弱い家庭を支え、家事全般についての援助をする。個別の生活上の心配事への支援やそのフォローアップ、短期的なカウンセリングや専門機関や専門職への橋渡しと支援等。

③ 保育（チャイルドケア）と子ども用のプログラム

　乳幼児の発達のためのプログラム、学齢期・十代の親も含めたあらゆる年齢の子どものためのケアセンター、ケアセンター利用家族への家庭訪問、ドロップイン形式などによる短期のチャイルドケア（夏季キャンプ・親の息抜きや緊急時の子ども預かり等）、ケアギヴァーへの支援と訓練等。

④ 物的支援と栄養教育

栄養教育のグループやコミュニティ・キッチン，おやつや朝食や昼食や夕食の提供のサービス，衣類等の中古品の交換等。

⑤ その他成人教育，レクリエーションプログラム

ワークショップ，討論グループ，親教育，「教育」とまではいかない気軽な話し合いのグループ等。

⑥ コミュニティ・ディベロップメント

地域の子育てにかかわるグループやケアギヴァーたちのネットワーク等への支援。ボランティア訓練と指導者育成。一般市民や財源提供者たちへの教育と啓蒙，家族と子どものための活動であることを周知徹底させるための地域計画への参加，その他多様な地域の発展のための取り組みへの参加等。

これらの他に，多様に展開されている活動として，保健教育ケア，青少年向けの活動，識字教育，住宅問題，就学支援等があげられている。

(2) 韓国の多文化家族支援センター

韓国の多文化家族支援センターの主な対象は結婚移民者とその家族である。欧米の国々でも，子育てや家族支援の対象として移民は大きく位置づけられている。ここでは，重層的な生活課題を抱える子育て家族の顕著な例として，韓国の多文化家族に着目し，多文化家族支援センターの事業を紹介する。

韓国では，離婚率の急増や未婚率の上昇，出生率の低下を背景として，2003年に「健康家族福祉法」が制定された。家族解体の危機が憂慮され，家族問題への行政の介入の必要性について世論が高まったことを背景とし，健康家庭福祉法によって，全国の市・郡単位に「健康家庭支援センター」を設置し，家族相談や家族教育，そしてひとり親家族のための統合サービス，子どもの保育事業等を実施した。同時期に見られた国際結婚の大幅な増加と問題の顕在化により，その生活支援の必要性を重視せざるを得ない状況となった（国際結婚の大多数は韓国人男性と外国人女性によるものである）。そこで，この健康家庭支援センターの事業をモデルに「移住女性支援センター」が置かれ，後に名称を「多文

化家族支援センター」と改称した。2008年には「多文化家族支援法」が制定され、多文化家族支援センターの指定や業務に関することが規定された。

「多文化家族」とは、1990年代以降に韓国で激増した韓国人との国際結婚による夫婦およびその子どもである。(8)大多数の多文化家族は言語・文化的差異、経済的困難、社会的偏見等で家族間の葛藤と社会的疎外感を経験しているという報告がなされている。

センター事業は「基本事業」と「特性化事業」で構成されており、内容は下記の通りである。

【基本事業】
① 韓国語教育：能力別クラスで実施
② 多文化家族統合教育：韓国社会の適応教育、家族のコミュニケーションプログラム、家族関係の改善プログラム、配偶者の理解プログラム、夫婦関係の改善プログラム、小戸もの教育プログラム、親の役割教育、親子関係の改善と自尊心向上プログラム、父の教育、子どもの生活指導、等
③ 多文化家族就業連携支援：職場文化の案内、職場でのマナー、コンピュータ教育、地域内の就業機関の見学等の地域特性や対象者の能力に適切な職業教育の実施、就職先の発掘および管理、等．
④ 多文化家族自助グループ：結婚移民者の出身国別の自助会、配偶者の自助会、夫の親の自助会、等
⑤個人・家族相談：各種の法律相談、夫婦相談、親問題、子ども問題、性問題、経済問題、就職問題、心理療法や機関の連携、オンライン相談、等

【特性化事業】
① 訪問教育事業：親教育サービス、子どもたちの生活サービス、訪問相談サービス
② 多文化家族子ども言語発達支援事業：多文化家族の子どもたちの言語の評価、多文化家族の子どもの言語教育、言語発達を支援するための親の相談や教育
③ 通訳翻訳サービス事業
④ 言語英才教室：多文化家族の子どもたちを対象として、結婚移民者の主な出身国の言語の授業を通じて、グローバルな人材へと成長をサポートする。

第1部　社会福祉の実践

　韓国の多文化家族支援センターでは，このように，職業教育や就職先の発掘・紹介なども実施しており，子育ての問題にとどまらない多様なサービスにアクセスできる場となっている。

（3）日本における子育て支援事業の課題

　1970年代に民間により創設され活動を展開してきたカナダのファミリー・リソース・センター，および，近年，国の政策として展開されている韓国の多文化家族支援センターの事業内容を見てきた。これらのセンターと日本の子育て支援センター，ファミリー・サポート・センターを比してみると，センターという名称を冠してはいるものの，センター機能としては極めて脆弱といわざるを得ない。特に，支援を要する家族にサービスが届いているかという観点から見ると，大きな違いがある。

　そもそもトロントのファミリー・リソース・センターは，「来ない人ほど来てほしい」「サービスは利用してほしい人のもとまで直接届けるもの，サービスの側から手をのべていくべきもの」「利用したがらない人にとっても，知ることが権利であり，利用することが利益になるであろう」との考えに立脚し開設されているという。

　また，事業内容については，ファミリー・リソース・センターの相互扶助的な要素やアウトリーチによる活動，多文化家族支援センターで行われている訪問教育や職業教育の実施等が，支援を要する家族の利用に繋がっていると考えられる。

　カナダ，韓国とも現状を正確に認識し，それにもとづき支援を展開している様子が見てとれるが，日本では，さまざまな生活課題を抱えた，より深刻な要支援者の実状に対してほとんど対応しないまま来てしまったといっても良い。子育て支援事業の量的な側面のみならず，事例等の検討による質的な側面の検証とともに，孤立しがちな家族，貧困状態にある家族に有効な支援についての検討が急がれる。

　しかしながら，なぜ，これまでそのような検討がなされてこなかったのかと

考えてみると，文化的・歴史的なさまざまな理由が考えられるが，そのなかでも特に，女性は生来的に母性的愛情や育児能力を有しているという「母性愛神話」の影響が色濃くあるのではないかと感じられる。つまり，子育てはできて当たり前，母親は生来その力を有しているというものである。カナダのように，子どもの養育はそもそも一人で背負うにはストレスに満ちたものであり，個々人の生き方を重視し，親の役割からの息抜きをも肯定的にとらえられている社会とでは，支援のあり方が当然異なってくる。

日本の子育て状況については，「現在ほど母親が一人で子育てを担っている時代はない」と言われる。随分と言い古された感を抱いてしまうほど遅々として進んでいないが，母親だけに子育てを任せない家族のあり方，コミュニティのあり方の構築とさらなる社会意識の醸成が必要であり，それは待ったなしの状況である。その実現のために，子育て施策は子育ての問題にとどまらず，雇用政策，保育・教育政策，まちづくり，男女共同参画など，総合的なビジョンの中で実質的に進められることが求められる。

また，先に韓国の多文化家族センターについて触れたが，日本でも保育所や学校で外国籍家族への対応について現場レベルで試行錯誤している現状がある。母子生活支援施設入所世帯の1割強は外国籍の母子世帯であり[9]，なかには入所世帯の半数が外国籍母子世帯という施設もある。生活保護受給世帯も非常に多い。子育て施策の制度として外国籍親子に対する排除はないが，子育て支援拠点などで，外国籍の親子に積極的に働きかけるような取り組みはほとんどみられない。長期的な視点で，国のあり方というものを考えるのであれば，移民者や外国籍住民を子育て支援の対象として認識し，位置づけていくことは極めて重要である。

注

(1) 内閣府『子ども・子育て白書　平成23（2011）年版』。
(2) 詳しくは原（2010）を参照。
(3) 「子ども・子育てビジョン――子どもの笑顔があふれる社会のために」（2010年1月29日閣議決定）2頁。

(4) 内閣府『子ども・子育て白書　平成20（2008）年版』
(5) 速報値は5万5,152件。宮城県，福島県，仙台市を除いて集計した数値として厚生労働省より公表。
(6) 1960年代以降アメリカで実施されているヘッドスタートの影響がカナダにも及んでいる。
(7) 子どもや老人，病人等の世話をする人の総称として用いられる。また，養育者は親とは限らないので，親という言葉を避けるために使われる。
(8) この定義によると，「多文化家族」は極めて限定された特定の家族をさし，そこへ支援が集中していることについて主に公平性という観点からの批判がある。
(9) 全国社会福祉協議会『平成22年度　全国母子生活支援施設実態調査報告書』2011年より。

参考文献

小出まみ『地域から生まれる支えあいの子育て』ひとなる書房，1999年。
武田信子『社会で子どもを育てる』平凡社新書，2002年。
山田昌弘『希望格差社会』筑摩書房，2004年。
東京都福祉保健局『児童虐待の実態II——輝かせよう子どもの未来，育てよう地域のネットワーク』2005年。
岩田正美『現代の貧困——ワーキングプア／ホームレス／生活保護』ちくま新書，2007年。
原史子「児童虐待調査にみる家族的背景と支援課題」『金城学院大学論集』社会科学編　第5巻第1号，金城学院大学，2008年。
原史子「子育て」杉本貴代栄編著『女性学入門——ジェンダーで社会と人生を考える』ミネルヴァ書房，2010年。
社会保障審議会児童部会児童虐待等要保護事例の検証に関する専門委員会『子ども虐待による死亡事例等の検証結果等について（第7次報告）』2011年。
原史子「韓国における多文化家族政策と支援の現状——重層的な生活課題を抱える家族への支援」『金城学院大学論集』社会科学編第8巻第1号，金城学院大学，2011年。
李善姫「韓国における『多文化主義』の背景と地域社会の対応」『GEMCジャーナル第5号』2011年東北大学大学グローバルCOE「グローバル時代の男女共同参画と多文化共生」

　　　　　　　　　　　　　　　　　　　　　　　　　　　（原　史子）

コラム1

笑顔のお父さんといると子どもも楽しくなる

　現在，日本では共働き世帯が半数を超えている。従来のように，男性は仕事，女性は子育てという役割分担では立ち行かなくなってきているのだ。今ほど，男性の積極的な育児が求められているときはないのである。
　しかしこれまで日本社会では，仕事こそが男の人生という価値観が支配的だった。しかし男性にも，父親，家庭人としての人生がある。男性が子育てをする一番のポイントは，「せっかく手にした権利を放棄するのはもったいない」ということ。子育てができる期間は限られているのだ。その間に，子どもと触れ合った経験は，価値観や生き方を大きく変え，男性自身の人生を豊かなものにしてくれる。さらに，家庭の幸福が大きく増えるのである。
　私も1997年に長女が生まれたとき，夫婦共働きをしていたため，必要に迫られて子育てをした。しかし当時はとても大変な思いだった。でも，小さいころの娘の笑顔はその時にしか見ることができない。そう考えて主体的に育児に取り組んだ結果，非常に大きなものを得た気がする。さらに娘とのコミュニケーションにと，絵本の読み聞かせを小学校1年生の終わりごろまで毎晩欠かさず行なった。その成果か，中学生になった長女とは今でも楽しく会話ができる。
この経験から，日本の男性にもっと子育ての楽しさや意義について知らせていかなければならないと思うようになった。そこで2004年から週末に限り，全国の図書館や保育園などで父親たちによる絵本の読み聞かせの活動を始めたのである。最初，会場には母親と子どもしかいなかったが，だんだんと父親たちも来るようになった。でも，参加している男性はあまり楽しそうな顔をしていない。おそらく長時間労働で心身が疲れていたり，家族サービスという意識や，妻に言われていやいや参加している人が多いんだなと感じた。これではいけない。お父さんが笑っていないと子どもも楽しくない。子育てを楽しむお父さんの笑顔を見たい。そういう思いで，「父親であることを楽しもう！」というコンセプトで「ファザーリング・ジャパン」というNPOを2006年に設立したのである。

　しかし，いざ父親が育児をしよう，妻を手伝おうと思っても，何から始めたらいいのか分からない，という声をよく耳にする。考える前にとにかく目の前で起きていることに一つ一つ関わっていけばいいのである。男性は考えすぎるきらいがある。子育てに対して，仕事と同じように成果や効率を求めてしまう。子育てをして自分にいったい何の

メリットがあるのか。ベビーカーを押している自分はカッコいいのか。まだ自分の出番じゃないんじゃないか。そういうことを考えていては何も進まない。考える前にまずやってみる。やりながら考える。これが子育ての基本なのだ，ということをセミナーでまず教える。

　基本，「育児は毎日の営み」ということだ。会社から早く帰れるときには家族で一緒にごはんを食べる。お風呂に入る。歯を磨いてあげる。絵本を読む。とにかく子どもとかかわって，妻と話をして，時間を共有することが大事なのだと父親たちに伝える。自分は何もせずに，あれこれ指示を出す遠隔操作はだめ。子どもには伝わらない。妻は納得しない。子育ては週末にまとめてやる，空いた時間に手伝うという感覚ではなく，平日にも朝や夜に意識して時間をつくり，子どもと毎日かかわること。これが一番大切。男性の子育てに必要なのは，質ではなく量なのである。

　このようにファザーリング・ジャパンは，全国各地で主に男性を対象にした育児支援のセミナーや講演会を開催したり，パパ検定を行ったりしている。これまで5年間活動を続けてきて，セミナー参加者の様子も明らかに変わってきた。最初のころはやはり「妻に付いて来た」「ママに参加するように言われて来た」という人が多くいたが，今は男性一人，もしくは父親と子どもという参加者も目立つようになった。質疑応答でも父親本人から「寝かしつけ」や「子どもの食事」など具体的な内容が出る。これは10年前の日本ではなかったこと。最近では若い世代の男性は，育児をすることは良いことでカッコいいのだ，と思うようになってきた証だろう。

　またファザーリング・ジャパンでは，2010年の育児・介護休業法の改正に合わせて，産後の8週間の育児休業を「パパ産休」と名づけ，育休を取得する男性を支援する「さんきゅーパパプロジェクト」を展開している。育休は最低でも1カ月は取るようにするといい。1カ月あればいろいろなことを経験できる。小さな子どもは頻繁に病気をする。子どもを小児科に連れて行って1時間以上待たされるといったことも経験するといい。そういったことを通して，「育児は仕事と同じではない。効率化できない部分がある。子どもに耳を傾け，状態を知る。待つ力が必要だ」と，父親も気づくのだ。

　育休は決してリフレッシュ休暇ではない。職場で仕事をする代わりに，家で育児，次世代育成という重要な仕事をしているのである。これは，職場の管理職や同僚にも理解して欲しい。周りの空気が変わることで，男性が気兼ねなく育児に取り組めるようになるのだ。

　そうすれば家庭において母親だけに育児の負荷がかからず，おのず夫婦仲も良くなり，父子の絆も強まるはずだ。そうやって家庭が安定すれば仕事にも精が出る。また子ども

を通して，地域活動に参加する男性も増えていく。男性の育児参画は，家庭にとっても，地域にとっても，職場にとっても，そして社会全体にメリットをもたらすのだ。ファザーリング・ジャパンはそのことを事業目的として，これからも日本全国に「笑っている父親」を増やすべく活動を続けていく。

(NPO法人ファザーリング・ジャパン　ファウンダー　安藤哲也)

ファザーリングジャパン URL　http://www.fathering.jp
FJ事務局　TEL：03-6902-1694　FAX：03-6902-1695

第3章　高齢社会とケア労働

1　ジェンダー研究と高齢者問題

　フェミニズムの立場から学問領域を再検討することは、日本においてはいずれの領域においても遅かったが、なかでも社会福祉の領域とは、フェミニズムの影響を受けることが少なく、関連領域と比較しても大幅に出遅れた領域であることは、たびたび批判されてきた。それでも1990年代に入ると、近接領域における研究が進んだこともあり、社会福祉をフェミニズムの立場から再検討することが主張されるようになった。その理由を一言で言いあらわすならば、女性が社会的な困難を抱えていること、そして現存する社会福祉の制度がそれを十分に援助していないことが明らかになったからである。このような「女性が抱える困難」とは、特に次の4つの分野において顕著になった。一つは、日本が高齢社会に足を踏み入れたこと。高齢社会とは、「女性化する福祉社会」——その対象者も担い手も、また社会福祉政策が想定している担い手も女性が多くを占める社会——であり、高齢社会の困難とはジェンダーと密接に関わる問題であることが明らかになったのである。二つ目は、ドメスティック・バイオレンス（以下、DVとする）や児童虐待といった社会福祉の「現代的な課題」が、社会的な問題として取り上げられるようになったこと。実はこれらの問題は昔からある「古くて新しい問題」なのだが、女性が抱える深刻な社会福祉の課題としてやっと認識されたのだ。今日では、DVの被害者を援助することは社会福祉の重要な課題となっている。三つ目として、母子家庭が増加し、その抱える困難が明らかになったこと。母子家庭は構造的差別社会のなかで困難を抱えることが多い世帯であり、新たな援助の体系が模索されている。最後の理

由は，少子化社会が進行していること。出生率の低下になかなか歯止めがかからない状況は，「産む性」である女性の抱える困難を社会的な課題にするきっかけとなったからである。このようなそれぞれの「不幸なめぐりあわせ」により，女性が抱える困難がやっと「見える」ようになり，図らずもジェンダーが社会福祉の重要な課題として登場したのである。

以上のような4つの理由のなかでも，高齢化による理由は，多くの人にとってもっとも明示的な理由であったろう。高齢化率が21.3％（2010年）という超高齢社会に足を踏み入れた日本においては，自分が高齢者になること，あるいは誰かを介護するかもしれないという，どちらをとっても「人ごとではない」深刻な問題であり，母子世帯やDV，あるいは少子化問題よりも「男女共通の問題」として取り組まねばならない喫緊の課題であると認識されたのだ。ゆえに，高齢者問題の領域では，比較的早くからジェンダー視点による再点検が着手され，他領域と比べればジェンダー関連の研究の蓄積もある。それらは，社会福祉の分野をまたいで，社会政策，女性労働，哲学・倫理学，社会学の分野にもわたっている[1]。

では，それらの研究は，何を取り上げ，何を明らかにしたのだろうか。近年の研究対象・成果を中心にあえて総括すれば（それぞれは交差しているために，分かちがたい部分もあるが），以下のようにまとめられるだろう。

① 家族をめぐる議論
② 女性の担うケア役割・ケア労働について
③ 社会福祉政策・介護保険に関する議論

なかでも②女性の担うケア役割・ケア労働については，その他の領域にも通底している議論である。家族をめぐる議論からは，社会福祉が家族という制度を下敷きにして成り立っている制度であること，それを支えているのは女性へ振り分けられた無償のケア役割であることが明らかにされた。そして同時に社会福祉政策をめぐる議論からは，1970年代後半から高齢者の介護が女性の役割として政策的に位置づけられたこと，その到達点である介護保険にはジェンダーの課題があることが明らかにされたからである。

介護・保育・家事労働は，献身的・犠牲的・無償的なものとして女性に割り当てられてきたが，特に介護は，女性の役割として規定されてきた。それは家族内での介護役割のみならず，福祉労働としての介護，ボランティアとしての介護も含めて，介護の担い手のなかに貫かれているジェンダー問題を改めて顕在化させたのである。一方で，ケア労働は労働であること，それでありながら安価な労働とされているのは，「女性がする労働」であるというジェンダー要因があるからであり，ケア労働の価値と価格をめぐる議論には多くの関心が寄せられるようになった。

以上のように，社会福祉の他の領域より先行している高齢社会におけるジェンダー研究とは，女性のケア役割に集中しているといえるだろう。高齢者へのケア役割がもっぱら女性の役割とされていること，それらはジェンダーから派生する問題であるとして，共通の論題となったのだ。

2　ケア労働をめぐる動向

社会福祉の他領域と比べると比較的豊富な研究の蓄積の多くは，ケア労働に集中している。ケア労働が高齢者領域のジェンダー課題をよく表象していることに加えて，介護保険をまたいだ20年ほどの間に，政策と実態ともに大きな変化が生じたこと，「女性が抱える困難」がより明らかになったからである。まずは介護保険施行前後のケア労働に関する動向を見ることにしよう。

（1）介護保険施行前

1970年代終わり頃から形成された「日本型福祉社会」とは，家族介護＝女性介護を基調にし，その上に公的制度を効率よく配置した日本独自の福祉社会であることはよく知られているが，それでも1980年代後半になると，「日本型福祉社会」は少しずつ形を変えていく。親との同居を「福祉の含み資産」として評価し，家族の役割を強調することは次第に影を潜め，それに代わって「多様な形のサービス」という民間サービスやボランティア活動が重視されるように

なる。つまり、家族や地域の機能の弱体化を一応前提とし、家族の多様化と働く女性の増加を是認し、三世代同居を強調しない、いわば「新・日本型福祉社会」の形成が目指されたのである。このような社会では、これを支えるヒューマンパワーの確保が急務となる。1987年に「社会福祉士及び介護福祉士法」が制定され、国家資格としての福祉専門職が制度化されたが、同時に主婦を対象とした福祉ヒューマンパワー政策もスタートする。同年の『厚生白書』は副題を「社会保障を担う人々――社会サービスはこう展開する」とし、福祉ヒューマンパワーの量と質の確保の問題を取り上げた。インフォーマル部門のヒューマンパワーが未成熟であること、「家庭婦人の社会サービスへの活用」を図っていくことが「新しい日本型福祉社会」を建設していくために必要であると、ヒューマンパワー政策の焦点が「主婦」であることを明確に述べている。

　1970年代から家庭の主婦を対象としたボランティア講座は、厚生省（当時）だけではなく文部省（当時）からも推進されたが、1990年代に入ると、主として「主婦」を対象としたヒューマンパワー政策が推進される。1991年4月からは、ホームヘルパー養成を目的とした段階的研修制度がスタートした。この制度のスタートは、1989年12月に老人保健福祉分野の将来のビジョンを数量的に示した「高齢者保健福祉推進10カ年戦略（ゴールドプラン）」が策定されたことと連動している。段階的研修制度とは、子育て後の主婦を主たる対象として、都道府県で既に実施されていた研修制度（1級課程・360時間）を1級～3級に分けた3段階研修制度にしたものである。1級は、講義・実技・実習あわせて360時間研修で、介護福祉士の国家試験に合格できる程度のカリキュラムによる研修。2級は、90時間で、寝たきり老人の介護に対応できる研修。3級は、在宅老人の家事援助を中心に40時間の研修で、3～4週間でパートヘルパーとして働ける知識・技術を習得する。段階的研修制度は1996年度から、全国で統一的に新カリキユラムで実施されるようになった。

　1989年に策定された「高齢者保健福祉推進10カ年戦略（ゴールドプラン）」に代えて、1994年12月には「高齢者保健福祉推進10カ年戦略の全面的な見直し（新ゴールドプラン）」が策定された。達成すべきホームヘルパーの数をゴール

プランでは10万人，新ゴールドプランでは17万人と増加させたが，この数は登録型ヘルパーといわれるパートのヘルパー，あるいはボランティア型ヘルパーといった地域住民参加型ボランティアを含めた数字である。実際の介護にあたるのは，このようなさまざまな形のヘルパーである女性（主婦）なのである。「新・日本型福祉社会」では，女性は家族機能を担い，かつ地域で他人の家族を介護する福祉労働として——あるいはボランティアとして——政策的に位置づけられたのである。

（2）介護保険施行後

それでも1990年代に入ると，家族（女性）が担う介護の負担が重いことは社会的な問題として認識され，家族による介護を何らかの形で軽減する方策が模索されるようになり，1997年12月に介護保険法が成立し，2000年4月から施行された。

介護保険は，介護保険の実施によって増大する介護サービスの需要に対応するために，従来のような地方自治体や社会福祉法人だけが提供するサービスの量では対応できないこと，そのため民間企業やNPOをはじめとした多様な経営主体が参する，今までとは異なるシステム——「福祉の市場化」——を導入した。従来では，福祉サービスを担う事業主体は，市町村の委託がなければ事業の展開が難しかったが，介護保険下においては一定の条件を満たせば都道府県による指定を受けて参入することができるとされた。事業主体による参入規制はないため，公的主体や社会福祉法人だけでなく，医療法人，民間企業，農協，生協，特定非営利活動法人といった多様な主体が参入できることになった。

介護保険施行以前にも，福祉分野へ参入する民間企業がなかったわけではないが，介護保険下での福祉サービス事業とは，今までとは異なる特徴を持っていた。まずなによりもこの市場では，常に一定規模のサービス需要を支えるだけの財源が確保されている。介護保険制度では，実際に利用された介護サービスの費用を保険から給付する仕組みであり，使い道を問わない現金での給付は行わないため，保険給付額のすべてが介護サービスに消費される。保険給付額

に自己負担額を加えた総費用は，初年度の2000年度で4.3兆円と見込まれ，今までとは規模もシステムも異なる大規模な市場が登場したのである。

つまり介護保険の実施によって，大量の福祉サービス事業が創設され，それに伴って今までなく大量の介護労働者が出現したのである。その介護労働者の大部分が中高年の女性であることは，後に紹介する資料からも明らかである。

介護保険の施行により大量の福祉労働者が出現した一方で，家族による介護が影を潜めたわけではない。介護保険を利用するには，その受け皿として家族介護が不可欠であるというだけではなく，制度上も家族介護を払拭しなかったからである。介護保険法成立の審議過程において，家族介護をどう評価すべきかは議論の焦点であり，家族介護への現金給付という案が消滅したのは，介護保険法の成立直前の1996年6月に老人保健福祉審議会が厚生大臣（当時）の諮問を受けて答申した，「介護保険制度案大綱について」のなかでであった。しかしながら介護保険施行直前になって，介護保険の枠外で家族介護への現金給付が復活したことは周知のことである。[2]

介護保険の実施に際して，不安視されていたことの一つは，福祉労働者の労働条件が不安定化・悪化することであった。開放された介護保険の「市場」は，不況下でのリストラなどで雇用が難しくなるなかで新たな雇用を創出するかもしれないが，営利を追求する事業体で働く人は，低賃金のパート雇用が中心となり，不安定で不利な女性労働が中心になるかもしれない。このような不安は，2006年頃から顕在化し，「介護現場の人手材不足」は社会的な問題となった。介護保険のスタート直後は，介護労働現場の労働条件が良かったというわけではないのだが，新たな雇用の創設もあったし，ケアマネジャーという新たな資格も加わり，介護業界はそれなりに活発化していた。しかし2004年頃から景気が回復したこと，それによって介護サービス以外の産業では賃金が上昇し，介護の人材が移動した。一方で介護産業は介護報酬という「統制価格下」にあり，人件費を引き上げることができない事情に加えて，2006年の2回目の介護報酬引き下げが影響し，介護業界に人が集まらなくなった。それに加えて，直接的な影響として，「コムスン問題」をあげることができる。

2006年12月に起きた，当時の介護業界の最大企業であったコムスン（従業員2万4,000人，利用者6万5,000人，年間売り上げ639億円——2006年6月決算期）の介護報酬の不正請求が明らかになった同事件は，介護業界の内幕，ひいては介護労働者の劣悪な労働の実態を明らかにした。コムスン問題が追い風となり，介護現場の人手不足を招いただけでなく，福祉関連の育成機関・教育機関にも影響を及ぼし，介護保険施行時には鳴り物入りでスタートした介護福祉士養成の専門学校が，各地で定員割れを起こした。福祉職は労働条件の悪い仕事，というイメージが強く印象づけられたのである。その後のリーマンショックをテコとする景気の低迷は，格差を拡大し，ワーキングプアといわれる人々を登場させるのだが，ワーキングプアの典型例としてケアワーカーがあげられ，そのイメージは現在でも変わってはいない。

3　ケア労働者の実態

　介護保険のスタートから10年が経った。さまざまな問題を抱えてスタートした介護保険だが，介護保険の実施によって介護サービスの基盤が急速に拡大したことも確かである。

　受給者も増大し，居宅サービスの受給者は初年度の97万人から294万人（2010年4月分）へ，施設サービスは52万人から84万人へ，地域密着型サービスは25万人となった。利用者の増加にともない，介護保険にかかわる総費用も増加し，初年度は3.6兆円であったが，2009年度には7.5兆円と2倍に増加した。介護サービスに従事する人も，介護保険の実施直前の1999年12月に発表されたゴールドプラン21では，5年間で35万人を確保することが目標とされたが，現在では，福祉・介護サービスの従事者数は，全分野の総計で368万人，高齢者分野だけでは230万人，うち施設従事者が68万人，在宅サービス従事者が160万人と急増した。ここでは，これらの従事者の実態について見てみよう。

　財団法人介護労働安定センターが毎年行っている，介護事業所と介護労働者の全国調査（2010年版）からまず概要を見ると，離職率は17.8％（前年度は17.0

第3章 高齢社会とケア労働

表3-1 一般労働者の男女比・平均年齢・勤続年数及び平均賃金

		男女計			男性				女性		
		平均年齢（歳）	勤続年数（年）	きまって支給する現金給与額（千円）	構成比（％）	平均年齢（歳）	勤続年数（年）	きまって支給する現金給与額（千円）	構成比（％）	平均年齢（歳）	勤続年数（年）	きまって支給する現金給与額（千円）
	産業計	40.9	11.6	328.8	67.9	41.7	13.1	369.3	32.1	39.1	8.6	243.1
産業別	医療業	38.8	0.2	333.3	25.3	39.3	8.6	465.1	74.7	38.7	6.0	288.3
	社会保険社会福祉介護事業	39.0	7.1	242.4	25.6	38.5	7.7	282.9	74.4	39.2	6.9	228.5
	サービス業	37.9	9.3	369.0	70.9	39.6	10.6	407.7	29.1	33.8	6.0	275.0
職種別	医師	40.9	4.3	888.9	78.8	42.4	5.0	937.8	21.2	35.3	4.3	706.7
	看護師	35.9	6.3	322.0	6.2	33.8	6.0	312.2	93.8	36.0	6.9	322.6
	准看護師	44.5	9.9	277.1	8.3	38.0	9.7	292.5	91.7	45.1	10.0	275.7
	理学療法士作業療法士	30.1	3.8	274.1	50.6	30.9	3.5	279.8	49.4	29.3	4.0	269.4
	保育士	33.5	7.7	215.9	4.7	31.3	6.5	252.2	95.3	33.6	7.8	214.1
	ケアマネージャー	44.9	7.1	260.3	24.2	39.9	7.0	286.8	75.8	46.5	7.1	251.8
	ホームヘルパー	43.9	4.4	211.7	16.2	36.3	3.4	242.7	83.8	45.4	4.6	205.6
	福祉施設介護員	35.8	5.2	215.8	31.4	32.7	5.1	231.7	68.6	37.2	5.3	208.6

注：(1) 一般労働者とは、短時間労働者以外の労働者。
(2) きまって支給する現金給与額とは、就業規則などによって定められた支給条件・方法によって支給される現金給与額であり、手取額ではなく、所得税・社会保険料等を控除する前の額。

――以下同じ），介護サービスに従事する従業員の過不足状況を見ると，不足感（「大いに不足」＋「不足」＋「やや不足」）は50.3％（前年度46.8％），「適当」が48.8％（同52.3％）であった。離職率が高いこと，人手不足の状況であることがわかる。[6]

従事者について見ると，介護労働者の79.6％が女性である。なかでも，施設（入所・通所）と比べると，訪問系が女性の割合が86.4％と高い。年齢を見ると，全体では「45歳以上50歳未満」が13.8％と多く，次いで「50歳以上55歳未満」が13.4％，「30歳以上35歳未満」と「40歳以上45歳未満」がそれぞれ12.4％の順で，平均年齢は43.2歳である。性別では，男性の平均年齢は36.7歳であるが，女性は44.7歳である。勤務形態を見ると，全体では正社員が65.9％，非正社員が31.4％である。性別で見ると，男性の87.0％が正社員であり，女性は61.1％が正社員である。よく知られているとおりに介護の現場は圧倒的に女性が多いこと，特に訪問介護の分野に多いこと，その女性たちは男性に比べて非正社員という就労形態で働いていることがわかる。

持っている資格については，全体では，「ホームヘルパー２級」が56.5％，「介護福祉士」が45.3％，「介護支援専門員」が20.5％の順である。この順位と割合は，性別に見ても同様である。正社員と非正社員別に見ると，正社員は非正社員と比べると「介護福祉士」と「介護支援専門員」が多く，非正社員には「ホームヘルパー２級」を持つ人が多いという違いがある。

賃金について見ると，通常月の税込み月収は，全体では「20万円以上23万円未満」が最も多く16.3％，次いで「15万円以上18万円未満」が15.9％。平均月収は18万4,700円である。性別では，男性は「２万円以上２万3,000円未満」が20.1％と最も多く，平均月収は21万7,500円である。女性は，「15万円以上18万円未満」が16.6％と最も多く，平均月収は17万6,900円であり，男性との就労形態の違いを反映している。

他職種・男女別に比較してみよう。表３−１に見るように，介護分野の賃金水準は，産業全体と比較して低い傾向にあるが，なかでもホームヘルパーや福祉施設職員の賃金は，医療福祉分野の他の職種と比較しても低い傾向にある。

ケア労働に従事する女性たちが，いかに低い賃金に甘んじているかがよくわかる。

しかし一方で，介護労働者の仕事への意欲は高い。現在の仕事を選んだ理由（複数回答）を見ると，全体では，「働きがいのある仕事だと思ったから」が58.2％と最も多く，次いで，「今後もニーズが高まる仕事だから」が36.2％，「人や社会の役に立ちたいから」が35.7％である。現在の仕事の満足度については，満足度DI（満足の割合から不満足の割合を引いたもの）が最も高いのは「仕事の内容・やりがい」であり，最も低いのは「賃金」であり，これは各職種共通である。労働条件等の悩み・不満（複数回答）を見ると，全体では「仕事のわりに賃金が低い」が50.2％と最も高く，特に訪問系の仕事では59.9％と高い。[7]このような介護労働者の実態は，介護労働従事者の労働条件が厳しいこと，主として中高年齢の女性が不安定で不利な介護労働者として働くことによって，介護保険の実施を支えていることを明らかにする。

4　ケア労働が抱える課題

ケア労働の政策の過程，また実態から，ケア労働が抱える問題が明らかになったが，ここではそれらの課題を整理し，かつきわめて今日的な課題を取り上げることにする。

（1）労働条件の処遇改善と人材確保の課題

介護サービスの労働者の労働条件が厳しいこと，賃金が他の職種と比べても低いこと，ゆえに離職率が高く，人手不足が社会的な問題になっているなかでは，介護従事者の人材確保・処遇改善が喫緊の課題である。その改善のために，以下のような取り組みが行われつつある。

2007年8月に，「社会福祉事業に従事する者の確保を図るための措置に関する基本的な指針（福祉人材確保指針）」が改正，告示された。新しい福祉人材確保指針は，福祉・介護ニーズに的確に対応できる人材を安定的に確保していく

ために，経営者，関係団体等ならびに国および地方公共団体が講ずるよう努めるべき措置について改めて整理を行ったものである。具体的には，①労働環境の整備の推進，②キャリアアップの仕組みの構築，③福祉・介護サービスの周知・理解，④潜在的有資格者等の参入の促進，⑤多様な人材の参入・参画の促進，の5つの観点から取り組むべき具体的な内容を整理している。

　2008年には通常国会において介護従事者等の人材確保のための介護従事者等の処遇改善に関する法律が議員立法により提案され，可決成立した。この法律は，政府に対して，2009年4月1日までに介護従事者等の処遇改善のために必要な措置をとることを求めたものである。これを踏まえて，また上述のコムスン問題の影響もあり，2009年の介護保険制度改正では，介護従事者の処遇改善等を図ることを目的として，介護報酬を3％アップするとともに，2009年度の補正予算において，介護職員処遇改善交付金が盛り込まれた。これは，2009年10月以降，2年半で約4,000億円の国費を投入することにより，介護従事者の給与引き上げ（月額1万5,000円程度）を図るものである。また，介護福祉士等修学資金貸付事業や介護基盤人材確保等助成金等，介護福祉士の資格取得支援や介護従事者を雇い入れた場合の助成等を行い，人材確保を推進するとした。

　介護従事者の賃金の引き上げには，介護保険の介護報酬の引き上げが有効であることは言を俟たない。2012年4月は前回の改定から3年目にあたり，介護保険の4度の改訂時期をむかえることになり，介護報酬の改定が注目されていた。2012年度の関係予算（案）によると，2012年度介護報酬改定においては，介護職員の処遇改善の確保，物価の下落傾向，介護事業者の経営状況，地域包括ケアの推進等をふまえ，1.2％の改定率（在宅＋1.0％，施設＋0.2％）とされた。介護職員の処遇改善については，これを確実に行うため，これまで講じてきた処遇改善の措置と同様の措置を講ずることを要件として，事業者が人件費に充当するための加算を行うなど，必要な対応を講じることとするとして，改定率上昇分を含めた給付費総額を2兆4,280億円とした。ただ，引き上げ分は介護職員らの処遇改善交付金が2011年度で修了した後の賃金水準の維持にあてられるため，介護事業者側から見ると実質的には据え置きに近い。交付金は，介護

第3章　高齢社会とケア労働

職員の低賃金を改善するため，職員1人あたり月1万5,000円を事業者に出す制度で，平均給与の増額につながったものの，8割の事業所が一時的な手当等で対応している。厚生労働省は，「基本給引き上げにつなげるには，賃金に直結しやすい介護報酬に組み入れる必要がある」と判断し，来年度から交付金を廃止し，その分だけ介護報酬を引き上げた。厚生労働省は，交付金を続けるには年1兆9,000億円，同じ水準を報酬で保つには2％分程度の増額が必要と試算したといわれていたので，改定率はアップしたものの，予想されていた改定率よりも下回ったわけである。

不況が長引くなかで，介護職は労働条件の向上がないまま，平均して年間20％以上あった離職率が近年20％以下に低下し，多少上向き傾向にある。しかし，これも不況によって他の仕事がないためであり，景気が好況に転じれば，この離職率は直ちに上昇するだろう。慢性的な高失業率の下での介護市場の継続的な労働力不足は，介護職の労働条件の低さを表象している。

（2）資格に関する課題

既述したように，介護従事者の資格としては，国家資格である介護福祉士と，研修を終了した者に与えられるホームヘルパー資格とが混在している。それらの資格を持つ人がどれくらいいるかというと，介護福祉士登録者が91万人（2011年3月末），ホームヘルパーの段階的研修制度によって養成された人は，1991年度から2008年度までで，1～3級合わせて総数340万人（レベルアップのため重複して計上される人も含まれる）が養成された[9]。ホームヘルパーとして養成された人のうち，2級の修了者が最も多く全体の78％を占め，次いで3級が16％，1級修了者が最も少なくて5％である。両資格をどう調整するかは，近年の懸案であった。2004年には，社会保障審議会介護保険部会から，「介護職については，将来的には任用資格は介護福祉士を基本とすべき」という提言が行われて，介護福祉士へ一元化されること，ホームヘルパー資格がなくなると現場では騒がれた。しかし慢性的な人手不足に拍車をかけることが懸念され，この提言は立ち消えになったという経過もあった。その後，資格に関してのい

くつかの改訂が行われた。

　介護福祉士については，1988年の社会福祉士及び介護福祉士法が施行されてから約20年が経過し，介護保険や障害者自立支援法の創設により，認知症の高齢者に対する介護等，従来の身体介護にはとどまらない新たな介護への対応が必要となった。こうした多様化・高度化する介護ニーズに対応できる質の高い人材を養成していくために，社会福祉士及び介護福祉士法の一部を改正する法律が2007年12月に施行された。改正の内容は，身体介護だけに限らない多様化するニーズに対応するために，介護福祉士の業務の内容が，従来の「入浴，排せつ，食事その他の介護」から「心身の状況に応じた介護」とされた。また，このような多様化・高度化したニーズに対応するため，介護福祉士の資格を取得するすべての者が試験によって取得する仕組みに改正された。また，養成施設を卒業した者が当分の間用いることができる「准介護福祉士（2012年4月施行）」の名称が創設された。

　准介護福祉士の創設は，同法の改正以前には養成校を卒業しただけで介護福祉士が取得できたが改正後には取得できなくなるため，養成校を卒業した人，あるいは国家試験を受験して不合格になった人への配慮であると理由づけられた。同時に，後述するようなフィリピン人介護士への配慮でもあると関連づけられる。フィリピンからの介護士受入の協定は2006年に署名されたが，当時の制度では，2年課程の養成校を卒業すれば介護福祉士が取得できたが，2007年の介護福祉士法の改正によって，全員国家試験の合格を義務づけられて急にハードルが高くなったからである。そのための緩和策ともいえるだろう。いずれにしても，准介護福祉士という新たな，かつ曖昧な資格が追加されたことは，資格を統一・整理するという，従来の方向とは逆行している。

　ホームヘルパーについては，1991年度から行われた段階的研修制度が，2006年の介護保険法改正で見直された。介護職員として介護サービスに従事する職員の共通研修として，介護職員基礎研修課程が新たに追加された。介護職員基礎研修課程とは，介護福祉士の資格を持たない者で，介護の仕事に従事しようとする者，あるいは現任の介護職員を対象にする研修で，500時間（講義360時

表3-2 介護員養成研修課程一覧

課程	概要	受講対象者	時間
訪問介護員養成研修1級課程	2級課程において修得した知識および技術を深め、主任訪問介護員が行う業務に関する知識および技術の取得	2級課程修了者で、原則として1年以上介護業務に従事した経験を有する者	230
同2級課程	訪問介護員が行う業務に関する知識および技術の習得	今後訪問介護事業に従事しようとする者	130
介護職員基礎研修	介護職員として介護サービスに従事しようとする者を対象とした基礎的な職業教育	介護福祉士資格を所持しない者で、今後介護職員として従事しようとする者または現在の介護職員	500

間・実習140時間)の研修課程である。従来のホームヘルパー2級・1級を取得している人は、その等級と実務経験年数により、決められた時間数の研修を受けることにより介護職員基礎研修の修了となる(例えばホームヘルパー2級を修了している実務経験1年以上の人ならば、150時間の研修を受講する)。1級と2級の研修も、それぞれ230時間と130時間に変更された。3級については、2012年4月から介護報酬の算定要件の対象から外れるので、2008年度末で廃止された(表3-2参照)。なお、1級課程については、2012年度を目途に介護職員基礎研修と一本化される予定である。介護職員基礎研修終了者は、6,453人(2008年度末)である。

つまりこの改正により介護職員の資格は、「上級」としての国家資格の介護福祉士と、「中級」としての介護職員基礎研修修了者・ホームヘルパー1級修了者、「初級」としてホームヘルパー2級修了者が位置づけられた。つまり、資格を介護福祉士に統一はしないけれども、介護福祉士のレベルに近づけるという、いわばホームヘルパー底上げのための見直しである。介護福祉士への一元化ではなく、介護職員基礎研修とホームヘルパー1級が一元化されたのである。それにもかかわらずホームヘルパー2級が残されたのは、この改正の目的からすると「例外」であり、人手不足を補う目的が明らかである。介護福祉士以外の人手(=主婦)なしには成立しない介護保険の実態を反映した改革といえよう。

（3）外国人介護士の動向

　従来からある問題に加えて，新しい課題も加わった。外国人介護者の参入である。二国間の物品，人等の自由な移動を促進し，双方の経済活動の連携を強化することを目的とする経済連携協定（EPA：Ecomonic Partnership Agreement）に基づく外国人介護福祉士候補者の受入が開始されたからである。フィリピンとは，2006年に協定に署名，2008年に発効された。インドネシアとは2007年に協定に書名，2008年に発効された。介護士の候補者たちは，日本語研修・介護研修を受けた後，日本で働きながら国家資格である介護福祉士の取得を目指すものである。候補者は，実務経験を経て4年以内に国家試験を受験し，合格した者はその後の継続的な滞在が認められることになっている。この協定により，インドネシアからは2008年度に104人，2009年度に189人，2010年度に77人，2011年度に58人の候補者を受け入れた。フィリピンからの受入は2009年度から始まり，就労コース（介護施設等で就労・研修を行いながら国家試験の取得をめざすコース）で190人（2009年度），72人（2010年度），61人（2011年度）を，就学コース（介護福祉士養成施設に就学しながら国家試験取得をめざすコース）で27人（2009年度），10人（2010年度），0人（2011年度）を受け入れた。いずれも現在は，全国の介護施設で研修を行っている。

　しかし，インドネシアもフィリピンの候補者も，4年間の在留期間内に資格を取得しなかったものは帰国することになっていて，このままでは多くの介護福祉士候補者が合格できずに帰国を余儀なくされるのではと危惧されている。上記した准介護福祉士の誕生には，このような事情も関わっている。2011年度は2008年度に受け入れた第1陣の候補者がはじめて介護福祉士国家試験を受験する年度にあたり，その試験結果が注目されていたが，2012年3月末には，受験者数95人のうち36人が合格するという，予想外の高い合格率に喜ぶニュースがメディアで伝えられた。

　このような動向は，新たな課題をつきつける。現在受け入れる人数が制限されているために，（資格を持った）外国人介護者が急増するということは直ぐには起こらないにしても，在留期限内の4年間を低賃金で働く候補者が新たに出

第3章 高齢社会とケア労働

現したのだ。あるいは在留期限を越えて不法滞在して低賃金で働く外国人も出現するかもしれない。従来の介護労働者の低賃金をめぐる議論は，外国から安い労働がはいってくることはない，という状況で論じられていたのだが，既に状況は変わりつつある。外国からの労働力が唯一開放されていた日系ブラジル人が，福祉現場の低賃金労働に従事する，という例を持ち出すまでもなく，グローバリゼションのなかでの「ケア・チェーン」の一端が，日本にも出現しつつある。[14]

　一方では，今後の介護労働力不足を見据えて，介護福祉士資格取得を必須とする現在の制度を緩和し，より多くの外国人を受け入れるべきだという意見もある。あるいは高齢者，障害者を参入させるべきだという提案もある[15]。しかし，現状のケア労働の条件を改善することなく，その不足を外国人介護士等に依存するということは，ケア労働者の抱える問題を少しも改善する方向には向かわないこと，根本的な問題に対峙しない方向であることはいうまでもない。

注

(1) 高齢者問題のなかでも，ケア役割・介護労働についてのジェンダー視点からの代表的な著書・論文のみをあげておく。川本隆史『現代倫理学の冒険』(創文社，1995年)，袖井孝子「ジェンダーと高齢者ケア」『女性学研究』4，1996年，春日キスヨ『介護とジェンダー』(家族社，1997年)，Fifty：Fifty「特集：ケア役割と女性」(1997年)，ペング，イト「日本型福祉国家におけるキャッシュとケアと女性の市民権」『海外社会保障研究』127号，1999年，女性労働研究会編「特集：家族・介護・地域と女性の労働」『女性労働研究』No.36 (ドメス出版，1999年)，内藤和美「ケアとジェンダー――概念と視角と課題の吟味」『群馬パース看護短大紀要』(1999年)，内藤和美「ケアの規範」杉本貴代栄編『ジェンダー・エシックスと社会福祉』(ミネルヴァ書房，2000年)，中井紀代子『家族福祉の課題』(筒井書房，2000年)，笹谷春美「ケアワークのジェンダー・パースペクティブ」『女性労働研究』No.59 (ドメス出版，2001年)，伊藤周平「介護保険制度のジェンダー問題」『女性労働研究』36号 (2000年)，春日キスヨ『介護問題の社会学』(岩波書店，2001年)，笹谷春美「イギリスにおけるケアリング研究――フェミニズムの視点から」『女性労働研究』31号 (2001年)，竹中恵美子編『労働とジェンダー』(明石書店，2001年)，女性労働研究会編「介護労働の国際比較」『女性労働研究』42号 (2002年)，朝倉美江編『高齢社会と福祉』(ドメス出版，2004年)，三井さよ『ケア

87

の社会学——臨床現場との対話』(勁草書房, 2004年), 川本隆史『ケアの社会倫理学』(有斐閣, 2005年), 三井さよ・鈴木智之編『ケアとサポートの社会学』(法政大学出版会, 2007年), 山根純佳『なぜ女性はケア労働をするのか』(勁草書房, 2010年), 上野千鶴子『ケアの社会学——当時者主権の福祉社会へ』(太田出版, 2011年)。

(2) 介護保険に家族介護への現金給付が盛り込まれなかったのには,女性団体からの強硬な反対があったこと,特に「高齢社会をよくする女性の会」の活動が大きな影響を与えたことがよく知られている。しかしその後,介護保険施行直前の1999年10月の亀井静香の「家族介護という『美風』を維持するためにも,家族介護慰労金を作るべきだ」という発言をきっかけとして,家族介護を見直す制度が付け加えられた。要介護4と5の重度と認定された高齢者の介護をしている住民税非課税の低所得世帯が対象で,年額10万円が支給される。

(3) コムスンは,この不正請求事件だけでなく,他にも介護保険のシステムを明らかにするニュースを提供した。介護保険スタート直後の2000年6月に,コムスンは約1,000人の人員削減を計画していることを新聞に報じられた。コムスンは介護保険のスタートに向け,それ以前には約100カ所しかなかった事業所を,一気に1,200カ所に増やした。事業所1カ所あたり,介護支援専門員(ケアマネージャー)を含む社員を3〜4人,パートタイムのヘルパーを10数人ずつ配置した。しかし,単価が低いサービスの利用が予想を上回る等,予想したほど利用が伸びず,事業規模の大幅縮小に踏み切ったのだった。この新聞報道の後もコムスンは,8月末にはさらに事業所を年内に500カ所から550カ所に減らす計画を発表した。1年も経たずに,事業所が半数以下になったのだ。

(4) 宮里尚三研究会「介護職の離職」ISFJ政策フォーラム2010発表論文 (http://www.isfj.net/ronbun_backup/2010/b03.pdf, 2012年4月10日アクセス)。

(5) 厚生労働統計協会『国民の福祉の動向 2011/2012』参照。

(6) (財)介護労働安定センター「平成22年版 介護労働の現状Ⅱ:介護労働者の働く意識と実態」2010年。「事業所における介護労働実態調査」は,全国の介護保険サービス事業所から抽出,有効調査対象事業所数1万7,030事業所,回答7,345事業所,有効回答率43.1%。「介護労働者の就業実態と就業意識調査」は,上記の事業所から1事業所当り介護にかかわる労働者3名を上限に実施,有効対象労働者数5万1,090人,回答1万9,535人,有効回答率38.2%。

(7) 同上。

(8) 厚生労働省HP (http://www.mhlw.go.jp/wp/yosan-yosan/12syokanyosa, 2012年4月10日アクセス) と,「朝日新聞」2012年12月14日付朝刊を参照。

(9) 厚生労働統計協会『国民の福祉の動向 2010/2011』参照。研修制度が見直され

たため，1～3級の養成人数がわかるのは2008年までである。
(10) 厚生労働省HP内「介護職員基礎研修について（パンフレット2版）」（http://www.mhlw.go.jp/topics/2008/02/tp0228-1.html, 2012年4月10日アクセス）。
(11) 同上。
(12) 厚生労働省HP（http://www.mhlw.go.jp/topics/2011/01/dl/tp0119-1_32.pdf, 2012年4月10日アクセス）。
(13) 「朝日新聞」2012年29・30日付朝刊。
(14) 日系ブラジル人の例については，安田浩一『ルポ　差別と貧困の外国人労働者』（光文社新書，2010年）を参照。
(15) 例えば，取得資格をホームヘルパー2級として，年間15万人を受け入れる，という意見もある。飯島裕基他「介護分野における外国人労働者の受け入れ」ISFJ「政策フォーラム2010」。障害者等を介護の現場に参入させよう，という意見には次のものがある。野林加代「資格取得や仕事を障害者に」（「朝日新聞」2009年7月1日付朝刊），塚原立志「ヤンキー系が介護を救う」（「朝日新聞」2009年10月1日付朝刊），「知的障害者　介護で働く」（「朝日新聞」2011年2月16日付朝刊）等。

(杉本貴代栄)

第4章　売春防止法再考——女性の人権を確立するために

1　課題認識の視野

　1956年に制定された売春防止法（以下，「売防法」とする）の法の目的は第1条にて規定され，以来今日に至るまで一度も改正されていない。法の目的は2つある。第1は，売春行為に関わった業者と女性とに対して売春助長行為の刑事罰を科することである。第2は，売春助長行為をする女性に対してのみ，執行猶予の場合は補導を，要保護女子と認めた場合は保護更生の行政処分を定めたことである。補導処分は法務省管轄であり，保護更生は厚生省社会局（当時）の管轄になることによって福祉に関する法の範疇に位置づけられた。

　ところで，福祉に関する立法は1945年以降1960年代までに今日にみられる原型，即ち福祉六法が整った。これらの法律は，その後，生活保護法，児童福祉法を除いて，福祉理念の思潮的変化を受けて目的部分は人間の尊厳，当事者主体，社会連帯など，さまざまな文言で順次改正されている。売防法を福祉分野における位置づけでみた場合，この法律は社会福祉理念の思潮的変遷やフェミニズムの理論や運動の展開の影響を全く受けずに，言い換えれば，根本的に女性の尊厳を売防法という枠組みでとらえ返す基本概念の濾過を経ることなく，2011年の今日に至るまで骨格は変わらなかった。法の実施レベルにおいても，法の対象者概念と目的とに，"要保護女子の転落の未然防止"という時代錯誤が現在に生きている。女性を一方的に"要保護女子"と見下し，女性が売春することを"転落"と価値判断をして断罪すること等，現代的なフェミニズムの思潮からは受け入れられるべくもない。

　売防法第1条の条文の論理構造を読み解いておく。カッコ内は筆者の補足説

明である。売防法では，売春を防止するために2つの大きな柱を立てている。第1の柱は，売春が社会悪である根拠を，①人の尊厳侵害，②性道徳違反，③風俗紊乱することに置き，従って売春を助長する行為（売春行為そのものではなく）を処罰することである。第3条で売春禁止を定めているにもかかわらず，売春行為そのものを処罰の対象にしなかったことに関する評価はここでは論じない。第2の柱は，売春を行う女性（性を買う顧客ではなく）をターゲットにしていることである。すなわち，その性質や行動，環境に照らして売春をする恐れのある要保護女子を補導処分（婦人補導院へ収監）したり，保護更生（婦人相談所や婦人保護施設での相談，性行の是正，環境の調整）することである。

この2つの方策により売春を防止すると謳うのである。

さらに，第2条の売春の定義と法第1条の理念を照らし合わせると以下のようになる。

法第2条で「この法律で，売春とは，対償を受け，または受ける約束で，不特定の相手方と性交することをいう」と定義する。文言上の主体は，売る側で，即ち実質的に女性である。買う側は"相手方"と表現し買春行為は受動態化され，顧客としての積極性は隠ぺいされる。買う側の能動性を問うことなしに第1条後段で女性の問題へと収斂していく。

また，第2条の定義で「性交」が主題とされることにより，業者の行為としての「性を商う」概念とその積極性は消去され，あくまでも売春助長する行為として，これまた業者の本質は隠ぺいされる。

21世紀の今日，売春防止法の抱えている諸問題を検討するとき，法律自体がもつ女性差別的な観点の克服への筋道が必要なことと，女性差別的な文脈で描かれている売防法ではあるが，この法を根拠法として性売買の取引に巻き込まれて生活破綻を来たしている女性たちへの支援策の重要な環をなしているのは婦人保護施設であるという現実を踏まえて，本章では，以下の3点に関して検討を加えていく。

　①　売防法の改正はそもそもどのような歩みであったのか。なお売防法制

定来市民レベルの法改正を求める運動や動きについては紙面の都合上触れない。
② 福祉の思潮的な動きが法に反映されてきた例を身体障害者福祉法の理念部分の改正の動きに見る。この作業はとりもなおさず売防法がしてこなかったことの確認になろう。
③ 売防法の課題と改正への展望として全国婦人保護施設等連絡協議会のために作成した売防法改正「みやもと私案」の提案，特に理念部分の提案を行う。

2　売春防止法改正の歩み

（1）売春防止法の骨格部分の改正の歩み

売防法の改正を表4-1に整理した。1956年制定後2010年までに18次の改正がされた。18回の改正のうち，売防法の根幹に関わる改正は法施行1年後に改正された第1次改正のみである。強いて言えば，要保護女子の福祉的保護更生に関わるものとして1999年の第11次改正があげられる。これは婦人相談員の必置義務の解除という重要な改正であった。

制定当初から売防法はザル法と揶揄されていたが，法律を制定することを先行させ，売春行為そのものを処罰対象にするか否かなどの案件に関しては制定後の見直しに期待された。法制定5年後と10年後の国会にて論議された。しかし，両案とも成立しなかった。この改正案の内容は後述する。

さて，骨格部分の改正では法施行1年後に第5条で有罪判決を受けて執行猶予となった女性の扱いが早々と改正された。

1）婦人補導院制度の導入

売防法は，制定当時は3章全22条からなり，現行法の第3章の補導処分の規定はなかった。制定当時の参議院で4点の付帯決議があった。そのうち2点が法の性格を決定する非常に重要な事柄である。第1は，第5条違反の女子に対する保安処分規定を設けること，第2は，売春行為を処罰対象にするか否かの

第4章 売春防止法再考

表4-1 売春防止法の改定の歩み

第1次	1958.3.25	売春防止法の一部を改正する法律（法第16号）
＊1	1961年	第38回国会提出売春防止法の一部を改正する法律案（不成立）
第2次	1962.5.16	行政事件訴訟法の施行に伴う関係法律の整備等に関する法律（法第140号）
第3次	1962.9.15	行政不服審査法施行に伴う関係法律の整備に関する法律（法第161号）
＊2	1966年	第51回国会提出売春防止法の一部を改正する法律案（不成立）
第4次	1983.12.10	行政事務の簡素化及び整理に関する法律（法第83号）
第5次	1985.5.8	国の補助金の整理及び臨時特例等に関する法律（法第37号）
第6次	1986.5.8	国の補助金等の臨時特例に関する法律（法第46号）
第7次	1989.4.10	国の補助金の整理及び合理化並びに臨時特例等に関する法律（法第22号）
第8次	1993.11.12	行政手続法の施行に伴う関係法律の整備に関する法律（法第89号）
第9次	1995.5.8	更生保護法の施行及びこれに伴う関係法律の整備に関する法律（法第87号）
第10次	1995.5.12	刑法の一部を改正する法律（法第91号）
＊3	1997年	売春対策審議会は男女共同参画審議会へ統合吸収
第11次	1999.7.16	地方分権の推進を図るための関係法律の整備に関する法律（法第87号）
第12次	1999.12.22	中央官庁等改革関係施行法（法第160号）
第13次	2001.3.30	地方交付税等の一部を改正する法律（法第9号）
第14次	2002.2.8	日本電信電話株式会社の株式の売買収入の活用による社会資本の整備の促進に関する特別措置法等の一部を改正する法律（法第1号）
第15次	2002.5.29	更生保護法等の一部を改正をする法律（法第46号）
第16次	2005.4.1	国の補助金等の整理及び合理化に伴う国民健康保険法等の一部を改正する法律（法第25号）
第17次	2005.5.25	刑事収容施設及び被収容者等の処遇に関する法律（法第50号）
第18次	2007.6.25	更生保護法改正（法第88号）

出所：著者作成。

検討を行うことが決議されている[1]。

この付帯決議第1により，法施行の1年後，第3章補導処分，全17条分が挿入された[2]。婦人補導院制度が要保護女子の行政処分として成立したのである。しかしながら，この婦人補導院制度は1961年をピーク（1日当たり70％の入所率）[3]としてその後実質的には機能せず，当初，東京，大阪，福岡の3カ所（定員276人）にあった補導院は現在1カ所のみで，八王子少年鑑別所に併置され，職員も鑑別所職員と兼務である。近年では，2005-2006年に入退者1名があったのみで，実質機能していないといっていい。

付帯決議にある保安処分は，法制定当時は当然のこととして問題にもならず，売防法第5条違反で執行猶予付きとなった場合は，補導処分即ち保安処分にできる規定が盛り込まれた。通常執行猶予の有罪判決を受けた場合は刑務所に収

2) 処罰対象行為と処罰対象者の拡大の試み

売防法制定5年後の1961年に売防法の一部改正をする法案が上程された。[(4)]

改正の骨子は売春行為そのものを処罰対象にすることと売春の相手方となった者、すなわち顧客も処罰対象にしたことである。第1条の処罰の対象行為規定を「売春を助長する行為等」から「売春及び売春を助長する行為等」へと売春行為を直接的に処罰対象とした。さらに踏み込んで、売春の相手方となった者の行為に関しても、第3条の売春の禁止条項を削除し、かわりに「売春をした者又はその相手方となった者は、6カ月以下の懲役又は1万円以下の罰金とする」という文言を盛り込んで国会に提出された。

しかし、不成立であった。

3) 買春者処罰化の試み

売防法制定10年後の1966年に再び法改正案が上程された。この法案の骨子は、処罰対象である売春の助長行為を「相手方」にまで及ぶように改正しようとした点にある。法第5条の改正で、売春の「相手方」となった者の行為が助長行為の範囲内で処罰される規定となった。[(5)]

具体的には第5条と第6条に各々次のような項を加えた。第5条では「前項の行為をする者に対しその行為に応じて、売春の相手方となることを承諾し、又は売春の相手方となるよう勧誘した者」の処罰、第6条では「売春の相手方となる目的で、売春の周旋に応じ、又は売春の周旋を依頼した者」の処罰を新たに定めたのである。

この法案もまた不成立となった。以後、国会で法律の骨格部分に関して審議されたことはない。

（2） その他の法律改正時に連動した改正の歩み

表4-1に整理したように1956年に法制定されて以来、18次の改正がなされ

た。しかし，これらの改正は第1次の改正を除いてすべて他の法律が改正されたことに連動しての改正である。18次の改正のうち8回（4割強）は司法関係の法改正に伴う改正，すなわち実質的に機能していない補導処分の部分の機械的改正である。次に多いのは国の補助金関係の法改正に伴う改正で4回（2割強）である。要するにこれらの改正の歩みを見る限り，所管行政並びに女性支援の実施現場が主体的に動いた形跡は制定5年後と10年後の法改正案の国会上程以外に見られない。

　目的ばかりでなく法律で使用されている用語の見直しさえなされなかった。売防法には，要保護女子，婦人，保護更生，収容保護，指導，等々，時代錯誤な用語，権力的支配的な用語，差別的な用語が多用されている。制定以来用語さえ見直されることのなかったこの動きは，次節に見るように他の福祉関連の法律改正の動きと比較した場合，よく言ってきわめて消極的，悪く言って司法行政，厚生行政および現場の怠慢であったと言わざるを得ない。ちなみに，生活保護法では"収容"という用語が多用されていたが，1999年のいわゆる地方分権一括法制定の時に"収容"という用語を一掃した。

3　法理念改正と支援観の変遷——身体障害者福祉法を例に

　1945年8月15日以降，社会福祉関連の法律は国民生活の喫緊の課題から順次整備されていった。戦災により飢えた国民を食べさせるために生活保護体系の整備，次いで巷にあふれる戦災孤児の救済のために児童福祉法（1947年）が制定された。身体障害者福祉法は1948年，GHQによる日本の軍国主義排除の指導のもと宙に浮いた戦争による傷痍軍人救済を隠された目的にして制定された。売防法の保護対象者（女性）との対比において，身体障害者福祉法の対象者自身にはもともと濃厚に当事者意識があったことは注目しておいてよいだろう。

　さて，福祉関連の法制度に関して，どのような理念を持って誰を対象にするかは国民の社会福祉的権利保障の上できわめて大切なことである。そこで，身体障害者福祉法を例にとって，理念の改定に着目していつどのように改正され

てきたのかを確認しよう。この確認の作業は，とどのつまり売防法がしてこなかったことの裏返しでもある。

　身体障害者福祉法は1948年制定以来，2010年の今日まで34次にわたって改正されている。第1条（目的）と第2条（更生への努力），第3条（国及び地方公共団体の責務）の文言の変遷を表4-2に整理した。

　身体障害者福祉法の理念の骨格をなす第1～3条は，1回目は1984年に身体障害者福祉法そのものの改正として第2条と第3条を，2回目は1999年に第1条と第3条の改正を老人福祉法改正に乗る形で行われた。

　これらの改正により，法に新たな障害観が持ち込まれた。すなわち，身体障害者福祉の思潮や障害観の変遷に伴って，障害者は社会の一員として社会参加する主体であることをより明確にするとともに，社会の側の協力が強い言葉で盛り込まれた。障害を自ら克服する自立自助をもっぱらとする障害観の転換がなされたのである。従来は，「更生への努力」として身体に障害をもつ者のみに努力を求めていたが，第2条，第3条の改正はよりいっそう明確に国や国民の側にも理解と協力を求めることとなった。このような法改正の背景には1960年代以降の障害者による当事者運動があったことは言うまでもない。加えて，社会福祉分野での新しい理念の導入，普及がある。障害児教育の分野のインテグレーション（統合保育，統合教育）という理念と同時に，全般的にノーマライゼーションという思想が浸透し普及していった時代背景がある。障害福祉分野では，当事者も支援者も行政もこの新しい理念を共通の目標として制度改革の底力となっていったと思われる。

　しかしながら，売防法の世界では，障害者運動を中心にして広がったノーマライゼーションの理念や思想，新しい障害観を取り入れようとした形跡はうかがえない。当時も今も婦人保護施設の入所者の多くは障害を抱えていたにもかかわらず，だ。[6][7]

　1990年には老人福祉法の改正（法第58号）に乗る形で，身体障害者福祉法第1条の理念部分が改正され，連動して第3条の国および地方公共団体の責務をより明確にした。この改正により身体障害者の主体性がより強調されることと

第4章 売春防止法再考

表4-2 身体障害者福祉法の改正の歩み（第1～3条を中心にして）

1948年制定時の文言	1984年改正	1999年改正
第1条（法の目的）：この法律は身体障害者の更生を援助し，その更生のために必要な保護を行い，もって身体障害者の生活の安定に寄与する等その福祉の増進を図ることを目的とする。		第1条（法の目的）：この法律は身体障害者の自立と社会経済活動への参加を促進するため，身体障害者を援助し，及び必要に応じて保護し，もって身体障害者の福祉の増進を図ることを目的とする。
第2条（更生への努力）：すべて身体障害者は，自ら進んでその障害を克服し，すみやかに社会経済活動に参与することができるよう努めなければならない。	第2条（自立への努力及び機会の確保）：すべて身体障害者は，自ら進んでその障害を克服し，その有する能力を活用することにより，社会経済活動に参加することができるよう努めなければならない。 2 すべて身体障害者は，社会を構成する一員として社会，経済，文化その他あらゆる分野の活動に参加する機会を与えられるものとする。	
第3条（国及び地方公共団体の責務）：国及び地方公共団体は，身体障害者に対する更生の援助と更生のために必要な保護の実施に努めなければならない。	第3条（国及び地方公共団体の責務）：国及び地方公共団体は，前条第2項に規定する理念が具現されるよう配慮し身体障害者に対する更生の援助と更生のために必要な保護の実施に努めなければならない。	第3条（国及び地方公共団体の責務）：国及び地方公共団体は，前条に規定する理念が具現されるよう配慮して，身体障害者の自立と社会経済活動への参加を促進するための援助と必要な保護（以下「更生保護」という）を総合的に実施するように努めなければならない。
②国民は，身体障害者がその障害を克服し，社会経済活動に参与しようとする努力に対し，協力するよう努めなければならない。	②国民は，社会連帯の理念に基づき，身体障害者がその障害を克服し，社会経済活動に参加しようとする努力に対し，協力するよう努めなければならない。	②改正なし

注：下線部分が改正された文言。
出所：著者作成。

なった。ちなみに法第58号で理念部分が改正されたのは身体障害者福祉法と老人福祉法のみで，知的障害者福祉法の理念が改正されるのは1999年のいわゆる地方分権一括法制定の時であった。先述したごとく，この時に生活保護法の用

語の見直しがされたが，売防法は手をつけられることなくやり過ごされている。補導処分にかかわる法改正は，もはや何の実効性もないにも関わらず，司法関係の法改正が行われるごとに見直しがされ続けていたというのに，である。

　長々と身体障害者福祉法の理念の改正の足跡を辿ったが，売防法はこれらの法改正に割り込むことなく，顧みられることなく今日に至っていることを指摘しておきたい。

4　売春防止法の課題と改正への展望──みやもと私案について

（1）いま，改正するために考えておくべきこと

　以上，売防法と他の福祉関連法（身体障害者福祉法に代表させた）の法改正の歩みを対比させて見てきた。法制定以後の歩みの中で売防法は対象女性の人権尊重のために見るべき改正がなされず，新しい福祉的思潮や人権思想を取り入れても来なかった特異な経緯を辿って今日に至っていることがわかる。この理由や背景には何があるか，法制度やその実施におけるジェンダーバイアスの問題として分析することが必要であるが，この点に関してはその指摘だけで先に進む。

　本節では，現に存在する売防法を具体的にどのように改正したら実践的でかつ現実的であるかという視点から，この法律を改正するためのみやもと私案を理念部分に限って提示し検討したい。今後，女性を対象とした，あるいは性暴力被害者を対象とした包括的な福祉立法への大改正を行うための最初の一歩となることを願う。売防法は時代錯誤の法律であるから廃止を，との論がある。確かに先に見たように時代錯誤，女性蔑視に満ちた法律だが，筆者は今は売防法廃止論に与しない。

　理由の一つは，売防法のほかには曲がりなりにも買売春を社会悪と規定している法律はなく，確かに"ザル"ではあるが業者に対して一定の抑止力になっていることは事実である。いま一つは，DV被害者のみならず性暴力被害および諸般の事情により生活困窮に陥った女性（子どもも含めて）のみを対象にして，

心身の傷を癒す場としての福祉施設および生活再建（蘇生と言ってもいい）のための法制度の裏づけをもった支援施設（婦人保護施設）が必要だということである。

現在は過渡期であることをふまえて主張するのであるが，一つの制度体系のなかに男女共用にした場合，そのニーズは男性中心にならざるを得ない現実がある。例えば，婦人保護施設の利用者には知的障害を持つ女性が多くて，これらの女性たちは特に性的搾取のターゲットになりやすい現実がある。一方，同じ軽度の知的障害者を対象とする知的障害者福祉施設個々においては知的障害女性のこの問題を認識しているのではあるが，この分野から知的障害女性特有の生活課題であるとの声は上がっていない。

筆者は，このように今はトランジットの時期であって，女性という性を持つがゆえにその生存を脅かされ，性暴力を受けた結果，人生や生活課題の困難に陥った場合の回復，蘇生の場を必要としている女性がいるという認識を持つ。トランジットという意味は，売防法は買売春を扱っているが，将来的にはもっと包括的にすべての性に対して性的被害・加害の予防，被害者の救済・治療・蘇生，および加害者対策のための法律や制度が必要と考える。

売防法の持つ抑止力と女性支援の機能に着目し，かつ，その見直しの必要性について，その理由を確認しておく。

第1は，売春する女性に対してきわめて女性差別的な論理構成になっており，現在の人権感覚では受け入れがたいからである。第2は，現行法は買売春を構成している重要要素のうちの買春者について"相手方"という非主体的で受動的な位置づけをすることにより，買う行為の能動性や積極性が完全に隠蔽されているからである。第3は，このように壮大な社会的装置に関しての国家や地方公共団体の責務にいっさい触れていないことである。

（2）性売買制度を支える人々と売春防止法の法対象者

人の性を売り買いする行為は人類数千年にわたって続いてきている壮大な社会的装置に支えられて今日に至っている。この壮大な社会的装置である買売春

制度を支えている四つの社会層の存在を指摘したい。

　まず第1は，買売春制度を社会全体で支えている国民の存在である。この国民層は買売春制度に関して無関心ないし必要悪として容認することで下支えしている。

　第2は，買売春制度を必要としている，需要側の顧客の存在である。この顧客は"男の性欲"に関して社会的に陶冶される機会を一度も持つことなく今日に至っている。人間の欲望は社会的なさまざまな装置（教育等）によって社会化され，陶冶されてその社会に適合的な行動様式を形成していく。欲望がむき出しになることはない。しかし，性欲に関しては男女それぞれにそれぞれの社会に応じた性規範のもとに置かれて社会規範や行動規範が刷り込まれると同時に，男性の性欲に関してはある種の社会空間（売買春装置）においてはむき出しにされてきた。

　第3は，性売買業者の存在である。古来儲けのあるところには人々が群がる。今やこの利益の莫大さは計り知れない。売買春業者の商行為は需要喚起の方向へとアクセルを踏む。

　第4は，自分の性を商品として直接顧客や業者に買われる存在，またはより過酷に奴隷化される存在である。それは，主として女性である。女性は社会的ジェンダー構造のなかで，常に劣位の存在とされてきた。ジェンダー構造は，性の売に金を介在させることによっていっそう暴力性を帯びるという特性を持つ。

　ところで，現行売防法が対象としているのは，第3の存在と第4の存在のうち，女性である。第3の存在である性売買に関わる業者は，周旋・強制売春者として取り締まり処罰の対象者である。第4の存在の性を売る女性は，売春行為を助長する者として処罰の対象者であり，"転落未然防止"のために保護更生の対象者である。

　現行売防法の法対象者には，第1の存在と第2の存在が欠落している。

(3) 婦人保護施設における現行売春防止法の改正の動き

1) 全国婦人保護施設等連絡協議会の動き

売防法で規定される婦人相談所と婦人保護施設の全国連合組織として全国婦人保護施設等連絡協議会（以下，全婦連とする）があり，加盟団体数は64カ所（2011年度現在）である。婦人保護施設利用者の当事者組織は存在しないので，全婦連が唯一当事者の利益代弁をする機能を持つべき組織といってもいい。

2008年1月に全婦連の中の婦人保護施設民営施設長会に「売春防止法見直し検討委員会」が設置された。課題点は多岐にわたるので論議は難航したが，みやもと私案として一応の成案を作成した。しかし，制約は多々ある。

制約の一つは全婦連内部で法改正の必要性を認めるものの，改正へ具体的に動くことに対して懐疑的な雰囲気があることである。その理由は現在の婦人保護施設の稼働率はきわめて低く法改正により婦人保護施設そのものが廃止されるのではないかという恐れを常に抱いているという背景がある。現に婦人保護施設がない県は8県ある。また，婦人保護施設や婦人相談所の現場での売春をする女性への見方は一つの方向性を指しているわけでなく，現行法に即した女性差別的な見方から女性の尊厳重視に寄って立つ見方までその幅はきわめて広い。そのような全婦連において現代的な女性観や人権思想を踏まえて共通の論議ができる案を作成するのは容易ではなく，自ずから自己規制的にならざるを得ない事情がある。この私案はあくまでも全婦連という組織内で論議することを前提にして作成したことを強調しておきたい。言ってみれば不完全な私案ではあるが，現時点では案として俎上に載せる素材がないので，敢えて提案する。

なお，みやもと私案はまだ全婦連の試案にはなっていない。

2) 私案の法のタイトルの考え方──「買春を防止し売春の周旋及び売春の強制等を処罰する法律」（買売春防止法）

現行法では買春に関しては"相手方"という消極的な位置づけであり，買春行為に関しては不問である。少なくとも買売春の三角構造，すなわち顧客（需要），業者（供給），性的商品としての個人，の関係を明確に法律の名称にも反映させる必要がある。そこで，法の名称は，買売春の三角構造を表現するには

第1部　社会福祉の実践

表4-3　売春防止法見直し「みやもと私案」（法のタイトル及び第1条から第5条まで〔第4条を除く〕）

	現行法	私案
	売春防止法（売防法）	買春を防止し売春の周旋及び売春の強制等を処罰する法律（買売春防止法）
第1条	第1条（目的）　この法律は，売春が人としての尊厳を害し，性道徳に反し，社会の善良の風俗をみだすものであることにかんがみ，売春を助長する行為を処罰するとともに，性行または環境に照らして売春を行うおそれのある女子に対する補導処分及び保護更生の措置を講ずることによって，売春の防止を図ることを目的とする。	第1条（目的）　この法律は，売春を周旋し，ないし強制する行為が人としての尊厳を害し，両性の不平等を助長し，みだりに性の商品化を促進することにかんがみ，買春を助長する行為を処罰するとともに，生活環境等に照らして，買春の周旋を受けたり，買春の対象になるおそれのある女性に対する保護と自立支援の措置を講ずることによって，買春の防止を図ることを目的とする。
第1条の2		第1条（国及び地方公共団体の責務）の2　国及び地方公共団体は買春の需要の抑止に努めるとともに国民に対する教育啓発を行い，また要支援女性の保護と自立支援を行う責務を有する。
第2条	第2条（定義）　この法律で，売春とは，対償を受け，または受ける約束で，不特定の相手方と性交することをいう。	第2条（定義）　この法律で，買春，売春を以下のとおり定義する。 一　買春とは，対償を払い，または払う約束で，不特定の相手方と性交をすることをいう。 二　売春とは，対償を受け，または受ける約束で，不特定の相手方と性交することをいう。
第3条	第3条（売春の禁止）　何人も，売春をし，又はその相手方となってはならない。	第3条（買春および売春の周旋・強制の禁止）　何人も，買春をし，または売春を周旋したり，強制してはならない。
第5条	第5条（勧誘等）　売春をする目的で，次の各号に一に該当する行為をした者は，六月以下の懲役または一万円以下の罰金に処する。 一　公衆の目にふれるような方法で，人を売春の相手方となるように勧誘すること。 二　売春の相手方となるように勧誘するため，道路その他公共の場で，人の身辺に立ちふさがり，又はつきまとうこと。 三　公衆の目にふれるような方法で客待ちをし，広告又はその他これに類似する方法により人を売春の相手方となるよう誘引すること。	第5条（勧誘等）　買春をする目的で，次の各号に一に該当する行為をした者は，六月以下の懲役または一万円以下の罰金に処する。 一　公衆の目にふれるような方法で，人を買春の相手方となるように勧誘すること。 二　買春の相手方となるように勧誘するため，道路その他公共の場で，人の身辺に立ちふさがり，又はつきまとうこと。 三　削除

注：下線部分が改正した文言。
出所：著者作成。

「買売春」とする必要がある。売る女性を主体にするのではなく買う側を主体に置いて考えるならば，「買春防止法」になる。

なぜ一気に「買春防止法」にしないのかとの疑問も起こるかもしれない。しかし，「売春防止法」から「買春防止法」にするのは非常に抵抗感があるのではないか。少なくとも現在「買売春」という用語を得ているのでこれを生かせないだろうか？「売春」というイメージから脱却したいが，「買春」という用語を法の名称に直接入れ込むこと自体に全婦連の組織内に大きな抵抗があるのではとも危惧する。「売春防止法」を「買売春防止法」とすることで大多数の賛同が得られるのではないだろうか。

売防法の法対象は女性と業者であるが，改正法においては顧客（買春者）の位置づけを明瞭にしなければならない。女性が売春することに着目するのでなく，顧客と業者が性を売買することに着目する。

このような観点で法の名称を改めた。この法の名称では女性の存在は間接的となる。

法律をもって規定しなければならないこととして，名称の上では①買春の防止，②業者の跋扈，③強制売春を明示した。買春は防止だけでいいのか，禁止しなければならないことではないのか，また処罰されるべきは強制売春だけかという問題が残る。しかし，これらの問題を現行法の改正で一挙に処理するには荷が重い。このような矛盾を抱えての新たな名称の提案である。

3) 第1条（目的）の見直し

見直すべき点は何ゆえ買売春がいけないかという論理と要保護女子の規定および買売春防止のための国および地方公共団体の責務の言及である。

まず，現行法でいう売春が社会悪である3つの根拠について検討する。

① 人の尊厳侵害

現行法では，そもそも誰のどのような行為が尊厳侵害にあたるのかきわめてあいまいだ。一般的には，売春する女性のその行為が，せいぜいのところ売春する女性を買う男性の行為が，人としての尊厳を害すると考えられている。しかし，売る女性の人権侵害と買う男性の人権侵害とではまったく位相が異なり

同一レベルで論ずべきではない。売る女性にとってはその行為は一種の自傷行為として自分自身に直接的に反映するものであるが，買う男性の行為は他者の尊厳を害する行為である。またこの規定では，きわめて重要な役割を果たす業者の姿が見えない。そこで，売春は誰によるどのような行為が人としての尊厳を害すると考えるか明示した方が実際的だと考えた。

② 性道徳規範

大時代的な貞操とか純潔などの道徳律は今や克服されてきたと思われるが，男女の関係性を現代的に置き換えて再検討することができる。

③ 風俗違反

この立論には大きな矛盾がある。"売る側＝女性"は人権侵害されているはずだが，同じ行為が風俗違反にも問われてしまう。改正私案では誰が誰をどのようにということをできるかぎり明示的に表記した。

①については，「周旋し，ないし強制する行為」が人権侵害なのだと規定した。②は，性道徳律ではなくて，憲法の理念を生かし，「売春を周旋しないし強制する行為」は「両性の不平等を助長する」からいけない，とした。③は，性風俗ではなく，性風俗の商行為そのものと買春の持つ本質的な暴力性に着目し，「売春を周旋ないし強制する行為」は「みだりに性の商品化を促進する」からいけない，とした。

次に，後段の"要保護女子"と買春を防止する構図について検討を加える。

"要保護女子"の新しい規定では女性の持つ社会的生活特性，すなわち女性であるがゆえに性的搾取の対象になりやすい脆弱性に着目して，対象女性の範囲をできるだけ広く解釈できるような規定を考えた。現行法の「性行」という表現は差別的であることから，もっと中立的な「生活環境」とした。また，「売春をするおそれ」という女性があたかも積極的・能動的に関わっているかのごとき表記ではなく，「生活環境に照らして，買春の周旋を受けたり，買春の対象になるおそれのある女性」というように女性を受動態にした。

この改正私案では，買春を防止するための論理は，①買春を助長する行為を処罰することと，②買春の対象になる恐れのある女性の保護と自立支援の二つ

に拠って立つことになる。もちろんこの改正案では顧客の買春行為そのものを処罰することには触れていないという大きな限界がある。

　また国および地方公共団体の責務に関しては第1条の2として新たな条文を起こした。国および地方公共団体の責務としては，①買春への需要抑止，②国民への啓発，③要支援女性の保護と自立支援の3つの要素を入れた。①は今までまったく手がつけられなかった課題である。せいぜいのところ婦人保護事業において「環境の浄化」として矮小化され，業者の排除，売春する女性排除の試みがなされていた程度だ。今後本格的に取り組まなければならない国家的・国民的課題であり，人身売買のグローバル化にも対応すべきまさに国家の責務である。②は壮大な課題であり，運用の仕方によって教育，文化，社会などあらゆる面にわたる。③は法律の名称には取り込まれていないが，改正買売春防止法の骨格の一つになるべき施策である。

4）第2条（定義）の見直し

　現行法は売春行為の要件を，①対償を受けること，②性交すること，③不特定の相手方であること，の3つにより規定している。このように規定することによって以下の三つの課題が生じる。

　　① この規定では，不特定の相手方と性交することが要件となって対償を受けるのであるから，直接的な対償のやり取りをする者同士が法の対象となり，直接性交を行うわけではない業者は範囲外となる。
　　② また，対償を受けることが要件となるので，対償を支払う側の行為は不問に付される。顧客は定義からはまったく外されることになる。売ることが法の対象で，買うことは対象外だ。すなわち，売ってはいけないが買うことは問題ないという矛盾した構造になる。
　　③ 性交という行為に限定することによって今日隆盛を極める性交類似行為，その実，買売春は除外される。

　①と②について，買春という概念を新たに導入することによって顧客と業者の位置づけを明確にする。したがって第1条で「買春を助長する行為を処罰」と明記することによって，顧客と業者が処罰の対象となる。③については，性

行類似行為を改正案に入れ込むには現場の論議や行政の姿勢が整っていない段階なので今後の課題としたい。

そこで現行法では，行為主体者がきわめてあいまいなので，明確にするために買春と売春の定義を分ける。しかし，改正案の規定でもなお業者の売買の行為は規定しきれない。

5) 第3条（売春の禁止）の見直し

顧客や業者の買春行為の能動性を積極的に明示した。買売春の認識は，まず顧客や業者の需要があって，供給があるという考え方で，女性が売るから需要が増えるわけではないという点を押さえておきたい。従来の社会的認識は，特に婦人保護事業の持つ認識は，売る女性の存在が社会の環境を悪化させるというものであったが，この認識を転倒させた。

この改正第3条では，顧客の行為が法律違反行為になり，第5条の改正で買春を助長する行為が処罰の対象になる。買春行為そのものの処罰規定は今後の課題である。業者の処罰規定は現行法でも第6条以下に列挙されている。

6) 第5条（勧誘等）の見直し

本条は，施設や相談窓口現場ではもっとも悪名が高い条文である。この条文で処罰の対象にしている行為は第3条で禁止されている"売春"行為そのものではなく，売春を"助長"する行為である。改正案を検討し始めた時にはこの条文を全面削除し，したがって第3章「補導処分」も削除しようと考えた。しかし，第2条で買春行為を定義したことにより，第5条では買春の勧誘行為の処罰規定として改正することが可能になった。また，第5条の文脈をまったく入れ替えたので必然的に第3章「補導処分」も必要がなくなった。顧客に対する処分をどのようにするかは依然として残された課題である。

7) その他用語の問題

売防法には差別的で権力支配的な用語が随所にちりばめられている。どのような用語を改正しなければならないかだけを列挙しておく。1売春，2要保護女子，3補導処分，4保護更生，5婦人，6収容保護，7指導，の7用語の改正が必要と思われる。

表4-4 出産した時の子と父との関係（2009年度）(9)

	利用者数	婚姻状況合計	出産した時の子の父との関係						
			既婚	内縁	シングル	離婚	子の父不明	レイプ	その他（聞き取りできず）
合計	247	298	177	18	63	2	24	6	8
％		100	59.4	6.0	21.1	0.7	8.1	2.0	2.7

注：(1) 出産した子どもの総数とその時の婚姻状況の数とが一致していないが、これは妊婦2名を含んでいることによる。
　　(2) 子の父不明：風俗の客などが相手であることは分かっていても不特定多数のために父親が不明確な場合を含む
出所：婦人保護施設実態調査報告書2008（平成20）年度・2009（平成21）年度東京都社会福祉協議会婦人保護部会調査研究委員会。

5　改めて，なぜ改正が必要か

　東京都内にある5つの婦人保護施設では，2003年度を起点として，施設利用者の実態調査を始めた。婦人保護施設利用者の多くは，施設にやってきて，心身ともに一定の安定を来たし，施設職員と信頼関係を築いた時に，問わず語りに，過去のこと，つまり，売春，性暴力，子どもの頃の虐待などを語り出す。この調査の特徴は，利用者のこの語りに着目し，集計したことである。11項目ある調査項目のうち，「出産した時の子と父の関係」を紹介して本章を終わりとしたい。表4-4に見られるように，風俗の客とレイプから生まれている子どもが確認されている。

　「子の父不明」の子どもの24人，すなわち，父は風俗の客であることは分かっても不特定多数であるため父を特定できない子ども24人の存在は，性売買における性暴力性を証左するする数値として重視しなければならないと思われる。表向きは風俗営業となっていてもその実は売春が行われていることを証明する数値である。しかも，その売春は避妊をすることのできない状況下で行われる極めて性暴力的な実態であることを示している。妊娠に至らない性暴力行為，強姦ともいえる実態があることを推測するに足る強固な数値である。

性暴力的な実態に曝されている女性を，売防法第5条は犯罪者として扱うのである。法の名のもとにこれほどの人権侵害があろうか。

売防法のようにまったく手がつかなかった法律の改正私案を提案することは，少なくとも筆者にとっては非常な勇気を必要とすることであった。論理の矛盾，不十分さ等を押してなおこのように発表するのは，この私案をたたき台に論議してほしいと願うからである。自分では気づかない不十分さはさまざまな人々の手によって補充修正され，より良いものにしてほしいと願う。

注
(1) 『日本婦人問題資料集成（第一巻＝人権）』ドメス出版，1978年，696頁。
(2) 現行法は全40条。第3章補導処分，全17条分が導入されると同時に，第2章刑事処分に第16条が新たに追加された。
(3) 売春対策審議会編『売春対策の現況』昭和大蔵印刷局発行 1968年，131頁。
(4) 同前書，750-751頁。
(5) 同前書，760-763頁。
(6) 同前書，119頁，第25表 婦人保護施設収容者の知能程度：IQ69以下の知的障害者の割合（第25表から筆者作成）：1962年35％，1963年35％，1964年41％，1965年44％，1966年45％。
(7) 東京都社会福祉協議会婦人保護部会調査研究委員会「婦人保護施設実態調査2008年度・2009年度」2010年，41頁。手帳所持者数：2009年度の都内5婦人保護施設の入所利用者中，何らかの障害関係の手帳所持者率は20.3％。
(8) みやもと私案の全文は次の資料参照：ポルノ・買春問題研究会編「論文・資料集 ポルノ・買買春問題への法的・論理的アプローチを考える」vol10・10周年記念号，2010年 ポルノ・買春問題研究会発行（http://app-jp.org），40-60頁。宮本節子「売春防止法見直しのための私案」。
(9) 東京都社会福祉協議会婦人保護部会調査研究委員会編・発行「婦人保護施設 実態調査報告書 2008年度・2009年度」32頁。

（宮本節子）

第5章 フェミニスト・ソーシャルワークとは何か
―― 21世紀フェミニズム理論に伴走する実践と理論

1 ソーシャルワークを産み出す思想

　私たちは19世紀の初頭から「ソーシャルワークとは何か」と問い続けてきた。問いが始まりであり，問いはそこにあり続けるのだ。ソーシャルワークとはその根源からして，このような問いそのものである。問い続けることがソーシャルワークを創出する。フェミニスト・ソーシャルワークも定義に終わることなく，端緒を聞いている。

　リッチモンド（Richmond, M. E.）が「ソーシャルケースワークとは何か」[1]と問い始めた。その問いの歴史が，アメリカを中心にソーシャルワークを創出してきた。日本も戦後，その水脈を共有し現在に至っている。

　ソーシャルワークの現在の様相を見てみよう。今日，日本のソーシャルワーク研究の中心にあるのはジェネラリスト・ソーシャルワークである。その中心にいる岩間伸之は次のように述べている。

　　かつてのソーシャルワークの主要な3方法であった，ケースワーク，グループワーク，コミュニティーオーガニゼイション（コミュニティーワーク）が，統合化の過程を経て「ソーシャルワーク」として完全に融合していることは，いうまでもなくジェネラリスト・ソーシャルワークの大きな特質である。[2]

　さらにその特質を以下の5点に集約している。それは「点と面の融合」「システム思考とエコシステム」「本人主体」「ストレングス・パースペクティブ」

「マルチシステム」である。このようにジェネラリスト・ソーシャルワークは，エコロジカル・パースペクティブやシステムアプローチの基盤のうえに確立し，分かりやすく整理され，客観性のある基礎概念によって組み立てられている。

　ジョンソン（Johnson, L. C.）とヤンカ（Yanca S. J.）は『ジェネラリスト・ソーシャルワーク』において，ソーシャルワークを「知識と価値，技術の創造的混合」と捉え，「ソーシャルワークの科学」と「ソーシャルワークのアート」の融合を目指している。「援助状況で知識と価値と技術の要素を適切かつ創造的に組み合わせる」ことが，ソーシャルワーカーに課せられていると述べている。[3]

　しかしこれは極めて難度の高い課題である。融合の核となるソーシャルワーカーの価値観を明らかにしなければならない。コーズ（Kohs, S. C.）は次のようにいう。

　　　ソーシャルワークという人々の自助を援助する技法——科学（art-science）は，多かれ少なかれ明白な哲学的諸概念の導きの下に行われている。[4]

　コーズはソーシャルワークについて，「価値の公分母」の上に立つソーシャルワーカー自身の「二次的価値」が重要だという。そこに事実としてのソーシャルワークが成立する。またコーズは「専門職が単一の共通哲学を持っているという幻想を維持するために必要なテクニックから脱出すること」だとも述べている。[5]

　'なぜソーシャルな問題に関わるのか'とソーシャルワーカーに問いかけることは，この価値観の中身に触れることである。いうまでもなく価値観とは，その人の思想あるいは哲学である。この「人間を内面から特定の倫理的価値の実践に向けてつき動かす行為への実践的起動力」であるエートスを明確にしたうえで，科学とアートを融合しなければ創造的にはならない。[6]

　コーズが示した，ソーシャルワークの根源にある宗教観，倫理観，哲学を飛び越してソーシャルワークを技術，あるいは方法として取り入れた日本の実践

第5章　フェミニスト・ソーシャルワークとは何か

的，理論的状況を背景とするとき，システム理論に基づく概念構成は一層脆弱なものになる。ソーシャルワークは思想，哲学をしっかりと組み込んだものでなければならない。

　またソーシャルワークは実践から始まり，その後，実践科学となっていった。言い換えれば信仰，主観，経験から科学，客観，実証，そしてジェネラリスト・ソーシャルワークがいうシステム理論に進んだ。しかしソーシャルワークを求める社会は大きく変わりつつも，そこには歴史や文化を越えて通底する人間的現実がある。松岡克尚は「ソーシャルワークとは何か」という自己アイデンティティに関わる基本テーマは，ソーシャルワークを産み出した社会，必要とする社会を問うことだと述べている(7)。

　またこのような社会観が人間観に繋がり，それがソーシャルワークの実践観となっていく。平塚良子はソーシャルワークの実践観を，その前駆形態である「ソーシャルワークらしさ」に戻って考えている(8)。それは，はじめに述べた「ソーシャルワークとは何か・その実践とは何か」と問う自己作業である。またそれはアートとサイエンス，実践知と理論知の融合を目指す作業でもある。ソーシャルワークを導く知は，近代以降分化したアートとサイエンスの再統合なしにはあり得ないことを筆者もすでに述べてきた(9)。いやソーシャルワークだけでなく関連する実践科学，すなわち教育，看護，医療，心理など人間という実践主体を通して実現されるものは，その主体の内面の思考，認識なしには成り立たない。それがいわゆる思想，理論というかたちとなって明文化されるためには，その前駆形態としての実践観があるというのが平塚の主張である。すなわち，

　　　ソーシャルワーカーの実践観とは，ソーシャルワーカーがソーシャルワークの実践を描くときに何を感じ，何を意識し，何を見，認識しているか，その感じられ，意識され，見られ，認識されるもの・ことをさすのであろう。いわば，実践行為が始まらんとする前駆状態のような枠組みとでもいえよう(10)。

III

この「価値意識と認識のありよう」，言い換えれば「ソーシャルワーカーの主観によりイメージされた世界」からソーシャルワークは始まっている。ソーシャルワークが現実的な姿を持って人びとの前に現れるとしても，それはきわめて外からは認知されにくい。特に看護や教育，心理，医療などのようにある固有な空間や場所において，役割を明確にしまた白衣や黒板を背後にして立つような，分かりやすい姿で具現化されるとは限らないからである。だからこそ「そこからソーシャルワーカーがまさに対象世界に向けて具現的行為に移らんとしてソーシャルワークのかたちを描いた主体的な世界」が，「ソーシャルワークらしさの世界像」だと平塚はいうのである。ソーシャルワークはソーシャルワーカー個人の内部で経験知，実践知，また身体知を通じて「覚醒」し，そして目に見える場所において具体的なそして'当たり前'な日常的行為となる。

「ソーシャルワークらしさの原世界」が個人の思想や信念から生れ，それが不確かさや曖昧さを纏い，ゆらぎながらソーシャルワークというかたちをとるのだが，そのまま内部で立ち消えになることもあれば，制度や政策として強固で永続性を持つマクロなかたちになることもある。あるいはミクロな臨床的行為として，例えば「見守る」というような第三者の目からは何も認められないことに終始していく場合もあるだろう。

ソーシャルワークがそのように多様なものであるならば，私たちは単に具現化された行為や達成された現実だけをソーシャルワークと見なしているわけにはいかない。それ以前のソーシャルワーカー個人の内面にあるもの，ソーシャルワークの思想基盤を把握し検証しなければ，「ソーシャルワークとは何か」という問いを立てることはできないだろう。問いに応答することは，ソーシャルワークの思想的基盤を示すことであり方法や技術はその一部にすぎないといえよう。

だからこそここで，思想的立場を明白に示すフェミニスト・ソーシャルワークについて述べておかなければならない。

2　フェミニスト・ソーシャルワークの道程

「社会福祉はその基本的関心をフェミニズムと共有している」という表現を，ここでは「ソーシャルワークはその基本的関心をフェミニズムと共有している」と書き直そう。日本語の'社会福祉'は「ソーシャルワーク」概念を含んでいるが，「社会」と「福祉」を繋げた熟語のなかに極めて包括的な内容を持つ言葉であり概念である。しかし残念だがフェミニズムとの共通基盤は極めて限定されている。

女性の職業として始まったソーシャルワークの歴史は，女性解放というフェミニズムの歴史と重なり合うものである。しかし女性の職業であったからこそ，男性優位の社会構造のなかで，下位に位置づけられる負の側面を今日まで引きずることになった。

杉本貴代栄は1960年代アメリカを中心に始まった，フェミニズムと社会福祉の関わりを日本に紹介した。そしてその関わりは次の3つの方向であったという。第1に「社会福祉のなかの『セクシズム』批判」，第2に「ソーシャルワーク実践技術への取り込み」，第3に「『福祉国家』のなかの『セクシズム』批判」である。

またこの3つは方向性だけでなく段階，過程も示しているという。「社会福祉のなかの『セクシズム』」は女性の仕事として始まり，今も圧倒的に多数である女性ソーシャルワーカーを取り巻く問題である。ソーシャルワークの誕生に絡むセクシズムはフェミニズムの光によって再考されることになった。また1970年代に入りソーシャルワーク専門誌に，これまでとは異なって「女性固有の問題」を取り上げる論文が多数掲載されるようになった。フェミニズムの思想と運動が，研究者や実践者に「クライエントとしての女性」の問題を見出す力を与えたのである。

さらに進んで，フェミニズムが提起したジェンダーや家父長制概念が「福祉国家」レベルのジェンダー分析を進めるという段階を踏んで，ソーシャルワー

クとフェミニズムの共有する基盤が明確に示されることになった。[13]

これらのアメリカ，イギリスにおけるフェミニズムとソーシャルワークの関わり方と比べると，日本におけるフェミニズムと社会福祉研究，またソーシャルワークの関わりは極めて限定されていると言わなければならない。フェミニズム理論が取り上げるケア，性役割，セクシュアリティ，母性，家族，ジェンダーなどどれをとっても，その集約された問題はソーシャルワークの関心であり課題である。

しかし社会福祉を周縁化する日本の風土やソーシャルワークの実体が共有できていない社会的背景なども作用して，日本では研究，実践ともにこの二つの領域の交わりは不十分なままである。

社会福祉学における「女性（婦人）福祉」論は，売春問題，母子問題などを女性固有の福祉課題として取り上げてきたが，フェミニズム思想や理論とは完全に距離を置いている。その結果，フェミニスト・ソーシャルワークを創出する実践的力を発揮できなかった。[14]

3　フェミニズム理論とソーシャルワーク

アメリカの専門誌"Social Work"で女性固有の問題が取り上げられた1960年代から1970年代は，「女性に関する経験的データを可能なかぎり収集し，女性の存在をさまざまな文献書物のなかに顕在化させることを主眼に置いた」第一期女性学の流れの上にある。[15]この時代を有賀美和子は，伝統的な方法論に従って女性の問題に焦点を当て，また女性を「"解放"に向かって動くべき単一の被抑圧者集団」と認識していた時期だと説明する。

その後，フェミニズムはこの「被抑圧者集団」としての女性の差異に注目するとともに，これまでの方法論そのものを否定する多様な理論に分岐していった。それがブラックフェミニズムやラディカルフェミニズム，社会主義フェミニズム，さらにポストモダンフェミニズムなどの潮流であった。このように多様な理論分化の時期を経て，フェミニズムは相互の視点を柔軟に取り込み理論

的成熟を遂げた。

　フェミニズムの潮流は日本のフェミニズム理論にも反映されていったが，先にも述べたように社会福祉学，ソーシャルワークへの影響は限定されている。一方，アメリカでは例えば次の5点を示して，フェミニズムがソーシャルワーク教育や実践を変える可能性があると指摘された。それは①誤った二分法の排除，②権力の再規定，③結果とともに過程に価値をおく，④名前をつけることの有効性，⑤個人的なことは政治的，というものである。特にこれまで共有化されにくかった女性への暴力に性的虐待やドメスティック・バイオレンス（以下，DVとする）と，名前をつけることで，ソーシャルワークの取り組むべき課題が明らかになり実践を推し進める力になった。

　またフェミニズムが生んだ最大の理論的功績は，ジェンダー概念，ジェンダー分析の深化である。ジェンダー概念は日本の社会福祉学にも一定の影響を与えたが，社会福祉領域総体において先の5点にまとめてバーグ（Bergh. N. V. D.）やクーパー（Cooper. L. B.）がソーシャルワークを変える可能性を示唆したほどに，十分に掘り下げられることはなかった。

　男女共同参画政策の相談事業において「ジェンダーの視点」が強調されたが，それはスコット（Scott, J. W.）が嘆いた「女性」という言葉の言い換えや，「両性間の差異」を示すことにとどまった。すなわち性別の社会構築性がもたらすさまざまな問題を分析する，ジェンダー概念の核心的な力は活用されなかった。

　そして今，フェミニズム理論はどのような位置にいるのだろうか。江原由美子は，フェミニズムをポストモダンの思想と「内容的に平行な営み」だととらえている。その結果，フェミニズム理論は「社会構築主義」の方向に動いていったと「21世紀フェミニズム理論」を説明する。

　社会構築主義の方向に動いたとは，「セクシュアリティやエスニシティ等の点で差異を持つ人びととの平等で対等な社会参加を求める『承認の政治』」，すなわち正義論に向かったことを指している。その一方で，このような「文化的不公正」に関心を集中している間に，グローバル化が進み女性の貧困や格差拡大が進展するという厳しい現実が，フェミニズム理論を取り巻くようになったと

分析している。[18]

　早い時期にフェミニズム理論が，ケア，介護，家族などを通じて社会福祉に近づいてきたと同様に，今再び女性の貧困などを通じて，フェミニズムは社会福祉に重なりつつある。そのいくつかを取り上げてみたい。

（1）ケアとソーシャルワーク

　児島亜紀子はフェミニズムとケアについての関心を共有し，ソーシャルワークが'二度'「ケアの倫理」を発見したと述べている。[19] 一度目は1980年代，ギリガン（Gilligan. C.）の『もう一つの声』で明らかにされた女性の声である。それは「女性クライエントに対して一貫して関心を持ち続けてきたソーシャルワークが，新たに『女性であるソーシャルワーカー』自身に目を向ける契機になった」ことである。しかしその結果，ギリガンの示すケアの女性性はソーシャルワークに葛藤をもたらすことになった。

　しかしフェミニズムがポストモダニズム思想と並行して進む1990年代に，ソーシャルワーク理論は「ケアの倫理」を「男女の視点の差異」ではなく，「人間の相互依存的な関係性や文脈性，ケアの倫理の実践が内包する他者に対する注意深さ，敏感さ，反応，応答責任，交渉，相互承認といった価値に改めて着目した」と児島はいう。そして次のように結論づけている。

　　　ソーシャルワーカーは，普遍を標榜するリベラリズムの法から落ちこぼれたものが何であるか，実践を通して気づいていた。オームが正義とケアの関係を融合（assimilation）でなく反復（iteration）と捉えるのは，普遍主義を掲げる「正義の倫理」によって措定された条件からこぼれ落ちる人びとを，「ケアの倫理」のまなざしによって発見し，その人びとが有する多様なニーズを再び正義の側に送り返すこと，ニーズとして認められなかったものを正義の領野で成文化することによって，新たなニーズとして同定すること，さらに成文化の網の目からこぼれたものを再び「ケアの倫理」のまなざしによって発見するという，たえざる反復によって「正しい」

(Just) ソーシャルワーク実践を行うことを意味していると考えられる[20]。

　ここには絶えず問い直し続けるという「反復」こそが「正しい」ソーシャルワークを導くことになるという，冒頭の筆者の提起に繋がる論理が示されている。

　「正義の倫理」からこぼれ落ちる人びととして，フェミニスト倫理学のキティ（Kittay, E. F.）は「依存労働者」を指し示す。「依存労働」とは「依存者の世話をする仕事」（dependency work）である。私的領域の無償のケアも有給のケア労働も含んだ概念とされている[21]。「私が何より示したいのは，最も狭い意味における依存労働がなければ社会は成り立たないこと，そして最も根源的な仕事とその周囲にできる関係性の形態は通常の理論では無視されてきた」[22]という。

　かつて重度の障害を持つ息子を育てている母親から「福祉は風のようなもの」と言われたことがある[23]。それはキティのいうように理論的に無視されている「依存労働」があってこそ，社会福祉サービスが成立するのだという核心をついた批判なのである。キティも同じ経験をもつ。28歳になる常に介助が必要な知的障碍と脳性まひの娘セーシャの依存が，彼女を「平等についてのフェミニスト批判」に向けさせた。

　キティは，ソーシャルワークは専門職としては不安定で新しい仕事であるが，依存労働とは異なり「支えと介入の境界線上に位置している」という。医療，教育，法律，ソーシャルワークの仕事は「他者指向的で，自己利益的でない」点は共通しても，そこに弱くとも「地位」があることが「依存労働」との決定的違いであると説明する。ソーシャルワークがケアを考える時，このような依存労働なしに自らのケアが成立していると考えることはできない[24]。ソーシャルワークの提供する福祉サービスは，キティのいう依存労働を前提としているからである。

（2）「貧困の女性化」とフェミニズム

次に貧困の問題に触れてみよう。ピアーズ（Pearce, D.）が1978年に「貧困の女性化」を明らかにして以来，貧困のジェンダー分析は不可欠のものになった。杉本は「『貧困の女性化』現象は，長期的な社会変化の複合的収斂であり，先進工業国においておおかれ少なかれ出現する社会問題」と考えている。

これに対してリスター（Lister, R.）は広く使われるようになった「貧困の女性化」を次のように論評する。

> （しかし）トリックとしては力強いのだが，この用語には誤解をまねく部分がある。これが新しい現象であることを暗示してしまうのである。…（中略）…これにより，それまで女性の貧困を覆っていた霧が取り払われたのである。ケア従事者のような，女性が圧倒的に多い集団での貧困経験についても意識が高まっている。
>
> 「貧困の女性化」という命題のもとで用いられている統計は，世帯主を基礎としたものが大半で，世帯のなかの個人に基づくものになっていない。

その結果，「女性の経済的依存と男性の権力にともなう構造的要因」による，女性の生涯に亘る貧困に対する脆弱性が隠されてきたと批判的に述べて，「だからこそ少なからぬ女性が，経済面での自律を理由に，貧しくともシングルマザーを選ぶのである」と結論づけている。

（3）シチズンシップとソーシャルワーク

フェミニズム理論は歴史的な公私区分に異議を申し立ててきた。公的領域は男性に私的領域は女性に振り分けられ，その結果，女性はケア役割を一手に負うことになった。「貧困の女性化」もキティがいう依存労働もこの公私区分が作り出している。日本では女性を私的領域に蓄積された「含み資産」と見なし，社会福祉制度を組み立ててきた。同様にシチズンシップ論も公的領域における「市民」を前提としている限り，大多数の女性はここから排除されることにな

第5章 フェミニスト・ソーシャルワークとは何か

った。これがフェミニズムのシチズンシップに関する問題意識である。

このシチズンシップについて、リスターは貧困の概念化とからめギリオム（Gilliom. J.）の次のような指摘を取り上げている。

> ギリオムによるアメリカの研究では、福祉受給に関する調査テクニックがどんどん巧妙かつ広範なものになっていて、インタビューした女性たちはほとんどが「日常的な調査による不名誉と苛立ち」のことばかり語っていた。
>
> ギリオムは、一般に福祉受給に関する調査は「クライエントの尊厳にほとんど注意を払うことなく」作成されているとコメントしている。福祉制度の利用者を尊厳と経緯をもって扱うことは「手続きに関する」シチズンシップの権利として認められている。[27]

また2001年の「貧困状態に暮らす市民のヨーロッパ会議」は、「貧困を経験している人々」である前に、「まず市民である」という「経済的・社会的・政治的シチズンシップ」を理解したソーシャルワークを求めている。これは生活保護受給者が増大し続ける日本でも、公的扶助を巡るソーシャルワークに向けられているシチズンシップと考えることができる。

公私区分への異議は、逡巡していたソーシャルワークにDVや夫婦間レイプ、児童虐待が起きる「親密圏」への介入を要請した。

このようにフェミニズム理論がソーシャルワークにもたらす影響は極めて大きい。フェミニスト・ソーシャルワークがエンパワーメント・アプローチ、ストレングス・パースペクティブ、物語アプローチ、解決指向アプローチと並列されているテキストもある。[28] しかし、他のアプローチはフェミニスト・ソーシャルワークのように、今日の知の構造や社会観、実践観を示すことができていない。

この差異を示すためにフェミニスト・ソーシャルワークは技法ではなく、パースペクティブであると繰り返しいわれてきたのである。

4　ドミネリとフェミニスト・ソーシャルワーク

　当初アメリカでも「フェミニスト・パースペクティヴを持ったソーシャルワーク実践」は，「フェミニスト・ソーシャルワーク」という用語でまとまらず，「フェミニスト実践」「女性中心の実践」「反セクシズム実践」「ジェンダーセンシティブ実践」というような多様な言葉で展開され始めた。その一方1989年イギリスで，ドミネリ（Dominelli, L.）とマクリード（McLead, E.）が『フェミニスト・ソーシャルワーク』を公刊した。

　これについて吉田恭子は次のように概括して説明している。この研究の基盤には草の根のフェミニストによるネットワークとキャンペーンという運動があり，またフェミニスト・セラピーやフェミニスト・カウンセリングという実践も，フェミニスト・ソーシャルワークの概念を支えているという。さらにレイプクライシス・センターやシェルター運動などにフェミニスト・ソーシャルワーカーが数多く参加して，フェミニスト・ソーシャルワークの実体を産み出してきた。

　そこからドミネリは，①ジェンダー概念の導入，②ワーカー・クライエント関係の平等性，③抑圧からの解放をめざすフェミニスト・コミュニティーワーク，④女性の心理的，感情的なニーズを充足する，⑤法や制度，政策におけるセクシズム批判，⑥ソーシャルワーク教育におけるフェミニスト・アプローチ等，目の前の現実にしっかりと向き合うフェミニスト・ソーシャルワークの理論化を示した。その意味で本書は，単にフェミニスト理論の影響を受けたソーシャルワーク理論ではなく，実践から生まれた理論である。

　その後，2002年にドミネリによって書かれた『フェミニスト・ソーシャルワークの理論と実践』は，1990年代後半からのフェミニズム理論に基づくフェミニスト・ソーシャルワークの理論化を目指したものである。この本がどのようにフェミニズム理論とソーシャルワークをクロスさせているのかを次に見てみたい。

第5章　フェミニスト・ソーシャルワークとは何か

（1）リベラルフェミニズムとソーシャルワーク

まずドミネリは次のように述べている。

　専門職としてのソーシャルワークの始まりは，リベラルフェミニストたちの枠組みと一致する。なぜならソーシャルワークの始まりは，女性たちの母としての能力すなわちどのようにクライエントの母としての力を引き出すか，そしてクライエントが労働者ならば，どのようにその母親を認めていくかに焦点を当ててきたからである。[32]

ドミネリは女性の経済的自立を励ますリベラルフェミニストのソーシャルワークを認めつつも，しかし全体的な社会構造の考察や獲得した利益の最終的な不安定さの予測が不十分だと評している。リベラルフェミニズムが単に今，男性が持っている経済的・社会的立場との対等性を目指すならば，「リベラルフェミニズムはフェミニズムではない」という上野千鶴子と，ドミネリは同じ立場に立つ。

江原由美子は第2波フェミニズム以降のフェミニズム理論には，「ポストモダンの社会理論の一つの変奏であった」と考えている。ポストモダン・フェミニストによってフェミニスト分析が深化し，「現実の女性たちの状況や思想が多様な差異のなかで生まれ，豊かに展開してきた」ことは共通認識といえよう。そのポストモダン・フェミニズムをドミネリは，ソーシャルワークに次のように「変奏」している。

まずソーシャルワークが個人の固有性に着目することは，ポストモダンの思想に繋がるという。それは差異をポジティヴに見るポストモダンの思想である。また差異，言語，ディスコース，脱構築，ポジショナリティ，パワー，アイデンティティというポストモダニズム思想の鍵となる概念が，反抑圧をめざすソーシャルワーク実践の発展を助ける重要な力になると述べている。それらはソーシャルワーカーを無力にするのではなく，逆に人間の固有性に応答する力を与える。ただし，それは専門家としての権力を脱構築することが前提となる。

その反面でドミネリは、ポストモダンの独特な女性の表象は女性に対して行使される構造的差別の深刻さを受け止めるには弱く、共同体の重要性や何世紀もかけて達成した成果を台無しにする可能性もあると警告する。

（2） その他の潮流とソーシャルワーク

　ドミネリはポストモダンフェミニズムだけでなく、次のような多様なフェミニズムの思想をソーシャルワークにもちこんでいる。ブラックフェミニズムの視座からは、白人ソーシャルワーカーの人種やレイシズムの認識が適切でない例として、白人の子どものニーズをもとに作られたシステムのなかで、黒人の子どもを評価し問題視すること、黒人の青年のマイナス面を過剰に取り上げること、高齢者の福祉サービスにおいて黒人の高齢者が十分に対象として検討されていないことなど、イギリス社会の現実を取り上げている。さらに黒人女性がソーシャルワーカーとして歓迎されず排除される事実も示している。
　ラディカルフェミニストについては、彼女たちがシェルターやレイプ・クライシスセンターのような、女性に特化した資源を作りだしたことを高く評価する。その一方で個別の関係性に潜む不平等な社会関係に取り組まないために、一時しのぎ以上のものにならないと批判する。
　また社会主義フェミニズムは資本主義経済における女性の家事労働の社会的重要性に注目し、また男性そのものではなく男らしさの意味を見直したと評価する。これに繋げてソーシャルワーカーがケア・アセスメントにおいて、男性の果たすケア役割を見落としている事例を紹介している。
　さらにドミネリは本書で、「男性に関わる」ソーシャルワークに1章を割いて論考している。それはクライエントとしての男性とソーシャルワーカーとしての男性の両方についてである。「フェミニスト・ソーシャルワークの方程式に男性という要素を導きいれることは容易ではなく、賛同を得られないような答えが山積みしている」という。まず「女性の専門職」であるソーシャルワーカーのなかで、少数の男性ワーカーが決定過程や政策立案、そして女性ワーカーを管理するという構造の指摘である。

加えて，これまで十分に光が当てられてこなかった多様な立場の男性運動を紹介している。また単に男性を「抑圧のジェンダー」と理解するのではなく，男性のニーズに応えるためにソーシャルワーカーは彼のアイデンティティを多面的に理解し，固有な社会的経験を持つ一人の人間として全体的に概念化することを提案する。

　そしてクライエントとともに「男らしさの再定義」をする実践が，結果として女性や子どもの福祉をもたらすと考える。しかしこれまでフェミニスト・ソーシャルワーカーは，男性に対応する自分の力に不安があり，理論的にも実践的にもこの作業を避けてしまったと振り返る。

　このようにドミネリは，本書でフェミニスト理論とソーシャルワークを丁寧にクロスさせる作業をした。さらにソーシャルワーク実践と交わるフェミニズム概念として「相互依存性」「互恵性」「多義性」「パワー」「シチズンシップ」をソーシャルワークの理論と実践に重ねて分析している。このようにフェミニズムの今日的概念は，ソーシャルワークにとっても重要な課題である。

5　フェミニスト・ソーシャルワークのアクチュアリティ

　最後にフェミニスト・ソーシャルワークのアクチュアリティに立ち会ってみよう。今日の社会を特徴づける大きな要素は，グローバリゼーションである。ソーシャルワークも地球規模の情報，経済，人の渦のなかにある。グローバル社会を背景にしたカナダのソーシャルワーカー坂本いずみの経験を見ておこう。

> 　白人のカナダ人で異性愛者の女性であるソーシャルワーカーの場合，彼女自身がどういった社会的な力をもっていて，それがさまざまな援助対象者（例えば家族から虐待を受けてシェルターにいる移民の高齢女性）との間でどのように作用するかということを常に考え続けること，そして，長期展望的に見て，彼女が社会的にもつ力を使ってどのような組織変容，社会変容の活動に関わっていくか…（中略）…というところまで含む。[34]

ここで含まれていることとは,「多様な文化や宗教,言語に対応する配慮がなく抑圧的なホームレス・シェルターの規則を変えるための活動」「高齢者の移民が家族から受ける虐待の問題について参加研究」「社会の意識向上のための活動」などアクチュアルなものである。それは「抑圧の構造を理解することを通じて,自分の社会的におかれた立場を広い文脈で認識し,常に非抑圧に向かって行動をとっていく過程」であると説明する[35]。

ここには「公私にわたる家父長制の影響の検証」(ドミネリ)という視点に立つ抑圧構造の理解とそこからの解放,また女性の強さや能力を尊重したソーシャルワークの実践的方向が明確に示されている。ソーシャルワーカーは,単なる援助者,介入者ではなく互恵性をもって社会の変革に取り組む同じ共同体のメンバーとして,具体的な課題に取り組む人である。そこには技法や方法ではなく「ソーシャルワークらしさ」(平塚良子)の前駆形態があるといえよう。

同様な事例が平塚良子の実践観研究にも紹介されている。「30数年にわたるDV被害者(60代後半)」の支援事例である。平塚は4名のソーシャルワーカーの実践を,「価値」と「視点・課題認識等」の2項目で整理している[36]。そのなかのひとり「D氏・女性系」の記述をまとめると次のようになる。

　　近隣の警察への通報をきっかけに状況がごろっと動く。自分の意志というよりは「そっと背中を押された感じ」で家を出た。シェルター入所時(女性は)表情がなく茫然自失。一ヶ月半ぐらい経って女性がようやく出た家のことで動き始めた。夫は蒸発状態で,激しく荒らされた自宅を警察官立会の元で片付ける。自宅を立ち去るとき,女性は自身の決意に対してソーシャルワーカーに必死に同意を求める。

　　(ソーシャルワーカーは)骨を拾う覚悟(で),脱出とリスク回避・生命の安全確保,暴力・抑圧からの解放(を目指す。)安全を実感し,自分でゆっくりとでき,社会との繋がりが実感でき,孤立せず,これらを女性が肌で感じられるなどが女性の内に起きること,個別性を尊重し,相手に調和する時間,場所,支援サービスの確保など滋養的な環境の創出・生活の再建

第5章　フェミニスト・ソーシャルワークとは何か

という課題（を認識している）[37]。

　女性の脱出に立ち会ったソーシャルワーカーは，女性から「こういうふうに自分はしていいんですね」と必死な思いで問われたときに，「『あなたが決めなさい』というのが普通」だが，「いい！」と直截に応じている。またソーシャルワーカーは「本人が家を出るにあたっては『骨を拾う覚悟』を強く自身に刻みつける」と語り，そこに生まれた女性との相互関係の深さを独特の言葉にしている。それを平塚は「D氏の実践には，人間の尊厳を尊重するという価値を強く意識し，他者の人生に関わる責任の重さを刻みつける実践観がうかがえる」と解釈している[38]。

　ソーシャルワーカーが「いい！」と応じる直截さは身体知，経験知の力強さを示している。ただフェミニスト・ソーシャルワーク実践を構築するには，女性の暴力・抑圧からの解放を「骨を拾う覚悟」と個人化するのではなく，坂本が示すように女性の被抑圧体験をフェミニズムの視点からジェンダー分析し，関係者や社会と問題を共有する活動に結実させていくことが必要になる。

　さらにもう一つ，ソーシャルワークのアクチュアリティを紹介しよう。宮本節子らの実践である（第4章参照）。「売買春」の問題は，セクシャリティ概念からソーシャルワークに提起される大きなテーマである。これまでの「女性福祉」論は，「売春問題」を「女性のセクシャリティの危機」と捉え，売春防止法に基づく婦人保護事業に限定した理論構成をしてきた。そこには女性を「妊娠し出産する性」「女性であるという性」と定義し，女性の固有性を生物学的性，すなわちセックスに結びつけて「保護」する性の政治的言説がそのまま横すべりしていた[39]。

　女性のセクシュアリティは男性のセクシュアリティと対になっている。しかし女性のセクシュアリティだけに目をむけ，性をセクシュアリティという言葉に置きかえたところに「女性福祉」論は止まっている。

　それに対して宮本らは，婦人保護施設，児童養護施設また知的障害者施設は性的被害，性暴力被害者が集積されているという確信から，「ポルノ被害と性

暴力を考える会」を2009年5月に立ち上げ活動を始めた。それはこれまでの「売春問題」あるいは「性的虐待」「性的暴力」という視点に加えて,「ポルノ被害」と呼ばれる問題の提起である。

それはインターネットなどを含む膨大な情報社会のなかで,セクシャリティを問い直していくキャンペーンでありネットワーク作りである。「ポルノ被害」とは,子どもと女性だけが被害者ではない。宮本は次のようにいう。

> 男性は本質的に暴力的で放埒な性を持つと見なされてしまうことに自身のセクシャリティへの侮蔑を感じないのか。これらの情報の受け手は男性に絞られていることを思えば,性情報の野法図な氾濫は女性の問題であるだけでなく男性の尊厳の問題でもあるのではないかと。(40)

女性のセクシュアリティの危機だけを問題にしてきたこれまでの「女性福祉」論に,男性のセクシュアリティについての問いを突きつけている。ソーシャルワークはセクシュアリティを,「性実践や性欲望や性自認をふくむエロスの意味づけ」(バトラー〔Butler. J.〕)と捉える地点までに追いついてきた。

このような深い問いこそがソーシャルワークを前進させる。「フェミニストソーシャルワークは,パースペクティヴでありテクニックではない」という命題は,ソーシャルワーク全体の命題なのである。

注

(1) Richmond, M. E., *What is Social Case Work?: An Introductory Description.*, 1922 (=1991, 小松源助訳『ソーシャルワークとは何か』中央法規出版)

(2) 岩間伸之「地域を基盤としたソーシャルワークの特質と機能——個と地域の一体的支援の展開に向けて」『ソーシャルワーク研究』37-1,相川書房,2011年,12頁。

(3) Johnson. L. C. & Yanca S. J., *Social work Practice : Ageneralist Approach 7ed.*, 2001. (=2004, 山辺朗子・岩間伸之訳『ジェラリスト・ソーシャルワーク』ミネルヴァ書房,56-80頁)。

(4) Kohs, S. C., The Root of Social Work, National Board of Young Men's Christian Association Press, 1970. (=1989, 小島蓉子・岡田藤太郎訳『ソーシャルワークの

根源——実践と価値のルーツを求めて』誠信書房，7頁）
(5) Ibid., p.58.
(6) 森岡清美ほか編『新社会学辞典』有斐閣，1993年。
(7) 松岡克尚「ソーシャルワークの社会観」『ソーシャルワーク研究』36-4，相川書房，2011年，43頁。
(8) 平塚良子「ソーシャルワーカーの実践観——ソーシャルワーカーらしさの原世界」『ソーシャルワーク研究』36-4，相川書房，2011年，60-67頁。
(9) 須藤八千代「ソーシャルワークを導く知」杉本貴代栄・須藤八千代・岡田朋子編著『ソーシャルワーカーの仕事と生活』学陽書房，2009年。
(10) 平塚良子，前掲論文，60頁。
(11) 杉本貴代栄『社会福祉とフェミニズム』勁草書房，1993年，5頁。
(12) 須藤八千代「『女性福祉』とフェミニスト・ソーシャルワークの連続性と断絶性——フェミニスト・ソーシャルワークの視座」『社会福祉研究』第5巻，愛知県立大学，2003年，「『女性福祉』論とフェミニズム理論——社会福祉の対象論を手がかりに」『社会福祉研究』第12巻，愛知県立大学，2010年。
(13) 杉本貴代栄，前掲書，36-52頁。フェミニズムとソーシャルワークの関わりを同時期に打ち出したものとして，吉田恭子「女性問題とソーシャルワーク——実践におけるフェミニスト・アプローチ」『ソーシャルワーク研究』86（1996年），杉本貴代栄編著『社会福祉のなかのジェンダー——福祉の現場のフェミニスト実践を求めて』（ミネルヴァ書房，1997年）等がある。
(14) 須藤八千代，前掲(12)「『女性福祉』とフェミニズムと理論——社会福祉との対象論と手がかりに」。
(15) 有賀美和子『現在フェミニズム理論の地平——ジェンダー関係・公正・差異』新曜社，2000年，22頁。
(16) 杉本貴代栄，前掲書，1933年，7頁。
(17) 舘かおる「歴史分析概念としての『ジェンダー』」『思想』No. 1036，2010年，225-235頁。
(18) 江原由美子「知識批判から女性の視点による近代観の創造へ　付増補版解説　二一世紀フェミニズム理論に向けて」『新編　日本のフェミニズム2　フェミニズム理論』岩波書店，2009年，20-30頁。
(19) 児島亜紀子「ソーシャルワークにおけるケアの倫理の受容過程とフェミニスト理論の影響に関する考察」第56回社会福祉学会秋季大会での口頭発表と配布資料による。2011年10月淑徳大学で開催。
(20) Orme, J., 'Social Work: Gender, Care and Justice' *British Journal of Social Work* 32, 2002.

(21) Kittay, E. F., *LOVE 'S LABOR, Essays on Women, Equality, and Dependency,* Routledge, 1999.（＝2010，岡野八代・牟田和恵監訳『愛の労働あるいは依存とケアの正義論』白澤社，122頁。）
(22) Kittay, op. cit, p.95.
(23) 須藤八千代「社会福祉とジェンダー――障害児の母親のライフヒストリー・アプローチ」日本社会事業大学院修士論文，1999年。
(24) Kittay, op. cit, pp.95-99.
(25) 杉本貴代栄，前掲書，1993年，203頁。
(26) Lister, R., *POVERTY,* Polity Press, 2004.（＝2011，松本伊智朗監訳『貧困とは何か――概念・言説・ポリティクス』明石書店，90頁）
(27) Lister, op. cit, p.237.
(28) 副田あけみ『社会福祉援助技術論――ジェネラリスト・アプローチの視点から』誠信書房，2005年，210頁。
(29) 杉本貴代栄，前掲書，1993年，72頁。
　　　注(3)で feminist practice (Bricker-Jenkins & Hooyman, 1986, Collins, 1986), woman-centered practice (Hanmer & Stratham), non-sexist practice (Burden & Gottlieb, 1986), gender-sensitive practice (Kissman & Allen, 1988) をあげ，これらを総称して「フェミニスト・ソーシャルワーク」としている。著者も『社会福祉のなかのジェンダー――福祉現場のフェミニスト実践を求めて』（杉本貴代栄編著，ミネルヴァ書房，1997年）では「フェミニスト実践」と表現した。
(30) Dominelli, L. & McLeod, E., *Feminist Social Work,* Macmillan, 1989.
(31) Dominelli, L., *Feminist Social Work Theory and Practice,* Palgrave, 2002.
(32) Ibid, p. 25.
(33) Ibid, p. 84.
(34) 坂本いづみ「多文化社会カナダのソーシャルワークとグローバリゼイションの影響」『ソーシャルワーク研究』36-3，相川書房，2010年，34頁。
(35) 同前論文，34頁。
(36) 平塚良子，前掲論文，64-66頁，「表1　4名のソーシャルワーカーの実践で見られる諸価値と課題認識」の「D氏　女性系」から引用。
(37) 同前論文，表1（64頁）からの記述。かっこの部分は筆者が補った。
(38) 同前論文，65-66頁。
(39) これについては須藤八千代「『女性福祉』論とフェミニズム理論――社会福祉の対象論を手がかりに」『社会福祉研究』第12巻，2010年，参照。
(40) 宮本節子「性暴力被害者の語りとそれを聴き伝える意味について」ポルノ被害と性暴力を考える会編『証言　現代の性暴力とポルノ被害――研究と福祉の立場か

ら』東京都社会福祉協議会，2010年，8頁。本会は1999年，研究者，弁護士，一般市民，被害当事者で組織された「ポルノ・買春問題研究会」(APP 研) と婦人保護施設関係者が集って，2009年に結成されている。以後，シンポジュウムを重ね『論文・資料集』も第9号まで出版している。HP は http://paps-jp.org/ 公式ツイッターは @papsjp。

(須藤八千代)

コラム2

名古屋市男女平等参画推進センター「つながれっと NAGOYA 相談室」

（1）男女平等参画推進センターと女性のための総合相談

　男女共同参画推進センターは，1990年代を中心に男女共同参画社会の実現を目指す拠点施設として都道府県や市の自治体によって各地に設立されている。しかし，その運営主体や活動内容は多様である。名古屋市では，2003年に名古屋市男女平等参画推進センターが開設され，女性のための総合相談を担う「つながれっと NAGOYA 相談室」もスタートした。ここでは「つながれっと NAGOYA 相談室」について，目的や支援内容など具体的に説明する。

　当初から相談室は市の直営と位置づけられ，女性問題の解決と女性の自立支援を目的に，男女平等参画施策の推進に資するものとなるよう意図された。相談室の設立趣旨は，一つには男女平等を阻害する女性の直面する悩みの解決に向けて一緒に考えていくという個別相談への対応であり，もう一つは相談者の不安や悩みの背景にある女性問題の解決を目指した事業化，施策化へのフィードバックであるといえる。

　現在，相談担当主幹1名と嘱託の専門相談員6名の7名体制で相談事業全体を担っている。相談室は，男女平等参画推進室に所属しており，事業の必要により連携協力体制が取られている。

　開設以来，相談室では年間3,000件を超える相談を受け，関係機関との連携も進んできた。この9年余り，個別相談のほかにも男女センター相談室ならではの支援プログラムを展開し，今日に至っている。相談室は福祉領域と緊密な連携を保ちつつも福祉対象者のみを支援しているわけではなく，また年齢で制限もつけず広く市民女性全般を視野に入れている。

（2）個別相談でじっくり向き合う

　相談室の行う事業の中心は，電話相談と面接相談である。電話相談では，利便性や匿名性を生かし，話しにくいこともまずは電話を入り口として声を届けてもらう。

　男女センター相談室の特徴の一つは，相談員の持つ視点である。女はこうあるべき，男はこうあるべきという性別役割的な見方を問い直し，女性も男性も対等な立場で個性や能力を発揮し自分らしく生きることを目指している。女性たちは家族や職場や地域のなかで，自分の感情や考えを押し込めることを当たり前のように要望され受け入れてきた。相談室では，女性の感情や経験してきたことをまず話してもらい，共有し，そのうえでアサーティブな表現の仕方，具体的な情報の提供など，相談者自ら解決に向かえる

コラム2　名古屋市男女平等参画推進センター「つながれっと NAGOYA 相談室」

よう支援する。面接相談では，特に女性に対する暴力（ドメスティック・バイオレンス〔以下，DV とする〕やセクシュアル・ハラスメント，性被害など）や夫婦関係，離婚などでの継続相談が多い。ゆっくり気持ちを聴いてもらい，こうしたトータルな相談ができる行政窓口が他にないため，多くの相談ニーズがあると思われる。

　相談内容のなかでも DV の相談は，全体の30％近くを占めている。身体的暴力がひどく避難を希望するような場合は，早い段階で福祉事務所や警察，配偶者暴力相談支援センターなどと連携する。被害者によっては，自分の受けている暴力が DV と認識されず行き詰って相談してくる。女性のための総合相談は，その意味でも敷居が低いので相談しやすい窓口といえる。DV 理解を深めるガイダンスを行い安全確保や福祉的支援について情報提供することは，男女センター相談室の重要な役割であると感じる。

　また，最近増えている相談は精神的暴力（モラルハラスメント）と言われるような内容である。暴言を始め，無視，監視，命令，態度による脅威，子どもや親族へのいやがらせ，ペットをいじめる，職場へ行くなどの脅し，自殺する，仕事をやめる，離婚するなどの多種多様な言動である。身体的暴力と違って目に見えないため，その被害のありようがわかりにくく，被害当事者でさえ気づかず鬱になって長い間苦しんだ末に，相談に来る女性もいる。ある女性は「私の求めていたカウンセリングは，自分に起こっていたことが何かを知ることだった」と語った。

　相談室では，専門相談として弁護士による法律相談と精神科医などによる心とからだの相談を実施している。面接相談と組み合わせて専門家から具体的な助言を得ることでどう行動するかの指針にできる。法律や医療について必要な知識を持つことは自分の考えを整理したり，自分をケアし行動していく時の自己決定を支えている。

（3）**グループプログラムで仲間に出会う**
　女性の自立や成長を支援するためのさらなるプログラムとして，グループプログラムが有効である。人は問題や悩みに直面する時，孤立させられる。女性の悩みの多くが女性共通のもので，自分だけではないということを知るだけで女性たちはずいぶんと力づけられる。

　相談室では「女性のためのサポートグループ事業」として，DV とシングルマザーをテーマにそれぞれ全5回のサポートグループを行っている。グループでは，同じ経験をした仲間と出会い，安全な場で気持ちや経験を分かち合う。また，DV についての知識やセルフケアの心理教育を目的に，「DV 理解と心のセルフケア講座」も年間6回程度行っている。

（4）**セミナー参加で必要な知識・情報を手に入れる**
　相談室主催のセミナーでは，相談から見えるニーズを取り上げ，より広い層への働き

かけを行っている。

① **法律セミナー**

年4回、「離婚をめぐる法律の基礎知識」として実施し、毎回50名の定員を上回る申し込みがある。参加理由の多くは「自分にとって必要だから」であり、離婚することもしないことも自分で決めるための情報提供となっている。

② **女性のからだセミナー**

年1回、女性のからだや女性特有の病気をテーマに選び、これまで、子宮内膜症、子宮筋腫、乳がん、からだのリズム、更年期、尿漏れと骨盤底筋体操など、多彩な内容で実施してきた。

③ **シングルマザー応援セミナー**

年1～2回、離婚後や離婚を考えている女性たちに向けて暮らし、子育て、仕事等の情報を手に入れ仲間と出会い、自分のペースで生きていくことを発信する機会になっている。参加者に対して上記のシングルマザーサポートグループも案内している。

④ **自助グループ応援セミナー**

年1回、アディクション（依存・嗜癖）、病気など同じ問題をもつ状況にある当事者が集まり自助ミーティングを通して自立や成長を目指す自助グループを応援し、社会資源としての自助グループの認知を広める事業として実施している。また、自助グループの立ち上げ支援として、ミーティングスペースの提供や団体登録への支援も行っている。

これら個別相談以外の事業も多角的に実施することで、相談者は支援を重層的に体験できる。必要な知識や情報の獲得、同じ状況にある仲間との出会いや支え合いが女性へのエンパワーメントにつながると実感される。また逆にセミナー参加を通じて相談室を知り、個別相談の利用につながる女性もいる。

（5）相談室の地域連携活動

近年の課題として、若年層におけるデートDVがあげられる。2008年に名古屋市が高校生を中心に行った調査で、女子の交際経験者の約2人に1人が被害を回答している。これを受けて、2011年度は地域の産婦人科医や思春期保健相談士などと連携し、夏休み前の3日間「ガールズホットライン」を実施した。高校生本人からのアクセスの難しさは課題として残ったものの、友人や保護者が相談してきた。DV防止教育は、生徒や保護者全体に対して「もし、デートDVの相談を受けたら」という視点で啓発することが有効であろう。ホットラインを通じて地域連携を広げながら継続し少しずつ成果を上げていけたらと思う。

また、6月の男女共同参画週間には、愛知県弁護士会両性の平等に関する委員会との共催で、電話と面接による「女性の権利110番」を実施した。

このように「つながれっとNAGOYA相談室」は、地域の相談室として女性を支え

コラム 2　名古屋市男女平等参画推進センター「つながれっと NAGOYA 相談室」

る地域連携を一歩一歩進めてきた。しかし，男女センター相談室の置かれた状況は，どこの施設でも厳しく，相談事業を支えるための存立意義や機能，相談システムを常に整備していかなければならない。1機関だけでこういったことに取り組むには限界があるため，2008年，東海地区「男女共同参画をすすめる相談事業」研究会が立ち上がった。現在5施設の相談員が参加し，定例会やセミナーを開催している。地域の相談室同士がこのような形で連携を取って活動しているのは，全国的にも珍しいのではないだろうか。相談室の機能の強化がさらなる地域の女性支援の向上につながることをめざしている。

（名古屋市男女平等参画推進室相談担当主幹　景山ゆみ子）

名古屋市男女平等参画推進センター URL　http://www.tsunagalet.city.nagoya.jp
〒460-0012　名古屋市中区千代田 5-18-24
TEL：052-241-0311（代表）

「つながれっと NAGOYA 相談室」
　TEL：052-241-0325　火～日　10：00～12：00，13：00～16：00。
　　　　　　　　　　　木のみ　10：00～12：00，18：00～20：00。

第 2 部　新しい課題と政策過程

第6章　ドメスティック・バイオレンス

1　DV という言葉

　DV は、Domestic Violence を縮めた言葉であり、直訳すれば「家庭内の暴力」となる。

　国際連合による『ドメスティック・バイオレンス特別報告書』によれば、DV は、「家庭内で起きる暴力、家庭内領域での女性の役割ゆえに家庭内領域で女性に向けられる暴力、または、家庭内領域で直接的そして否定的に女性に打撃を与えることを意図した暴力」と定義されている。したがって、本報告書においては、DV の発現形態として、女性への殴打、夫による強姦、近親姦、強制売春、家事労働者に対する暴力、女児に対する暴力、性別選択のための中絶および女児殺害、女性と女児の健康に影響を及ぼす伝統的慣行といった項目があげられている。

　しかし、そもそも欧米の第2波フェミニズム運動のなかで、この言葉が使われ出した時期には、夫あるいは恋人等の親密な関係にある者からの女性に対する暴力をさしていた。1994年に制定されたアメリカの連邦法「女性に対する暴力防止法」においては、DV について「現在・過去の配偶者、子どもの共有者、同居者もしくは過去の同居者、親密な社会関係をもつあるいはもっていた者による、暴力行為、暴力を予知させる威嚇であり、正当防衛を含まない」と記されている。

　日本では古くから「夫婦喧嘩は犬も食わない」「痴話げんか」といった言葉があり、夫婦や恋人の争いは真剣に周りの人々や社会が取り扱うものではないと考えられてきた。人びとのそのような意識に加え、刑事司法体系も「民事不

第6章　ドメスティック・バイオレンス

介入」を徹底し，警察も法も私的領域である男女の関係に介入してはこなかった。

　社会で許しがたい「暴力」が私的領域である家庭のなかに存在することでメディアが最初に大きく騒いだのは，1980年代の「金属バット殺人事件」に代表される子どもから親への暴力であった。しつけのために親が子どもに折檻するのは許されても，子どもが親に刃を向けるなどありえないという，家庭内規律を覆されたショックが一般社会において大きかったためと考えられる。したがってこの子どもから親への暴力が「家庭内暴力」と名づけられ，その後，長く使われることとなった。

　このような経緯もさることながら，第2波フェミニズム運動家たちが生み出したドメスティック・バイオレンスという彼女たちの言語には，自らの活動であるBW運動（The Battered Women's Movement）を通しての「男性による女性支配を支える社会のあり方への批判」が実は込められているが，冒頭のように「家庭内の暴力」と単純に直訳してしまうと全くそれは伝わらない。

　しかも「夫から妻への暴力」や「親密な関係にある者（恋人）からの暴力」では，説明的すぎることから，今現在，日本ではDVという言葉が定着している[1]。

　しかしながら後でも触れる日本のDV防止法の正式名称は「配偶者からの暴力の防止及び被害者の保護に関する法律」であり，離婚後あるいは事実婚の被害者は想定されているが，未婚の恋人同士に起きた暴力は，いまだ法律の規定外となっている。

2　DVに対する取り組みの小史

　夫や親密な関係にある恋人からの暴力は昔からあったはずだが，その事象を表現する言葉は長いあいだ存在しなかった。戦後確立された婦人相談所，母子生活支援施設，民間の相談所等の福祉事業が展開されるあらゆる場所に被害者はいたはずである。彼女たちはどのように顕在化し，そして彼女たちを守る法

第2部　新しい課題と政策過程

律がどのように整備されていったのかを概観する。

　1975年,「国際婦人年をきっかけとして行動を起こす女たちの会」が日本において結成された。これは,国連の女性の地位委員会が1975年を国際婦人年と設定し,世界女性会議をメキシコで開催することを決定したという動きに影響を受けたものである。当会の裁判・調停・離婚問題分科会は東京都に働きかけ,公的シェルター開設運動に着手した。リブ新宿センターも1975年から一時避難所を提供した。しかしその活動は大都会の一部にとどまり,限界を持つものであった。

　1980年代に入ると,都道府県の女性相談所の必置規制緩和の流れに対し,女性団体である「国際婦人年連絡会」が反対運動を起こした。実際のところ,当時すでに都道府県の婦人相談所は少なからぬ暴力被害女性の行き場となっていたのである。婦人相談所一時保護所のなかには1980年代後半に,およそ半分の入所者が夫からの暴力を受けていたというところもある。

　民間女性グループのなかには,人身売買や売春といった性的搾取の対象者である外国人女性の問題解決に取り組むものが出始め,そういった場所に,一般家庭のなかで男性から暴力を受けた日本人女性たちが駆け込んでくるといったケースも見られるようになっていた。

　1992年には,民間活動家,女性相談員,児童電話相談員,弁護士,研究者等からなる「夫(恋人)からの暴力」調査研究会が,フェミニスト・アクションリサーチ(女性固有の経験を明らかにし,解決をめざし,調査することで社会の改善意識を高めようとするもの)の方法を用いて,日本初のDV実態調査を行った。この調査結果が明らかにしたことは,地域,年齢,職業が異なっても,多くの女性たちが「男性からのなにがしかの暴力」を経験していることであった。これにより,DVは個人の問題でなく,社会的な問題であることが明白となった。

　冷戦後,国際問題は「人権」という言葉に集約され,1993年ウィーンで開催された世界人権会議の「ウィーン宣言及び行動計画」では,女性の人権と性に基づく暴力撤廃が明記された。同年,国連では「女性に対する暴力の撤廃に関する宣言」が満場一致で採択され,1995年の北京世界女性会議では「北京宣

言・行動綱領」が採択され，そのなかで，DVを防止し根絶するために総合的対策をとることが各国政府に求められた．1996年国連特別報告者ラディカ・クマラスワミは『ドメスティック・バイオレンス特別報告書』内で「女性に対する暴力犯罪に対する行動をとっていない国家は犯罪者と同様に有罪である」と述べた．

　北京世界女性会議では，女性に対する暴力が経験者らによって赤裸々に語られた．会議に参加した女性グループの活動家たちは，DVが女性の人権の侵害であることを確信し，被害女性のためのシェルター作りに乗り出した．彼女たちの活躍により，後に1998年はシェルタームーブメントの年と名づけられた．彼女たちは，シェルター設立のほかに，さまざまな機関の情報提供，弁護士や医療機関の照会，生活保護や健康保険の手続きへの同行や代行，家庭裁判所や警察への同行，子どもの保育，アパートの保証，他の都道府県へ避難する場合の連絡や付き添い，緊急対応や生活再建等に着手した．

　政府は2000年2月，国による初めてのDV実態調査である『男女間における暴力に関する調査』を公表した．そこでは20人に1人の女性が命の危険を感じるほどの暴行を受けている事実が浮かび上がった．多くの地方自治体もDV実態調査を実施したが，どの結果も変わりなく，女性が日常的に暴力にさらされていることがわかった．

　続いて2000年6月，「北京宣言・行動綱領」で示された目標達成度を確認するために開催されたニューヨーク世界女性会議において「ニューヨーク政治宣言・成果文書」が採択され，DV防止法の整備が各国に求められた．このような時流は，新たな法枠組みであるDV防止法策定に向けて政府を後押しすることとなった．

　たしかに身体的暴力は，過失致傷罪，暴行罪，傷害罪にあたり，性的暴力は，強制わいせつ罪，強姦罪，準強制わいせつ罪，準強姦罪にあたる．しかし刑事司法機関がDVを刑法上の犯罪とみなし，加害者を逮捕・起訴し，裁判において刑事責任を問うことは考えにくかった．また，民事保全法の仮処分命令は，裁判所から加害者に対して暴力や脅迫等の行為をやめさせる暴力行為等禁止の

仮処分を出してもらうもので，所在を探索したり面談を禁止する仮処分命令を出してもらうこともできたが，仮処分そのものの実効性については，禁止命令に違反してもさしたる制裁措置がなかったため問題があった。さらに仮処分命令が下されるまでには時間を要するという問題もあった。そのため被害者支援のためには，DV防止法の一刻も早い成立が必要であるという認識が高まっていった。

　DV防止法制定に大きな役割を果たしたのは，参議院共生社会調査会であった。女性参議院議員たちは，女性に対する暴力に触れていない「男女共同参画社会基本法」に不満を感じ，「女性に対する暴力」を共生社会調査会の重要テーマとした。2000年5月には，DV防止のための議員立法をめざした女性に対する暴力に関するプロジェクトチームが，共生社会調査会のもとに結成された。このプロジェクトチームは，NGO出身者を含む11人から構成され，各省庁や当事者・現場関係者等からのヒアリングを含む30回におよぶ協議や討議を行った。

　このような経過を経てプロジェクトチームは，2001年4月2日，「配偶者からの暴力の防止及び被害者の保護に関する法律」案を調査会に提出した。法案は直ちに可決され，4月4日には参議院本会議で全会一致により可決された。4月6日，衆議院法務委員会で法案の趣旨説明と審査が行われた後可決され，同日午後の衆議院本会議に緊急上程され全会一致で可決成立したのである。本法律は2001年10月に施行された。翌年4月には完全施行となり，配偶者暴力相談支援センター，婦人相談員，婦人保護施設の規定についても施行となった。

3　DV防止法と福祉政策

（1）DV防止法

　当法案の成立までには，いくつかの法務省や最高裁判所との攻防があった。まず法律名称が争点となった。当初の案であった「女性に対する」という文言は最高裁判所の見解に押し切られ削除となった。それは日本国憲法の男女平等

理念に反するというもので、替わりに「配偶者からの」となり、恋人や婚約者は射程外となった。さらに保護命令に関しても争点があった。法務省や最高裁判所の反対はそこに集中し、さまざまな議論が噴出した[2]。

2001年成立の「配偶者からの暴力の防止及び被害者の保護に関する法律」の主眼は、保護命令と配偶者暴力相談支援センターの設置であった。被害者の保護に力点が置かれている。

2004年改正法では、被害者の保護だけでなく自立支援までが視野に入れられ、都道府県の基本計画策定が義務化され、保護命令の拡充が図られている。

現在運用されている2007年改正法では、保護命令のさらなる拡充と市町村等の機能強化が記されている。以下で内容を簡単に見ていく。

第1章「総則」では、配偶者からの暴力の定義を、身体に対する暴力またはこれに準ずる心身に有害な影響を及ぼす言動としており、離婚した者や事実婚の者も含まれるとしている。国および地方公共団体の責務としては、国は配偶者からの暴力の防止および被害者の保護のための施策に関する基本方針を、都道府県は基本方針に即した基本計画を定めなければならず、市町村も基本方針に即しかつ都道府県基本計画を勘案した基本計画を定めるよう努めなければならないとされている。

第2章「配偶者暴力相談支援センター等」では、都道府県が設置する婦人相談所その他の適切な施設が配偶者暴力相談支援センターとしての機能を果たし、さらに市町村における適切な施設も配偶者暴力相談支援センターとしての機能を果たすよう努めるものとすると記されている。配偶者暴力相談支援センターでは、相談、医学的・心理学的指導、安全確保、一時保護、就業の促進や住宅確保および援護等に関する情報提供、保護命令制度の利用についての情報提供等を行うとしている。

第3章「被害者の保護」では、配偶者からの暴力の発見者による通報、警察官による被害の防止、警察本部長等援助、福祉事務所による自立支援等について定められている。

第4章「保護命令」では、被害者（配偶者からの身体に対する暴力又は被害者自

身の生命等に対する脅迫を受けた者に限る）が，さらなる配偶者からの身体に対する暴力により，その生命又は身体に重大な危害を受けるおそれが大きいときは，被害者が保護命令を裁判所に申し立てることができると記されている。接近禁止命令として，被害者につきまとい，被害者の住居や勤務先付近をはいかいすることを6か月間禁じ，退去命令として被害者と住んでいた住居から2か月間退去することが記されている。接近禁止命令が発令されている場合，①面会を要求すること，②行動を監視していると思わせるような事項を告げ，またはその知り得る状態に置くこと，③著しく粗野または乱暴な言動をすること，④電話をかけても何も告げず，または緊急やむを得ない場合を除き，連続して電話，ファクシミリ，電子メールをすること，⑤緊急やむを得ない場合を除き，午後10時から午前6時までに電話，ファクシミリ，電子メールをすること，⑥汚物，動物の死体その他の不快または嫌悪の情を催させるような物を送付し，またはその知り得る状態に置くこと，⑦その名誉を害する事項を告げ，もしくはその知り得る状態に置くこと，⑧その性的羞恥心を害する事項を告げ，もしくはその知り得る状態に置き，またはその性的羞恥心を害する文書，図画，その他の物を送付し，もしくは知り得る状態に置くことが禁止されている。保護命令対象は，被害者のほかに，被害者の子ども，親族その他被害者と社会生活において密接な関係を有する者となっている。同章は他に，管轄裁判所，申し立て，迅速な裁判，審理方法，申し立ての決定，即時抗告，取り消し等についても規定している。

　第5章「雑則」では，職務関係者による配慮等，教育および啓発，調査研究の推進等，民間の団体に対する援助，都道府県および市の支弁，国の負担および補助について記している。

　第6章「罰則」では，保護命令に違反した者は，1年以下の懲役または100万円以下の罰金に処するとしている。

（2）福祉領域の変化——光と影
1） 活発化した福祉領域

　DV防止法の制定を受け，売春防止法のもとに設立された各都道府県の婦人相談所は配偶者暴力相談支援センターの役割も担うこととなった。2011年10月現在，配偶者暴力相談支援センターは各都道府県の婦人相談所，適切な施設，市区町村の適切な施設を含み，208カ所におよぶ。このうち市区町村設置のものが35カ所ある。DV防止法が完全施行された2002年度に配偶者暴力相談支援センターは87カ所であったので，この9年間で2.4倍に増えたことになる。

　配偶者暴力相談支援センター全体の相談件数は2010年度7万7,334件であり，2002年度の3万5,943件から2.2倍の増加である。婦人相談所および婦人相談員における夫等からの暴力の相談件数は2009年度2万7,183件であり，相談全体の32.6％を占めた。これはDV防止法の福祉関連規定が施行される前の2001年度データが1万3,071件で全体の19.2％であったことを考えると，相談件数は2.1倍増加し，相談のなかにDVの占める割合は1.7倍増えていることがわかる。夫等からの暴力を主な入所理由として婦人相談所により一時保護された女性は4,681人（2009年度）で，全体の70.7％を占める。2001年度には2,680人で，全体の55.5％であった。

　一時保護がDV防止法で定められたことにともない，2002年度に一時保護委託制度が開始された。一時保護委託契約施設数は284カ所となっている（2009年）。それは，当初の120施設の2倍である。一時保護委託契約施設には，母子生活支援施設，民間団体，児童福祉施設，婦人保護施設，老人福祉施設，身体障害者施設，知的障害者施設，保護施設等がある。

　母子生活支援施設は全国に278カ所あり，3,889世帯が入所している。その54.1％が夫等の暴力を理由とするものである（2008年度）。2003年度には4,366世帯が入所していたが，夫等からの暴力を理由とするものは，43.3％であった。さらにさかのぼって，1996年のデータを見ると，社会福祉法人全国社会福祉協議会の調査項目に「夫等からの暴力」はなく，そのため，近いカテゴリーとして「入所前の家庭環境の不適切」という項目で見てみると，その割合は36.3％

となっている。

　婦人保護施設は全国に49カ所ある。要保護女子を収容保護する施設と売春防止法で定められたものであるが，DV防止法第5条によりDV被害者の保護を行うこことなった。2008年度のデータによれば，39.1％が夫等からの暴力を主訴として入所している。

　これらのデータから，配偶者暴力相談支援センターの設置数を増やせば増やすだけ相談件数は増加し，婦人相談所の一時保護所，母子生活支援施設，婦人保護施設ともに入所者のうちDV被害者が多くを占めていることがわかる。DV防止法制定後，福祉領域にはスポットライトが当てられたかのごとく本領域が可視化されたといえる。

　一方，国の通知に着目してみると，DV防止法制定以降，配偶者からの暴力に関して出された通知は103にのぼる。それらは，内閣府，警察庁，厚生労働省，法務省，総務省，文部科学省，国土交通省によるものである。とくに2004年に総務省から出されたDV被害者の住民基本台帳閲覧制限の件や，国土交通省から出された公営住宅へのDV被害者優先入居および目的外使用は，関係者によく知られているだろう。また2009年度，国は初めて，『配偶者からの暴力の防止等に関する政策評価書』を発表した。同年末には，内閣府，総務省，法務省，文部科学省，厚生労働省，国土交通省が当政策評価書による勧告に対して回答を寄せ，その内容も発表されている。

　次に国の福祉領域を統括する厚生労働省の予算案に着目したい。表6-1に示すように，DV防止法制定後，配偶者からの暴力関連予算は少しずつ増加している。DV防止法制定前年度の2000年度は0円であったものが，2011年度には56億円となっている。なお表中には未記入であるが，2005年度は，児童虐待防止対策等の児童の保護・支援の充実として児童虐待・DV対策等総合支援事業が18億円，2006年度は，虐待を受けた子ども等への支援の強化のなかの児童虐待防止対策等児童の保護・支援の推進として児童虐待・DV対策等総合支援事業が18億円，2007年度も，虐待を受けた子ども等への支援の強化のなかの早期発見・早期対応・体制の充実および児童養護施設等の子ども等の就学就労に

第6章 ドメスティック・バイオレンス

表6-1 厚生労働省のDV予算案とその位置づけ

年度	主要項目	中位項目	下位項目
2001	主要事項第5．安心して子どもを産み育て，意欲をもって働く事のできる社会つくりの推進	6．女性に対する暴力への対応の充実〈1億6,100万円〉	
2002	主要事項第4．安心して子供を産み育て意欲をもって働ける社会環境の整備	4．配偶者からの暴力（ドメスティック・バイオレンス）への対策の充実〈11億7,400万円〉	
2003	主要事項第1．次世代の育成を支援する少子化対策の推進	5．児童虐待防止対策の充実など子どもや家庭の安心・安全の確保	（2）配偶者からの暴力（ドメスティック・バイオレンス）への対策の充実〈14億200万円〉
2004	主要事項第1．次世代育成支援対策の推進	4．児童虐待への対応など要保護児童対策等の充実	（2）配偶者からの暴力（ドメスティック・バイオレンス）への対策等の推進〈15億円〉
2005	主要事項第2．次世代育成対策のさらなる推進	4．児童虐待への対応など要保護児童対策等の充実	（2）配偶者からの暴力（ドメスティック・バイオレンス）への対策等の推進〈11億円〉
2006	主要事項第2．少子化の流れを変えるための更なる次世代育成支援対策の展開	4．児童虐待への対応など要保護児童対策等の充実	（2）配偶者からの暴力（ドメスティック・バイオレンス）への対策等の推進〈21億円〉
2007	主要事項第6．人口減少社会の到来を踏まえた少子化対策の総合的な推進	5．児童虐待への対応など要保護児童対策等の充実	（2）配偶者からの暴力（ドメスティック・バイオレンス）への対策等の推進〈21億円〉
2008	主要事項第4．人口減少社会の到来を踏まえた少子化対策の推進	2．児童虐待への対応など要保護児童対策等の充実	（2）配偶者からの暴力（ドメスティック・バイオレンス）への対策等の推進〈45億円〉
2009	主要事項第4．人口減少社会の到来を踏まえた少子化対策の推進	2．児童虐待への対応など要保護児童対策等の充実	（2）配偶者からの暴力（ドメスティック・バイオレンス）への対策等の推進〈49億円〉
2010	主要事項第1．安心して子育てできる環境整備	5．児童虐待への対応など要保護児童対策等の充実	（2）配偶者からの暴力（DV）防止〈56億円〉
2011	主要事項第1．安心して子どもを産み育てることのできる環境の整備	6．児童虐待への対応など要保護児童対策等の充実	（2）配偶者からの暴力（DV）防止〈56億円〉

出所：厚生労働省「厚生労働省所管予算案」2001-2011年度をもとに著者作成。

向けた支援として，児童虐待・DV対策等総合支援事業23億円が別途予算として組まれている。

2011年度予算は，DV被害者保護支援都道府県域ネットワーク事業，DV相

談担当職員研修の充実，休日夜間電話相談事業，外国人DV被害者等を支援する専門通訳者養成研修，法的対応機能強化事業（弁護士等による法的な調整や援助），婦人相談所における広域措置の実施，外国人婦女子緊急一時保護経費，一時保護委託，心理療法担当職員の配置，同伴児童のケア指導員配置，夜間警備体制強化事業，婦人相談活動強化事業にあてられることになっている。今年度の新規事業は婦人相談所の指導的立場にある職員の国による研修と，恋人からの暴力被害者の一時保護委託対象化となっている。

DV政策をこれまで牽引してきた内閣府男女共同参画局の女性に対する暴力に関する専門調査会会議では，2011年6月，「女性に対する暴力の根絶のための今後の検討課題（案）」がまとめられた。そこには，①配偶者等からの暴力の防止および被害者の保護等の促進として，相談・支援体制の充実（相談窓口一本化，相談員の養成，子どもの心理的ケアの実施），官官・官民連携，広域連携，自立支援，二次被害防止，加害者更生，外国人や障害のある被害者への支援，交際相手からの暴力被害者への支援，②性犯罪への対応の推進（詳細省略），③男性等への対応として男性被害者，男性加害者への対応を含めた男性相談のあり方，加害者更生，男性に対する意識啓発，若年層を対象とした予防啓発があげられている。

2) 厳しい現実を抱えた福祉領域

このように見てくるとDV防止法制定後，福祉領域が活発化し，DV政策は日本に随分と根づいているように思われる。政府の旗振りは大きく見える。しかし，DV問題解決に寄与する政策が実際にしっかりと行われているかどうかは，また別の問題であることに注意しなくてはならない。

表6-2は，DV関連事業の実施都道府県数をまとめたものである。それを見ると，どれも欠くことのできない重要なDV関連事業であるのにもかかわらず，47都道府県あるなかで，全県が実施している事業は一つもない。

前述の『配偶者からの暴力の防止等に関する政策評価書』を見ると，DV政策の実態がよくわかる。2007年度に配偶者暴力相談支援センターに寄せられた相談件数について，都道府県別に16歳以上の人口1万人あたりの件数を比較す

第6章　ドメスティック・バイオレンス

表6-2　DV関連事業の実施都道府県数

事　業	休日夜間電話相談事業	暴力被害者保護支援ネットワーク	担当職員研修	専門通訳者養成研修	法的対応機能強化	婦人保護施設退所者自立生活援助	外国人婦女子緊急一時保護経費
実施都道府県数	38	42	43	4	30	10	35
事　業	広域措置	心理担当職員配置（一時保護所）	心理担当職員配置（婦人保護施設）	夜間警備体制（一時保護所）	夜間警備体制（婦人保護施設）	同伴児童の対応等を行う職員の配置（一時保護所）	同伴児童の対応等を行う職員の配置（婦人保護施設）
実施都道府県数	37	33	5	32	22	14	3

出所：『全国児童福祉主管課長会議資料』（2011年2月10日開催）280頁から著者作成。

ると，最も多い都道府県は18.0件であるのに対し，最も少ない都道府県では1.5件と，その差は12倍の開きがある。大きな地域格差である。通報および相談に係る国および地方公共団体の取り組み状況について，国，地方公共団体等の実務者（相談，保護等担当職員）の約40％，民間団体の担当者70％が不十分であると認識している。DV防止法が重視している被害者の自立支援については，就業促進に係る取り組みについて，国，地方公共団体等の実務者の41％，民間団体担当者の78％が不十分としている。住宅の確保については，国土交通省が被害者に公営住宅優先入居および目的外使用を可能とし（2004年3月），単身入居も可能とした（2005年12月）。しかし2006年度の入居件数は46件に留まり，希望しても入居できないことが明らかとなっている。住宅確保に関し，国，地方公共団体等の実務者の49％，民間団体担当者の79％が不十分としている。住民基本台帳閲覧制限はミスが多発しているものの，比較的不十分と考える者の率は低い（市町村住民基本台帳担当課職員が19％，民間団体担当者が33％）。しかし，2005年4月以降，選挙人名簿抄本閲覧も請求拒否措置を講ずることが定められているが，制限する必要なしとしている市もある。DV防止法にも規定がある関係機関の連携実施状況は，表6-2（「暴力被害者保護支援ネットワーク」の項目を参照）をみると，実施都道府県数は高いが，国，地方公共団体等の実務者の35％，民間団体担当者の71％が不十分としている。どの項目も政策実施の不十分さを露呈しており，さらに民間団体担当者の満足度が非常に低い。DV被害

者を長い間支援してきたノウハウを持つ民間団体担当者の基準には到達できていないというのが現状だ。

先に，厚生労働省のDV予算案（表6-1）をみたが，DVをどのような位置づけで予算を組んでいたかを見ると，2002年度には，「女性に対する暴力」という語句が消え「配偶者からの暴力」となっている。2003年度には中位項目から下位項目となった。児童虐待政策の一つとなり，「家庭の安心・安全」という語句が見られる。2004年度からは，要保護児童対策に入れられている。また配偶者からの暴力への対策の「充実」は「推進」に変わっている。DV被害を受けた女性に対する視点の弱さが気になる。

女性に対する暴力に関する専門調査会メンバーによれば，政府としてはDVに関してやるべきことはすでにやったというムードが支配的であるという[3]。旗振り役の政策立案者側と現場で実際にDV被害者を支援する側とでは，かなりの認識のギャップがあるといえよう。

4　フェミニズム，ジェンダー視点とDV政策

（1）DV政策の意義

DV政策の要はDV防止法であるが，そのDV防止法制定に伴う婦人保護事業の変容についての評価にはどのようなものがあるのだろうか。湯澤直美は，DV防止法制定によって，フェミニズムやジェンダーの視点，家族の権力構造への視覚の必要性等が広く社会福祉関係者に周知されることとなり，社会問題としての女性問題への認識を進化させる契機となったと評価している。その一方で，湯澤は，DV防止法制定により，DV被害女性の支援ニーズが増加しDVケースを優先する対応のなかで，それ以外の問題を抱える女性が一時保護所等を利用しにくい状況が出現しているという[4]。堀千鶴子は，DV防止法制定によって，婦人保護事業本来の売買春問題を抱えた女性への支援が希薄化し，DV被害者優先という課題が出現することで，混迷の度合いが深まっているとしている[5]。

第6章　ドメスティック・バイオレンス

　DV防止法自体の評価はどうであろうか。DV防止法制定に尽力した戒能民江がメンバーである「夫（恋人）からの暴力」調査研究会は、「DV法の正式名称は、配偶者からの暴力の防止及び被害者の保護に関する法律である。女性に対する暴力の視点が不明確であり、ドメスティック・バイオレンスの構造・本質や実態を反映しない法内容となった。ドメスティック・バイオレンスの被害を受けた女性の立場にたった法律とはいえない」という。(6)

　長く被害当事者側に立ってきた者たちをメンバーとする「夫（恋人）からの暴力」調査研究会の落胆ぶりが垣間見える。とはいえ、DV防止法は制定された。

　このDV防止法の裏側にある日本社会のフィロソフィーを「福祉の社会的交換」という視点と、「家族イデオロギー」の視点から整理して考えてみたい。

　菊池英明によれば、社会福祉の資源配分には①「必要原理（事前の負担・拠出なしに必要であるがゆえ給付される）」、②「貢献原理（事前の負担・拠出に応じてなされる）」、③「補償原理（広く社会的要因によって被害を受けた者に対する補償の形態。一般には戦争や公害が考えられる）」が働いているという。「必要原理」のみでは、支給に関して社会的承認が得られにくい。しかし、そこに「補償原理」が働けば意味合いが変わってくる。また「貢献原理」と「補償原理」の両方があれば支給に関し反論は出ないという。(7)支給は困難を抱える当事者への国家の救済意欲である。DV防止法制定の事実もまた困難を抱える当事者への国家の救済意欲の表出と考えた場合、既婚DV被害女性は、結婚という形のなかで夫や舅姑に対し家族ケアを担う者として「貢献」してきたと考えられる。そこに本来ならば夫に守られ主に夫の収入で生きていったであろう妻たるDV被害女性に、不幸にも暴力が加えられた「補償」の意味合いが加わったと考えることができる。

　さらに「家族イデオロギー（結婚によって夫と妻が子どもを持ち家族を形成し、そのなかの愛と安定と協力を当然視するもの）」で考えれば、「本来ならば愛されるべき家族員である夫から暴力を受けてしまった被害者」という同情的な見方が強まる。つまり日本のDV防止法である「配偶者からの暴力の防止及び被害者

の保護に関する法律」は，「福祉の社会的交換」の視点とも「家族イデオロギー」の視点とも衝突することはない。しかし，「夫（恋人）からの暴力」調査研究会の指摘どおり，女性の視点からは遠いものとなっている。結婚制度や家族イデオロギーや性別役割分担を重視する社会であり，国家であるからこそ，上述の名称で法律が制定され，その中身も，その名称によって，未婚者は射程外にある等，フェミニズムやジェンダー視点から考えたとき限界を抱えているといわざるを得ない。

　湯澤や堀の指摘はもっともであり，また上に述べたように現在のDV防止法には限界がある。しかし婦人保護の分野あるいは女性のための福祉政策領域は，①DVという性質性，②徐々にさまざまな場面で実施されつつあるDV政策において，好むと好まざるとにかかわらずフェミニズムやジェンダーの視点に近づいていると思われる。

　売春，ホームレス，外国籍女性，何らかの障害等を抱えた女性の支援のためだけに福祉があるのなら，社会の多くの女性たちは，女性を苦しめる問題や社会構造に理解を深めることはないだろう。そしてフェミニズムやジェンダーの視点は，自分とは関係のないものと切り捨ててしまうだろう。しかしDVの被害はあまりに身近だ。3人に1人が被害に遭っていると知れば，他人事では済まされない。自分も含めた女性の問題になる。そういう意味で，DVという性質性はパラドクシカルではあるが，フェミニズムやジェンダーの視点を多くの女性に共有させる可能性を持つ。また1998年から開催されている全国シェルターシンポジウムは，当初DVシェルタースタッフの集まりであったが，DV関係の地方自治体職員や政治家のほか，DV以外のジェンダー問題意識（売買春，人身売買，セクシュアル・マイノリティ，母子世帯）を持つ活動家やジェンダー研究者等も近年参加するようになっており，日本のフェミニズムの基点となる可能性を秘めていることも付記しておきたい。

　DV被害女性は政府の出すさまざまな新施策によって便宜を図られている。例えば，2004年の厚生労働省通知によって，配偶者から暴力を受けている証明書を添付して届ければ，被保険者である加害者の許可がなくても被扶養者を外

第6章　ドメスティック・バイオレンス

れ国民健康保険等に加入できるとされた。2005年の国土交通省通知ではDV被害者ならば公営住宅への単身入居が可能であることが示された。2007年に内閣府と厚生労働省から出された通知によれば，配偶者からの暴力被害者であって，母子及び寡婦福祉法の定める配偶者から遺棄されている女子に該当する者であると市町村が認める者については証明書を発行し，公共職業訓練の受講斡旋，特定求職者雇用開発助成金，母子家庭の母等に係る試行雇用奨励金の対象者とするとした。

　これらの施策から読み取れることは，離婚していなくても離婚したことと同等に扱い（結婚制度への挑戦），家族，世帯の形態がなくとも，女性個人を支援する福祉の姿勢である。このような福祉施策はフェミニズムのエッセンスを具現化している。つまり，DV政策を進める上で世帯主義，家族主義，結婚制度が揺さぶりをかけられている。法律婚や家族の枠組み内にある「配偶者」からの暴力防止のためのDV防止法は，ある意味フェミニズムとは反対のベクトルで成立したものの，当法律をもとに政策を展開するためには，フェミニズム的な思考枠組みが必要となったといえよう。DVは，アメリカの第2波フェミニズム運動が顕在化させたが，フェミニズムのエッセンスこそが，DV政策にとって重要なのだ。

（2）フェミニズム，ジェンダー視点から見た今後のDV政策の課題

　DV政策の課題は山積みであるが，紙幅の都合上，3つの点についてフェミニズム，ジェンダー視点から見つつ述べてみたい。

　2001年DV防止法から現DV防止法まで，記述に変化が見られないものに，加害者対策がある。「調査研究の必要性」から脱することができない。法律研究者の間では加害者処遇に関して意見が分かれている。DV加害者への警察の積極的介入を求める戒能民江に対し，小田中聰樹は真っ向から反対している。やや論調は違うが，小島妙子も加害者の刑事的扱いには慎重だ。戒能や宮園久栄は，DVを犯罪化しDV罪を新設することも主張している。[8]

　一方，2011年1月，2月に都内在住男女3,000人に対して実施した「男女平

151

等参画に関する世論調査」によれば，DV加害者を罰する必要はないという回答が8％，どちらともいえないという回答が6.6％であった。

　しかし今さら例をあげるまでもなく，被害者へのダメージは深刻であり，加害者をそのままにしておくには限界がある。家族だから，配偶者だから，稼ぎ頭の男性だから妻に発散するのは仕方がないので咎めはないという思考は，改めるべきジェンダー問題だ。第2波フェミニズム運動は親密的領域も公的領域と同様に男女平等であるべきとした。宮地尚子はさらに親密的領域のなかに侵されざる個的領域があり，その自由と尊重は保護されるべき法益であり，それをジェンダー平等な形にすることを説いている。(9)

　フェミニズムやジェンダー視点で考えた場合，加害者に対し何もはたらきかけを行わないというのは許されない。しかるべき法的手続きの後に，加害者更生教育を実施するのは当然のことであろう。

　次に取り上げるのは，婦人相談員についてである。関東圏1都3県98女性相談室の調査によれば，雇用形態は不安定な委託相談員・非常勤・嘱託相談員が96.5％を占める。(10) DVなど危険でかつ煩雑な業務に携わる職員自体の位置づけが既に労働分野におけるジェンダーの問題を提示している。雇用形態と業務に見合う報酬がまず彼女たちに約束されなければならない。でなければ，DV被害者のより良い支援はあり得ない。

　また，DV防止法には，規定のある被害者の保護に係る人材の養成及び資質の向上に努めるという規定があるが，政策としてあげられているものの，現場の婦人相談員は，管理職を始め同僚のジェンダー視点の弱さに危うさを感じている者もいる。マクマホン（McMahon, A.）とアレンミアレス（Allen-Meares, P.）によれば，ソーシャルワークは，自分たちがいる社会を理解するためにクライアントを支援し，同時に変革するよう働きかけるものであり，それは実際に社会運動や社会改革に向けて自らを動かすことに他ならないという。(11) そうであれば，DV被害者のため，社会全体の福祉領域を前進させることに寄与するであろうフェミニズムやジェンダー視点を婦人相談員が持たないわけにはいかない。婦人相談員には幅広いジェンダー教育研修が望まれる。

三つ目に，学校教育全体の取り組みが必要である。先程の東京都の「男女平等参画に関する世論調査」では，精神的暴力や経済的暴力をDVと認識している割合は各々4割未満，5割程度という認識の低さであった。DVがどのようなものなのか実は知られていないのだ。これでは防ぎようも相談しようもない。①DVがどのようなものを指すのか，②それを引き起こしているジェンダー問題とは何なのか，③DV防止法の存在と内容，④同性愛等のセクシュアル・マイノリティにもDVがあること，⑤未婚者にもDVがあること，このようなジェンダー教育を文部科学省が国全体に義務づけて実施する必要がある。それは『配偶者からの暴力の防止等に関する政策評価書』にあるように地域格差をなくすことにも貢献するはずだ。

　現在，婦人保護事業は，DV以外のニーズもあるなかで，DV支援に多くを割いていることは否めない。しかもそれが十分とはいえない。フェミニズムやジェンダー視点を持ち込むことで，弱者支援という福祉の規模自体を拡大していく社会のコンセンサスを醸成することが今後の課題である。

注
(1) 「朝日新聞」「読売新聞」「毎日新聞」「中日新聞」記事において，1990年から1994年の5年間では，「ドメスティック・バイオレンス」より「夫から妻への暴力」という言葉の方が使用頻度は高い。しかし，2005年から2009年の5年間を見ると，「ドメスティック・バイオレンス」が「夫から妻への暴力」の約90倍の使用頻度となっている。
(2) ①日本には英米圏と異なり法廷侮辱罪がないので保護命令違反を処罰の対象にできない，②日本の裁判所は精密司法を原則としているので短期間かつ簡易な審理で結論を出すことに慎重である，③民事制度である保護命令違反に対して刑事罰を科すことは民事と刑事の峻別を原則とする日本の司法体系に馴染まない，④保護命令のなかの退去命令が財産権の侵害に当たるのではないか，⑤退去命令が民法上の夫婦の同居義務違反に抵触するのではないか等（戒能民江編著『ドメスティック・バイオレンス防止法』尚学社，2001年，16頁）。
(3) 後藤弘子基調講演「切れ目のない支援体制とDV防止策」名古屋市男女平等参画推進センターつながれっとＮＡＧＯＹＡにて。2010年3月13日。
(4) 湯澤直美「買売春の変遷と婦人保護事業の現代的展開」杉本貴代栄編著『フェミニスト福祉政策原論』ミネルヴァ書房，2004年，125頁。

(5) 堀千鶴子「ドメスティック・バイオレンス防止法施行以後の婦人保護事業——千葉県婦人相談所を中心として」『城西国際大学紀要』14（2），2006年，76頁．
(6) 「夫（恋人）からの暴力」調査研究会『ドメスティック・バイオレンス』有斐閣，2002年，8頁．
(7) 菊池英明「生活保護における母子世帯施策の変遷」『社会福祉学』43（2），2003年，24-25頁．
(8) 小田中聰樹「刑事法制の変動と憲法」『法律時報』73（6），2001年，43頁，戒能民江編著『DV防止とこれからの被害当事者支援』ミネルヴァ書房，2006年，117頁，小島妙子「ドメスティック・バイオレンスの法的救済——警察の法的機能」『日本刑法学会』50（3），2011年，410頁，宮園久栄「DV法の検討—— DV罪創設に向けて」『法学新報』117（7・8），2011年，787-794頁．
(9) 宮地尚子「親密的領域での暴力は被害者から何を奪うのか」『ジュリスト』1409，2010年，158-159頁．
(10) 和田順子「女性相談室への暴力行為に対する安全性の現状——1都3県の男女共同参画センターを中心に」『自由が丘産能短期大学紀要』42，2009年，115頁．
(11) McMahon, A., Allen-Meares, P., "Is Social Work Racist? A Content Analysis of Recent Literature," *Social Work,* 37(6), 1992, p. 538.
(12) 主訴としてDVをあげる女性は多いかもしれないが，複数の問題を抱えているのが通常である．DVという言葉を得たことで，生活の中であらゆる強制を受けてきた女性たちが「わたしも」と声をあげられるようになったとも考えられる．

参考文献

戒能民江編著『ドメスティック・バイオレンス防止法』尚学社，2001年．
「夫（恋人）からの暴力」調査研究会『ドメスティック・バイオレンス』有斐閣，2002年．
杉本貴代栄編著『フェミニスト福祉政策原論』ミネルヴァ書房，2004年．
山口佐和子『アメリカ発DV再発防止・予防プログラム』ミネルヴァ書房，2010年．

（山口佐和子）

コラム3

特定非営利活動法人全国女性シェルターネット

(1) 女性に対する暴力根絶の運動とともに

「NPO法人全国女性シェルターネット」は，1995年の第4回国連世界女性会議（北京）を前後して大きく動き出した，草の根の民間DVサポートシェルタームーブメントのなかから誕生した。結成は1998年，法人格を取得したのが2005年，現在65を超える団体がネットワークを形成している。

20世紀の後半になってようやく発見・定義された「女性に対する暴力」。"女性である"ことを理由にしてふるわれるさまざまな暴力支配は，そのすべてが性差別の構造から不断に生み出される性暴力である。フェミニズムの実践的運動のなかに，暴力根絶の柱が据えられたのは必然的ななりゆきであった。

(2) DV・性暴力サポートスタンダード

全国女性シェルターネットのサポート理念は以下のとおりである。

> DV・性暴力は，女性の普遍的人権を脅かす重大な犯罪である。
> DV・性暴力被害当事者へのサポートは，女性への暴力根絶をめざす活動の重要な一環である。
> DV・性暴力被害当事者へのサポートは，シェルターサポートにとどまらず，女性の自立と完全な社会参加をめざす広範な活動である。
> したがって，
> DV・性暴力被害当事者へのサポートは，
> ・痛みを共有する人々の協働の活動であり，
> ・相談から自立までの長い道のりを共にする活動であり，
> ・なによりも，当事者の意思と決断を尊重するサポート活動であり，
> ・女性への暴力根絶をゴールとする活動である。

このサポートスタンダードを拠りどころとして，当事者をつなぎ目とするシェルターネットワークにつながる人々が，差別と抑圧・暴力のない社会の実現を求めて多様な仕事を展開している。

(3) ネットワークが実践するサポート活動

DV・性暴力サポートシェルターが担う業務は多領域にわたる。成人女性の3人に1

人が身体的・精神的・性的暴力被害のいずれかを体験し、20人に1人が生命の危険を感ずる暴力に遭い、3日に1人ずつ妻が夫の手にかかって殺されているこの社会のなかでは、既存の福祉制度、社会資源に依拠するだけでは当事者と子どもたちの命を支えることができない。

　長い間、親密な関係のなかで起こる暴力犯罪に重い蓋をしたまま、何もなかったことにしてきた社会には、暴力によって人生や命を奪われる被害当事者に対する回復支援措置がなかった。暴力の只中から身を離そうとする当事者とともに、必要とされる法制度・社会資源を創り出してきたのも、全国女性シェルターネットにつながる人々の大きな活動であるということができる。

① 直接支援活動

　相談から生活再建までの直接支援には、以下のような活動内容がある。

・相談……電話相談、面接相談等。
・シェルターサポート……安全確保と危機管理、医療的支援、司法的支援、行政的支援、経済的支援、就労自立支援、生活支援、子どものサポート、メンタルケア、同行支援等。
・フォローアップ……ステップハウスの運営管理、ドロップインカウンセリング、自助グループ等。

② 組織的支援活動

　全国女性シェルターネットとしての活動には以下のような実績がある。

・調査研究活動……支援現場で必要とされるさまざまな実態調査を積み重ねてきた。民間シェルターの利用状況調査、シェルター退所後の生活環境調査、医療機関・警察・行政窓口等における二次被害の実態調査、保護命令の実効性に関する調査、DV家庭における子どもの性暴力被害調査等々、そのデータと分析結果が活用されている。
・政策提言活動……1998年から開始された法制定運動は2001年に結実し、「配偶者からの暴力の防止及び被害者の保護に関する法律（以下、DV防止法とする）」を誕生させることとなった。女性立法・市民立法・当事者立法と呼ばれるDV防止法は、国会に日参した当事者・支援者の努力によって、2004年、2007年の2度にわたる改正を経て保護命令制度の拡充等支援システムの充実が図られた。ネットワークをつなぐ各団体は、それぞれの自治体に対しても日常的な政策提言活動を推進している。
・全国シェルターシンポジウムの開催……1998年の札幌大会を皮切りに、毎年開催地を変えて「全国シェルターシンポジウム」を開催している。このシンポジウムには、当事者・支援者を中心に、関連関係機関の職員や研究者、司法関係者、医療関係者等の暴力根絶施策にかかわる第一線の実践者が集い、最新の課題について論議

コラム3　特定非営利活動法人全国女性シェルターネット

する場となっている。2011年は被災地宮城県仙台市において第14回大会が開催され，延べ1,500名を超える参加者が結集した。
・教育啓発活動……インターネットテレビ・ラジオを通じて，女性に対する暴力の情報周知，啓発活動を行うほか，DV・性暴力被害者支援員養成講座等を実施し，法人独自の認定を行っている。この支援員養成は大学との連携によるe-ラーニングシステム導入が予定されている。また，関連書籍の出版等にも力を入れている。
・ネットワーク連携活動……国内外の女性運動団体や支援企業・団体とのネットワークを強め，国・地方公共団体関連諸機関との連携を推進している。

（4）パープルダイヤルおよびパープルホットラインの取り組みを通じて

2011年の2月8日から3月27日まで実施されたDV・性暴力被害全国ホットライン「パープルダイヤル」は，内閣府の主催による国内初の24時間フリーダイヤルとして画期的な事業であった。

全国女性シェルターネットが全面協力して実施したパープルダイヤルの期間中，アクセス数は6万件を超え，相談対応件数も2万件を超えている。このダイヤル実施によって，隠され続けてきた性暴力被害の実態が明らかなものとなり，被害当事者の回復支援施策の早急な実現が求められることとなった。

"3・11"をはさみ，全国女性シェルターネットは，独自事業としてこのダイヤルを引き継ぎ，被災地対応・DV・性暴力フリーダイヤルとしての「パープルホットライン」を実施している。電話につながる当事者一人ひとりの声こそが，女性に対する暴力のない社会を実現する力であることを確信している。

（全国女性シェルターネット共同代表　近藤恵子）

NPO法人全国女性シェルターネット　URL　http://nwsnet.or.jp/
〒112-0001　東京都文京春日郵便局留
FAX：03-3818-4113

第7章　ホームレスと女性の貧困

1　野宿者の中の女性

　駅で眠る野宿者や，公園に並ぶブルーシートのテント。これらを目にするようになったのは，それほど昔のことではない。1992年にバブル経済が破綻して以降のことである。それ以前にも，寄せ場（大阪の釜ヶ崎，東京の山谷，横浜の寿など）と呼ばれる日雇労働者の集住地域では，仕事にあぶれた日雇労働者が野宿をすることは少なくなかった。しかし1990年代を通じて不況が深刻化するにつれ，野宿者の数は増加し，その姿は次第に都市全域で見られるようになっていった。

　増え続ける野宿者への対応として，東京や大阪など大都市の自治体では，1990年代終わり頃から，野宿者の就職活動を支援する自立支援センターを設置するなどの取り組みがはじめられ，国レベルでも，2002年に「ホームレスの自立の支援等に関する特別措置法」（以下，「ホームレス自立支援法」とする）が制定された。また同年，野宿者の実態を把握するためのはじめての全国調査が行われ，全国で2万5,296人の野宿者がいることが明らかになった[1]。その後，野宿者支援の取り組みが進展するにつれてその数は減少していき（図7-1），2012年に確認されたのは8,933人と，この10年間で1/3になった[2]。

　ところで，この野宿者には，大きな特徴がある。それは，ほとんどが高齢の単身男性であるということである。しかし数は少ないが，女性の野宿者も存在する。2012年の概数調査では，全体の3.2％にあたる304人が女性だった。しかし，こうした大規模な野宿者調査では，男女別の集計が行われることはなく，女性野宿者の実態については，ほとんど知ることができない。直近の実態調査

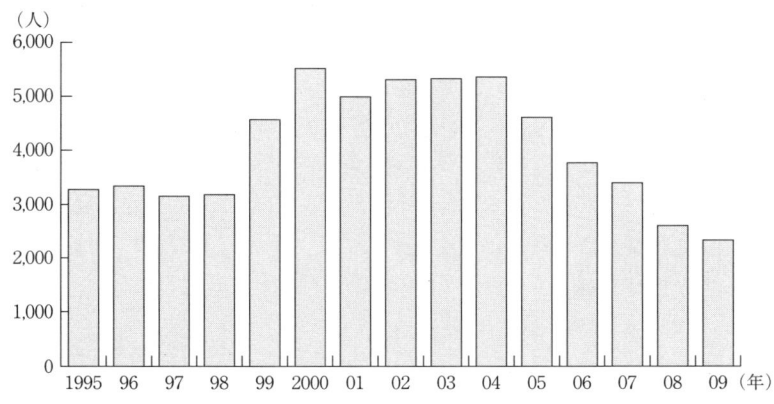

図7-1　東京都内の野宿者数

(人)

出所：東京都『東京ホームレス白書2』2007年，厚生労働省『ホームレスの実態に関する全国調査（概数調査）』各年版，より著者作成。

からわずかに明らかになっているのは，平均年齢が男性57.5歳，女性56.6歳と女性野宿者の方が少し若いこと，また女性の方が長期野宿層が少ないことのみである。[3]

　本章では，こうした女性ホームレスの存在に焦点をあてて，なぜ女性のホームレスが少ないのか，その理由を考察する。そして女性のホームレスを対象にした福祉政策の展開過程と，ホームレスとなった女性たちの実態について見ていきたい。

2　ホームレスという概念

　日本では「ホームレス」という言葉は，路上生活をしている人を指すのが一般的である。ホームレス自立支援法でも，「ホームレスとは都市公園，河川，道路，駅舎その他の施設を故なく起居の場所とし，日常生活を営んでいる者をいう」とあり，ホームレスとは野宿者のことであると定義されている。しかしホームレスを，文字どおり家がないことと解釈すれば，路上生活以外にも，さ

まざまな状態を考えることができる。そして欧米諸国では，広く家がない状態の人を含めてホームレスということが多い。

　例えばヨーロッパで比較的よく用いられる分類では，ホームレスの状態を，①屋根なし（roofless），②家なし（houseless），③不安定，④不適切という，大きく４つに整理している。①の「屋根なし」とは，文字どおり路上生活をしている野宿者，②の「家なし」とは，野宿をしているわけではないが定まった住居がなく，施設などに一時的に滞在している人，③の「不安定」とは，家には住んでいるが居候状態やドメスティック・バイオレンス（以下，DVとする）被害に遭っているなど，安定した住まいにいるとはいえない人，④の「不適切」とは，過密住宅や一般的に住居には適さないと考えられる場所に住んでいる人を指す。①から④にいくにしたがって，ホームレスの定義はより広いものになっているが，このどこまでをホームレスの概念に含めるのかは，地域や議論の目的によって異なる。日本では一般的に，①の定義が採用されていることになるが，本章においては欧米で最もよく使われる②まで含めた定義を採用し，より広い範囲の人々をホームレスと呼んで，対象にしていくことにしたい。

　この②の定義について，日本の状況に即していうなら，野宿者はもちろん，定まった住居がなくネットカフェや深夜営業の喫茶店などで夜を過ごしている人も含まれる。また住む場所がないために一時的に福祉施設を利用している人，病院を退院後に帰る家がない人，刑務所を退所後に行くところがない人なども含まれるだろう。このように考えれば，路上にあらわれているよりもはるかに多くの人が，ホームレス状態にあることがわかる。

　そして本章において重要なのは，このように野宿状態にとどまらない広い意味でのホームレスを考えると，そこに女性が多く含まれてくるということである。例えば，ネットカフェ難民を対象にした調査では女性は17.4％を占めており，野宿者調査における女性の割合3.3％と比べると，その割合は高くなっている。夫の暴力から逃れた女性も，路上生活をするよりも，シェルターに滞在することが多いだろう。このように女性は，安定した居住場所を持たないホームレスのなかでも，路上生活ではない形で存在しやすいのである。つまり，路

第7章　ホームレスと女性の貧困

上生活にとどまらない広い範囲の住宅困窮者にまで視野を広げると，ホームレスは男性だけの問題ではなく，相当数の女性の問題でもあるということになる。

3　なぜ女性のホームレスは少ないのか

（1）構造的な家への縛りつけ

　ではなぜ，男性と比べて，女性の野宿者は圧倒的に少ないのだろうか。そしてなぜ女性は住宅に困窮したとき，路上生活をするよりも，見えにくい形のホームレスとして存在しやすいのだろうか。このことは，近代家族が日本社会の基本的な生活単位とされてきたことと大きく関わっている。近代家族とは，男性は外で賃労働をし，女性は家で家事労働を担うという，性別役割分業を行う家族のことであり，こうした家族をモデルにして，労働政策や社会保障政策は設計されてきた。

　労働においてこれが最もあらわれているのが，「家族賃金」という考え方だろう。夫が外で長時間賃労働をすることができるのは，妻が家で家事・育児などの再生産労働を担っているからであり，妻の不払い労働も含む夫婦の労働全体への対価として，妻と子どもを扶養できるだけの賃金が，男性に代表して支払われるというのが，その基本的な考え方である。これを前提に，男性正規労働者の賃金は家族全体を養える水準に設定される一方で，女性は賃労働に従事していたとしても，それは家計補助的なものにすぎないとされ，その賃金は低くおさえられてきた。実際，女性労働者のうち過半数の55.0%が，パートなどの非正規労働に従事している（男性労働者では20.0%）[5]。また女性労働者の賃金は，男性を100としたときのわずか69.3であり，正規労働者同士で比べても72.1と，男性に比べてかなり低い[6]。つまり，女性は再生産労働の責任を負うことで不安定労働に押しやられているだけではなく，女性の労働全体の賃金が，構造的に低く位置づけられてきたのである。

　近代家族をモデルとした制度設計は，賃金だけではなく，税金や社会保険にも及んでいる。主要な男性稼ぎ手がいる妻は，年収103万円までは税金，130万

円までは社会保険の配偶者控除が受けられることになっており，働くとすれば年収をおさえてパート労働を選ぶよう，方向づけられているといえる。また年金制度は見直しが進められている最中だが，現行では雇用者の妻は自ら拠出することなく第3号被保険者になることができ，男性は賃労働をし，女性は再生産労働を担うという家族が優遇されていることがわかる。つまり税金や社会保険の制度においても近代家族が基本とされており，こうした家族の利益が最大となるように設計されているのである。

このような制度下での女性の生活は，主要な稼ぎ手たる男性パートナーとともにいる限り，経済的には比較的安定しているだろう。しかしこの近代家族モデルから逸脱する，つまり単身だったり死別・離別などで男性稼ぎ手を失うと，貧困に直面する可能性は途端に大きくなる。性別役割分業が前提とされた労働市場では，女性の職は低賃金で不安定なものが大半であり，生活に必要な水準を稼ぐことは容易ではないのである。とりわけ母子世帯の母は，子どもの養育と賃労働の両方の責任を負っているために生活に困窮することが多く，性別役割分業を前提とした社会ゆえに生まれる女性の貧困が，最も顕著にあらわれている。[7]

また，こうした女性の貧困は，高齢期にはより顕在化しやすい。老後の生活を支える年金の金額は，それまでの働き方によって決まってくるが，女性は家事・育児・介護で職を離れたり，低賃金・不安定労働をしていた期間があることが多く，年金の受給に必要な25年の加入期間を満たせなかったり，最低生活水準に届かない額の年金しかもらえないということになりやすい。実際，年金の平均月額受給額は，厚生年金で男性18万7,545円，女性10万6,912円，国民年金で男性5万8,490円，女性4万7,252円と，女性の方が低くなっている。[8]

以上のように，男性は賃労働をし，女性は家事労働をするという家族モデルが規範化された制度の下では，そこからはずれて女性が独立した生計を営むのは容易なことではない。それゆえ，たとえ結婚生活が困難なものであったとしても，女性はなかなか離婚に踏み切れないのである。したがって日本の離婚率は2.0（人口1,000人に対する1年内の離婚数）と，先進諸国の中でも最低レベルに

位置していること⁽⁹⁾が示しているように，そもそも日本では，貧困に陥りやすい女性世帯自体が多くないのである。このような性別役割分業を前提とした制度によって女性が家庭に縛りつけられていること，このことが皮肉にも，女性の野宿者があらわれにくい理由の一つとなっている。

（2）劣等処遇としての生活保障

　さらにこの性別役割分業を前提とした近代家族モデルは，女性を社会保険よりも，社会福祉や公的扶助に結びつけてきた。こうした制度が困窮した女性の生活保障として機能していることが，女性の野宿者があらわれにくいもう一つの理由だろう。

　生活を保障するための福祉国家の制度は，保険と扶助とに大きく分けられる。人は基本的に働くことが期待されているが，なんらかの事情でそれがかなわないとき，こうした制度が生活を保障する。そのうち雇用保険，医療保険，年金などの社会保険は，労働をし，その報酬から保険料を拠出することになっている。したがって生活保障が必要な状態，つまり失業したり病気になったり高齢になった場合にも，拠出したことに対する権利として給付が行われるため，利用にあたって資力調査がされることはない。一方，生活保護に代表される扶助は，なんらかの理由で社会保険から排除されているときに，拠出なしでも最低限の生活を保障される制度である。したがってそれは，権利ではなく恩恵としての利用となっており，受給に際しては資力調査が行われるとともに，その生活水準は最低限度のものにおさえられている。

　したがって，保険と扶助との間には，序列が存在しているのである。そしてこの序列は，男女の分断とも重なっている。男性は，賃労働に就くことが期待されているため，なんらかの事情でそれがかなわなくなっても，社会保険に結びつきやすい。一方，女性の場合には，雇用期間が十分に長くなかったり，賃労働をしていても低賃金の仕事になりやすく，そうなると生活保障が必要になったときには，社会福祉や公的扶助の利用に結びつきやすい。つまり，保険と扶助は二層構造になっており，男性と女性に不均衡に配分されているのである。

したがって，男性が社会保障の網から漏れ，社会福祉や公的扶助を利用しようとするときには，稼働能力の有無が厳しく問われることになる。稼働能力があると判断されると，現実には仕事がなかったとしても，福祉や公的扶助の利用は認められずに，野宿生活に陥ることになりやすい。一方，女性の場合には，そもそも雇用保険や年金の対象にならない，社会保険の利用から排除された低賃金の働き方の人が大半を占めているため，男性と比べて福祉や公的扶助の利用が認められやすいのである。しかしその際に必要な資力調査は，女性本人の財産や収入だけはなく，収入をもたらしてくれる可能性のある男性関係にまで及び，生活の細部にわたって監視や管理が入り込むことになる。

以上のように，女性は就労や社会保障の受給にあたって不利益を受けており，家を出て独立して生計を営むのが困難な社会的条件がある。しかし男性関係にまで及ぶ屈辱的な資力調査や，最低限度の生活を受け入れる限りにおいて，女性は福祉制度や公的扶助を利用しやすく，それらが路上に出る一歩手前で女性を受け止めているというのが，女性の野宿者が少ないもう一つの理由であろう。

4　ホームレスの女性を対象とした支援政策の展開

以上のような社会福祉や公的扶助の制度を利用している人のなかには，定まった住居を持たない広い意味でのホームレスの人が含まれている。こうしたホームレスの人に関わる制度は，ホームレス対策だけでなく，寄せ場対策・生活保護・婦人保護・母子福祉・高齢者福祉など，広い範囲にわたっている。設置目的も対象者もさまざまな異なる種類の福祉施設のなかに，低所得で家がないことを理由として入所している人が，共通して存在しているのである（表7-1）。

こうした広い意味でのホームレスは，戦後すぐの混乱期には，「浮浪者」や「浮浪児」として街中に多数存在していた。このような困窮者に対応する形で，戦後の社会福祉制度は確立していく。この過程で，稼働能力の有無と家族形態の違いによって，さまざまに対象者が切り取られ，男性と女性，そして女性の

第7章　ホームレスと女性の貧困

表7-1　ホームレスの人が入所しているおもな施設（大阪府）

施設の種類	概要	根拠法	利用者
あいりん臨時夜間緊急避難所	野宿を余儀なくされているあいりん日雇労働者に対して，緊急・一時的に宿泊場所を提供する		単身
生活ケアセンター	市内の住所不定者のうち，高齢・病弱等で短期間の援護を要する者等を一時的に入所させ，生活指導等を通じて自立促進を図る		単身男性
自立支援センター	就労意欲と能力のあるホームレスに宿所と食事を提供し，就労のあっせん等を行い，就労による自立を支援	ホームレスの自立の支援等に関する特別措置法	単身男性
更生施設	身体上又は精神上に著しい障害があるため，自分ひとりでは生活することが困難な人を入所させて保護している	生活保護法	単身男性
救護施設	身体上又は精神上の理由により，養護及び補導を必要とする要保護者で，近い将来社会復帰できる見込みのある人を入所させて保護している	生活保護法	単身
宿泊所	火災・立ち退き・高家賃等により住宅に困っている低所得の人及び生活困難等による住宅確保のできない人を対象にしている	生活保護法	単身
母子生活支援施設	母子家庭で児童の養育が十分にできない場合，母子をともに入所させて保護し，生活支援を行う	児童福祉法	母子
指定福祉施設等	緊急の保護を必要とする対応を要する人について一時的に保護を行う		単身女性・母子
婦人相談所	夫の暴力等から避難する女性，生活困難・浮浪等及び住む家のない女性，または自立のための援助等が必要な女性及び同伴する児童を対象としている	売春防止法・DV防止法	単身女性・母子
婦人保護施設	保護を必要とする女性のうち，女性相談センター所長が入所を必要と判断した人を対象としている	売春防止法・DV防止法	単身女性・母子
養護老人ホーム	65歳以上の者であって，身体上若しくは精神上又は環境上の理由及び経済的理由により居宅においては養護を受けることが困難なものを入所させ，養護する施設	老人福祉法	単身
更生保護施設	犯罪や非行をした人を一定期間保護して，自立更生を支援する施設	更生保護法	単身男性
DVシェルター	夫の暴力等から避難する女性及び同伴する児童を対象としている		単身女性・母子

出所：『社会福祉の手引　2011』，『大阪市ホームレスの自立の支援等に関する実施計画』2009年，等より著者作成。

なかでも母子と単身者とでは，異なる対応が行われるようになっていった[11]。以下では，広い意味でのホームレスの人々が，現在のように多様な福祉施設などに散らばって存在するようになった政策の形成過程を概観したい。

　戦後，大都市に集まっていた浮浪者や引揚者等の住宅困窮者に対しては，家族向けや単身者向け等の施設が多数つくられ，分類収容が進められる。こうした戦後処理が一段落した1960年代になると，野宿者は山谷，釜ヶ崎など，簡易宿泊所とバラックが建ち並んでいた現在の寄せ場周辺に集中するようになっていった。ここでも，生活の安定した家族から優先的に公営住宅を割り当て地区外に転出させる方針が取られ，次第に家族や女性は寄せ場から姿を消していく。一方で，単身男性は労働力の供給基地としてここに集められ，寄せ場が成立していった。そして生活に困窮する日雇労働者を対象に，寄せ場対策が行われるようになっていった。

　こうしたなかで，母子世帯については，戦前からあった母子寮において，軍人遺家族や引揚者，浮浪母子などが保護されていく。そして1947年に児童福祉法が制定されると，母子寮はこの法に根拠づけられ，生活に困窮する母子に住宅提供を行っていくことになった。1950年代を通じて，母子寮は増設されていくが，その際，浮浪母子を対象にした母子寮だけは生活保護法に位置づけられ，引き揚げや戦争で夫を亡くして生活に困窮する一般の母子とは明確に異なる，劣った対応が行われていたという。その後，1960年代後半から1970年代にかけて，生活水準の向上や公営住宅の優先入所政策などもあり，母子寮の数も削減されはじめる。またこの頃から利用者の中心は，離別・未婚の母子世帯になっていった。

　一方，住宅に困窮する単身女性への対応の中心になったのは，売春防止法だった。売春防止法は，公娼制度が長く続いたこともあり，貧困女性が生計をたてるために売春産業に流れていた現実に対して，戦前からの廃娼運動を背景に，1956年に制定されたものである。これには，売春行為そのものへの罰則規定はないが，公共の場所で売春の勧誘を行った街娼を「社会の善良の風俗をみだす」として処分するものであり[12]，同時に「性行又は環境に照して売春を行うお

第7章　ホームレスと女性の貧困

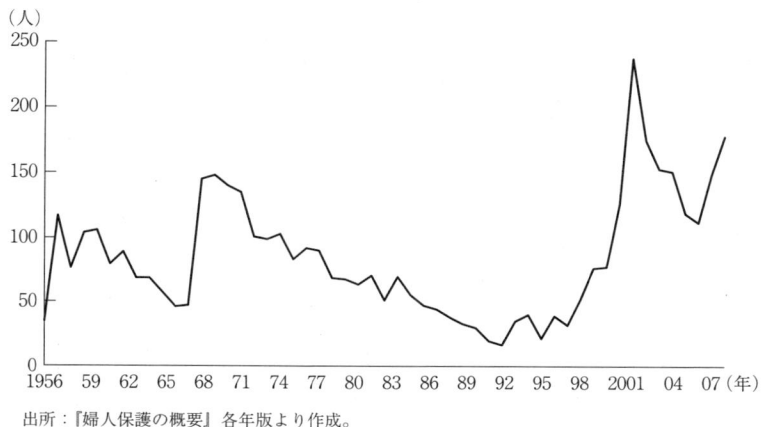

図7-2　大阪府の婦人保護施設の入所者数

出所：『婦人保護の概要』各年版より作成。

それのある女子」を保護更生させるための婦人保護事業も位置づけられた。

しかし法の施行当初から，この婦人保護事業の利用者は，施設定員の6割に満たなかった。その後，法に触れないよう売春の形態が巧妙化していくにつれ，利用者はますます減少していく（図7-2）。そうして生まれた施設の空きに対応するように，婦人保護事業の実態は変化していった。すなわち，法制定時から婦人保護事業の利用者は，「現に，売春を行っている女子のみをいうのではなく，家出浮浪等により，転落のおそれのある女子をも広く含む」とされ，売春女性のみの利用に限られていたわけではなかったが，この「転落のおそれ」を拡大解釈することで，さまざまな困窮状態にある女性を，売春防止法を活用して保護していくことになるのである。

1970年を皮切りに，1992年，1999年と厚生省（当時）からたび重なる通知が出され，この「転落のおそれ」の拡大解釈が公式に示されていく。直近の1999年の通知では，婦人保護事業の対象者は「売春を行うおそれのある者のみに限らず，家庭関係の破綻，生活の困窮等正常な社会生活を営むうえで困難な問題を有しており，かつその問題を解決すべき機関が他にないために，放置すれば将来売春を行うおそれが生じることとなると認められる場合に，未然防止の見

167

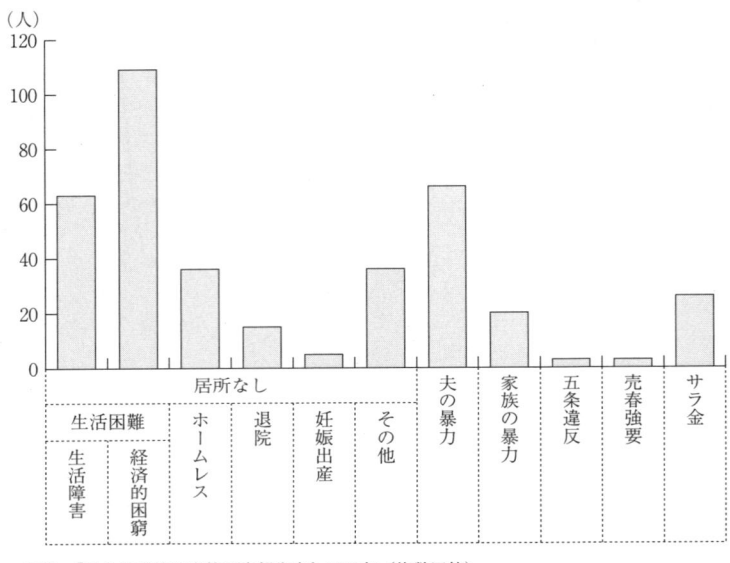

図7-3　2007年度東京都の婦人保護施設の入所理由

出所：『婦人保護施設実態調査報告書』2008年（複数回答）。

地から保護，援助を要する者」とされており，貧困状態にある女性，夫の暴力に苦しむ女性，精神・知的障害を持つ女性など，さまざまな困難を抱える広い意味でのホームレス状態にある女性たちの受け皿になっていった。

DVについては，福祉現場では早くから認知されていたが，それが女性に対する暴力として公式に問題化されたのは，1999年である。この年，厚生省通知「夫等からの暴力により保護を必要とする女性への対応について」が出され，母子生活支援施設と婦人保護施設が，DV被害女性の保護機関として位置づけられた。さらに2001年に「配偶者からの暴力の防止及び被害者の保護に関する法律」（以下，DV防止法とする）が制定されると，DV被害者を保護するのにふさわしい既存の機関として唯一具体的にあげられたのが，婦人相談所や婦人保護施設という売春防止法の施設だったのである。それ以降，売春防止法の理念によって設置された婦人保護施設は，売春防止法とDV防止法の両方の法律に根拠づけられる施設になった。

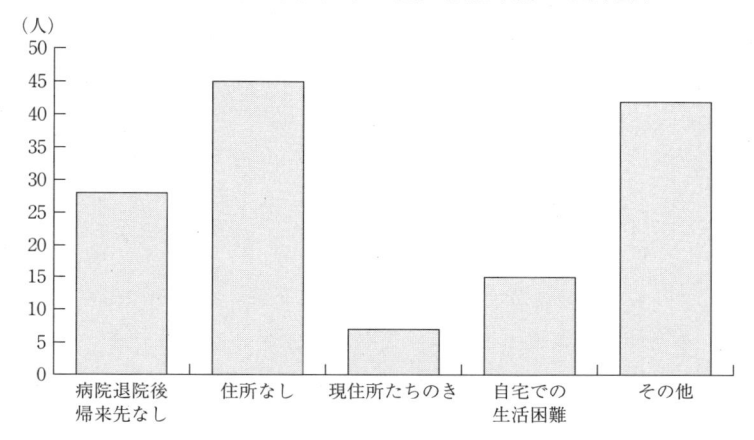

図7-4 2007年度東京都の更生施設（女性専用）の入所理由

（縦軸：人、0〜50）
- 病院退院後帰来先なし：約28
- 住所なし：約45
- 現住所たちのき：約7
- 自宅での生活困難：約15
- その他：約42

出所：『更生施設・宿所提供施設・宿泊所・路上生活者対策事業施設　事業概要』2008年。

このような複雑な法体系の下で，現在ではホームレスの女性は，生活保護，母子福祉，売春防止法，DV防止法と，おもに四つの福祉制度を利用できる可能性がある。このうち，18歳未満の子どもがいる女性は，母子福祉の対象になるが，それ以外の生活保護，売春防止法，DV防止法の活用は，ある種の混乱状態にあるといえる。最近の婦人保護施設利用者の入所理由を見ると（図7-3），本来の法的対象である売春に関係した女性の利用は1割以下で，6割がDV被害者，3割が「住む所なし」という，野宿者も含む広い意味でのホームレスの女性である。そしてDV防止法制定以降は，DV被害者の保護が優先され，逆に婦人保護施設の本来的な利用者である売春女性やホームレス状態にある女性の利用が断られるなど，倒錯した状況も起きているという。

加えて大都市においては，単身女性が利用できる施設として，婦人保護施設以外にも女性専用の生活保護施設が存在するところがあるが，これらの根拠法も支援目的も異なるはずの施設の使い分けが判然としない，という問題もある。例えば東京では，生活保護施設はつねに満員の状態が続いていて施設の不足が指摘されているのに対して，婦人保護施設の稼働率は6割ほどであるが，両施設に入所している女性たちは，同じような問題を抱えているのである（図

7-4)。しかし生活保護施設と婦人保護施設の設置基準を比べると，もともと売春女性を罰し保護更生させるためにつくられた婦人保護施設は，予算や職員配置に乏しく，両者には大きな違いがある。これらの法の目的や対象者の見直し・整理は，今後の課題だろう。

5　女性ホームレスたちの生活史

次に，どのような女性がホームレスになっているのか，その生活史を具体的に見ていきたい。対象にするのは，これまで筆者が聞き取りをしてきた女性ホームレスのうち，生活史を詳細にたどれる33名である。19名は，2003年から2009年の間に東京と大阪の路上で出会った女性，残りの14名は2003年から2004年にかけて，東京のある宿泊所で出会った女性である。

33人の女性たちを，住居を失うに至った直接の要因で分類すると，①夫婦が夫の失業に伴ってふたりでホームレスになる＝夫の失業型，②単身女性が本人の失業をきっかけにしてホームレスになる＝本人の失業型，③女性が夫や家族との関係性を失ってホームレスになる＝関係性の喪失型，という3つの類型が考えられる。今回調査できた33人のなかで，①は11人，②は15人，③は7人いた。以下では，それぞれの類型について，具体的な事例をあげて見ていくことにしよう。

①　夫の失業型

夫婦で暮らしていて，夫の失業をきっかけにしてふたりでホームレスになるパターンである。この型は，既存の調査で明らかにされている男性ホームレスの排除の軌跡が，よくあてはまるだろう。夫の職業は，野宿者の典型的な前職である建設労働がやはり多い。大半の男性野宿者は未婚か，途中で離別を経験するが，このパターンの女性たちは，離別せずに夫婦のままホームレスになっているのである。ホームレスになる以前にも貧困を経験しているため，夫婦共働きをしていたという人が多いが，主たる家計維持者である男性の失業にともなって，住居を失っている。

> **Aさん**
>
> 　Aさんは70歳，足に軽い障害があり（身体障害5級），足を引きずって歩く。小学校を卒業するころ父親が再婚し，しばらく継母と連れ子と暮らしていたが，すぐに親戚の散髪屋の見習いに。不本意な結婚をさせられそうになったため，そこを飛び出して，子守など住み込みの職を転々としていた。その後，結婚。夫は再婚だったため，連れ子が2人いた。Aさんはパートで働く。しばらくして夫が刑務所に入る。夫の留守中にも関わらず継子の養育をすることに疑問を感じたAさんは，ひとりで家を出る。それからは旅館の住み込みの仕事をしていた。42歳のとき，現在の夫と出会い，小さなアパートを借りて暮らしはじめる。夫は土工で，Aさんもパートで家計を助けた。ふたりで飯場に入り，夫は現場仕事，Aさんが賄いをしていた時期もある。しかし歳をとるにつれて夫に仕事がなくなり，生活苦から借金を重ねるようになるが，返済が滞り，家を出てふたりで野宿をするに至る。

　学歴も低く，実家との関係もよくなかったAさんは，家を早く出たいと初職時から住み込みの仕事を転々としている。再婚した相手は，男性の不安定労働の典型である建設労働をしていた。同様の不安定な生活をそれぞれ営んでいたふたりが知り合って，生活をともにするようになっている。路上生活をはじめてから知り合う場合も含めて，女性ホームレスによく見られる結婚の形である。

② 本人の失業型

　①の夫の失業型が，男性ホームレスと近い特徴を示すのに対して，女性のホームレスの特徴がよく表れているのがこの型で，単身で暮らしていた女性が失業し，ホームレスになるパターンである。生涯未婚で通してきた場合と，夫と死別・離別後に単身になった場合とがあり，後者の方が多い。中高年の女性ができる仕事となると，職種は低賃金の不安定労働に限られてくるが，それでもかなりの期間，少ない収入をやりくりしてワーキングプアの生活を維持してきた人が多いのも特徴的である。こうした職は雇用保険や厚生年金の対象にならないものが多く，病気や高齢になって働けなくなると，すぐにホームレス生活に陥っているのである。また精神疾患や軽度の知的障害があり，人間関係などのトラブルになりやすく，仕事が長く続かないという人もいる。

第 2 部　新しい課題と政策過程

── Bさん ──

　Bさんは68歳。中学卒業後，正社員としてガラス工場で働く。22歳でアルバム製作会社に転職，そこは日給月給制で，失業保険・年金もなかった。アパートを借りて住み，その会社に26年間勤める。だが給料が上がらず生活が苦しくなったため，仕事を辞め，清掃のパートを2つかけもちするようになる。家賃の足りない分は，友人の援助でまかなっていた。しかし家賃がもったいないと，友人に同居するよう誘われ，友人宅に居候してそこからパートに通うようになる。その生活は10年ほど続いた。高齢になり仕事を解雇されると，友人に多額の借金をしていたこともあり，友人宅に居づらくなって，野宿をするに至る。生涯独身で通す。

── Cさん ──

　Cさんは55歳。高校卒業後は，実家の家事手伝いをしていた。26歳のとき，商社に勤めていた男性と結婚し，3子をもうける。Cさんは専業主婦となり，裕福な暮らしをしていた。しかし夫が仕事ばかりで家庭をかえりみず，子どものいじめや夫の浮気なども重なってノイローゼ状態になり，40歳のとき離婚。子どもは夫の元に残し，実家に戻る。母・兄と暮らしながら，ヘルパーとして働きはじめた。その後，実家を出てパチンコ屋に住み込み，辞めたあとはヘルパーとして寮暮らしを送るが，寮内での人間関係が難しく，再び実家に戻る。だが近所の目があって実家にも居づらくなり，住み込みの家政婦をするが，その仕事も失って野宿をするに至った。

　Bさんは生涯単身で通し，Cさんは離婚してから単身になっている。Bさんは50歳目前にして転職したが仕事が見つからず，清掃のパートを掛け持ちしてなんとか生活を維持していた。その後，友人宅での居候をはじめているが，女性の場合，家事ができるなど生活技術があることもあり，実家に帰ったり友人・親戚宅に居候をすることも少なくない。

　一方，Cさんはエリート・サラリーマンの夫と裕福な暮らしをしていたが，離婚をきっかけに一挙に不安定な生活に入っている。専業主婦だったため職業経験も少なかったCさんにできた数少ない仕事が，ヘルパーや家政婦など，主婦業に準じるような職だった。失業後に再び実家に帰ることもできただろうが，それよりも野宿を選んだことから，実家はCさんにとって居心地のよくない場所だったことがわかる。

③ 関係性の喪失型

②の本人の失業型とともに，もう一つの女性に典型的なパターンが，家族との関係がうまくいかなくなって，ホームレスになるパターンである。夫の暴力から逃げてきた人が多いが，夫以外の家族からの暴力もある。このパターンでは，収入も住まいも同時に失うため，もっとも劇的な生活の変化を経験している。

Dさん

Dさんは57歳。高校中退後，縫製工場に正社員として勤める。18歳でコンピューター関連の会社に勤めていた男性と結婚，専業主婦になった。4子をもうける。35歳で離婚，子どもを連れて家を出て，水商売をはじめる。3年後に独立，自分の店を持つようになる。42歳のとき，機械メーカーに勤めていた男性と再婚，子どもとともにマンションに住みはじめた。その後も店を続けていたため，夫婦ふたりの収入があり，豊かな暮らしをしていた。54歳のとき，身体を壊して店をたたむ。結婚直後にはじまった夫の精神的暴力に長く耐えていたが，仕事を辞め，末子が結婚したのを機に家を飛び出した。しばらくはホテルやサウナなどに泊まっていたが，所持金が尽きると野宿をするようになる。

Eさん

Eさんは82歳。足が悪く杖をついて歩いている。小学校卒業後，姉の家の子守や家事手伝いをする。学校にあまり行かなかったため，今でも十分に字が読めない。23歳で工務店を営んでいた男性と結婚，2子をもうける。Eさんは専業主婦となり，持ち家に住んで安定した生活を送っていた。しかし夫が45歳のとき病気で介護が必要な状態になり，その後は夫の障害年金で暮らす。Eさんは家政婦として働き家計を支えたが，生活費が足りなくなり，家を売ってアパートへ移る。75歳のとき，夫とともに娘家族宅で同居をはじめた。だが夫の介護の負担もあって娘家族と折り合いが悪くなり，夫の死後，Eさんは息子宅に移る。息子は精神疾患があり生活保護を受けて暮らしていたため，Eさんの年金とあわせて，不足分を生活保護費でまかなうことになった。しかし息子から暴力を受けたため，Eさんは高齢者施設に緊急一時避難する。その後，行くところがないということで，施設に来ることになった。

Dさんは夫からの暴力，Eさんは息子からの暴力で，家を出ている。暴力から逃れてくると，多くの場合はDさんのように，収入も住居も友人関係も同時

に失い，離れた場所で最初から生活を立て直さなければならなくなり，多くの苦労を強いられることになった。さらに夫の追跡を怖れて身を隠している必要があったため，偽名を使わなければならなかったり，住民票を置けないなど，生活を再建するときにも長く不自由を味わうことになった。

　Eさんは幼少期にあまり学校に行かなかったため，漢字の読み書きがほとんどできない。Eさんのように，一見しただけではわかりづらいが，学歴が低く，幼少期に貧困の中で育った女性には，文字の読み書きが十分にできない人が意外なほど多い。こうした人は就ける職も限られてくるほか，福祉制度などの情報にも十分にアクセスできないことがある。

　女性たちがホームレスへと至る過程には，とりわけ男性稼ぎ手のいない②の本人の失業型，③の関係性の喪失型の場合には，女性に固有の排除の軌跡が現れていた。②の本人の失業型の女性の場合，未婚のまま，もしくは夫との離死別後，女性の職は低賃金・不安定なものが大半であるという労働市場の中で，正規の職に就くことができず，パートなどをしながら小さなアパートでつましい生活を続けたり，住み込みの仕事をしている。そして病気や高齢になったことをきっかけに，仕事を失い，ホームレス状態になっていた。前述したように，彼女たちが就いていた仕事の多くは，年金や雇用保険に加入できるようなものではなかったために，病気や高齢化が直接，住居の喪失に結びついているのである。③の関係性の喪失型の女性の場合には，暴力など家族とのトラブルから逃れてきており，それまでの生活がたとえ裕福なものだったとしても，主な稼ぎ手を失って突然貧困に陥っている。このように女性ホームレス，特に単身の女性の生活史には，性差別的な社会のなかで女性が受ける構造的な不利益が刻印されていた。

　また，女性は隠れたホームレスになりやすいといわれているとおり，独立して住居をかまえることができずに，親や友人宅に身を寄せていた経験がある人も少なくなかった。女性は家事などのスキルがあることが多いため，男性と比較して，居候もしやすいということがあるのだろう。そして女性を対象とした

施設が多岐にわたっていることもあり，女性の場合には，居候やこうした施設への入所など，野宿以外にもさまざまな形のホームレス状態を転々としている人が目立っている。これも女性ホームレスに顕著に見られる特徴の一つだろう。

6　深化する貧困の女性化

これまで，ホームレスは男性の問題であると考えられてきており，女性の存在に目を向けられることほとんどなかった。しかし本章で見てきたように，ホームレスという言葉の意味を路上生活者に限定せず，広く定まった住居を持たない人ととらえると，そこには女性も多く含まれてくる。そして女性の場合には，男性とは異なる固有のホームレス化の過程が存在していた。男性は賃労働，女性は家事労働をするという，社会に根強く残る性別役割分業が，家庭内での仕事の配分だけではなく，労働市場のあり方も規定していることで，女性は不安定な低賃金労働に従事せざるを得ず，そのことが，とりわけ男性パートナーを持たない女性の生活を困難なものにしていたのである。

こうした女性の社会的な位置が顕著にあらわれる現象として，貧困の女性化がある。これは，貧困世帯のなかで女性が世帯主である世帯の割合が半数以上を占めることを指し，1970年代のアメリカにおいて，よく知られるようになった。その原因として，離婚・未婚率が高まり女性世帯が増加しているなかで，女性は依然として低賃金労働に従事することを余儀なくされているが，このような社会的不利益を補う社会保障・社会福祉政策が不十分なためであることが指摘されている。その後，この現象は，多くの先進国で共通して見られることが明らかになったが，日本は例外的に，それが顕在化していない特殊なケースとされた。「日本の女性は貧困の女性化を達成するほど自立していない。離婚や経済的自立には手が届かないのだ」といわれ，そもそも女性が家を出て独立した世帯を営むための社会的条件すら，いまだ整っていないことが逆説的に示されたのである。[19]

しかし2008年のリーマンショック以降，貧困は大きな社会問題になってきて

おり，最近になって日本でも，貧困者全体の57％が女性であり，貧困の女性化が顕在化してきているという指摘がなされている。[20]今後，女性の経済的自立が進めば，女性世帯は増加していくことが予想されるが，そこで貧困の女性化がどの程度深刻化してくるのかは，今後のジェンダー化された社会政策のあり方が，どのように変化していくかにかかってくるだろう。

注
(1) 厚生労働省「ホームレスの実態に関する全国調査（概数調査）結果報告書」2003年。
(2) 厚生労働省「ホームレスの実態に関する全国調査」2012年。
(3) 厚生労働省「平成19年ホームレスの実態に関する全国調査（生活実態調査）」（2007年）の分析結果。
(4) 厚生労働省職業安定局「住居喪失不安定就労者等の実態に関する調査報告書」2007年。
(5) 厚生労働省「労働力調査」2011年。
(6) 厚生労働省『働く女性の実情　平成22年版』2011年。
(7) 母子世帯の母の貧困については，本書1章の湯澤論文を参照されたい。
(8) 社会保険庁編『政府管掌健康保険・船員保険・厚生年金保険・国民年金組合管掌健康保険・国民健康保険・老人保健事業年報　総括編　平成18年度版』2007年。
(9) 総務省統計局HP（2010）より（http://www.stat.go.jp/data/sekai/02.html，2012/8/18アクセス）。
(10) こうした対応は，生活に困窮している人をすべて対象にするという公的扶助の本来の理念に反するものであり，最近では深刻な経済不況の影響もあって，男性で稼働能力があっても仕事がない場合には，生活保護を受給することが以前よりも容易になってきている。
(11) 男性の住宅困窮者に対する福祉制度の確立の過程については，戦後の東京における政策対応過程を跡づけた岩田（1995）によるすぐれた仕事がある。女性についての詳細は，丸山（2008）を参照のこと。
(12) 売春防止法の女性差別的な性格についての詳細は，本書4章の宮本論文を参照されたい。
(13) 1998年より，母子寮の名称が母子生活支援施設に変更になった。
(14) 1999年頃からは，これらに加えてホームレス対策も行われるようになり，就労支援を行う自立支援センターもつくられているが，施設の構造上，女性は利用できないことが多く，事実上その対象者はほぼ男性に限定されている。

⒂　婦人保護施設の入所理由（図7-3）と生活保護施設の入所理由（図7-4）とでは，婦人保護施設は複数回答のデータをとっていたり，入所理由の解釈などに違いあって，単純に比べることはできないが，どちらにも共通して，「生活困難」「住所なし」「病院退院後帰来先なし」などの理由があげられていることがわかる。

⒃　東京において貧困女性を保護している婦人保護施設と救護施設の施設基準値を，仮に100人規模の施設として比べてみると，救護施設の一人当たり月額事務費は16万9,000円，事業費は6万4,240円，職員数は18人であるのに対し，同様の婦人保護施設では，事務費は8万4,900円，事業費は5万4,600円，職員数は9人となり，大きな違いがある。

⒄　なお，ここで見た33人は，生活史を詳細にたどることができる人に限られているため，知的障害・精神障害があると思われる人があまり含まれていない。しかし女性のホームレスにはそうした人が比較的多いことも断っておきたい。

⒅　実際にはホームレスに至る要因は，複数のものが折り重なっていることも多いが，そのうち主要なものだけを取り上げて分類している。

⒆　Axinn, J., "Japan: A Special Case", Gertrude Schaffner Gordberg and Eleanor Kremen eds., *The Feminization of Poverty: Only in America?*, New York: Praeger Publishers, 1990, p. 104.

⒇　「朝日新聞」 2011年12月9日付朝刊。

参考文献

杉本貴代栄『社会福祉とフェミニズム』勁草書房，1993年。
岩田正美『戦後社会福祉の展開と大都市最底辺』ミネルヴァ書房，1995年。
丸山里美「貧困政策における女性の位置——戦前・戦後の大阪の事例研後」『述』2：152-171，明石書店，2008年。
青木秀男編『ホームレス・スタディーズ——排除と包摂のリアリティ』ミネルヴァ書房，2010年。
堅田香緒里・白崎朝子・野村史子・屋嘉比ふみ子編『ベーシック・インカムとジェンダー——生きづらさからの解放に向けて』現代書館，2011年。

　　　　　　　　　　　　　　　　　　　　　　　　　　　　　　（丸山里美）

第8章 育児休業法と働く女性

1 育児休業法の規定内容の変遷

　育児休業法は1992年に施行され，何回かの改正を経て，現在に至る。現在の状況，問題点を考える前にそれ以前の状況を確認していこう。⁽¹⁾

　まず，初めての育児休業制度は1967年の日本電信電話公社（当時）のものであったといわれる。その後1972年に施行された勤労婦人福祉法は，女性本人の申し出により育児休業を与えるという努力義務規定が設けられた。そして1976年に「義務教育諸学校等の女子教育職員及び医療施設，社会福祉施設等の看護婦，保母等の育児休業に関する法律」が施行された。これは公立学校の教員や看護婦（当時），保母（当時）という特定の職業に就く女性に対してであった。1986年に施行された男女雇用機会均等法は，勤労婦人福祉法と同様に女性のみへの努力義務規定であった。

　こういった一連の流れを受け，1992年に育児休業法が施行された。⁽²⁾法律の目的は，育児を行う男女が仕事と家庭生活を両立しやすいように支援することである。つまり1992年施行の育児休業法は特定の職業に就く女性だけでなく，働く女性すべてに対象を拡大したのである。さらに男性労働者も育児休業を取得できるようにしたことは，大きな前進である。ただし法律施行当時は手探り状態であり，対象企業が規定されていたり（事業所規模30人以下は1995年から施行），社会保険，労働保険からの支給額もわずかであった。

（1）育児休業法におけるさまざまな制度

　育児休業法にはさまざまな制度があり，最もポピュラーなものは育児休業制度である。育児休業とは，1歳未満の子どもを持つ労働者が利用を希望する場合，職場の担当者に申し出て利用することができる制度である。利用期間は基本的に子どもが満1歳に達する日（誕生日の前日）までの連続した期間であるが，場合により異なる（現行制度では1歳6カ月に達する日まで可能）。ただし，労働者すべてが希望すれば取得できるのではなく，雇用期間が1年未満だったり，1年以内に退職予定だったり，1週間の労働日数が2日以内だと取得できない。

　育児休業は，あくまで取得を希望した者が利用できる制度であって，取得期間の長短は個人によりかなり異なる。また，事業主は就業規則への記載の有無にかかわらず，利用を拒むことはできない。労働者のなかには家庭生活や職場の状況によって，産後休暇からすぐに復帰したり，育児休業を数カ月取得後，復帰する者もいる。そういった労働者は，勤務時間を短縮する等の措置がとれる。

　育児休業は1995年にこれまでの事業所規模規定がはずされ，すべての事業所が対象となり，介護規定も盛り込まれるようになった。その後，2005年になるとこれまで育児休業の取得は正規労働者が対象だったが，非正規労働者でも育児休業を取得できるようになった。ただし条件があり，同じ事業主に雇用された期間が1年以上で，子どもが満1歳に達する日を超えたときも継続雇用の予定がある場合とされた。以下では主な制度を順にみていこう。

　一つ目は子どもの看護休暇制度である。この制度は2002年に創設され，2005年からは義務化された。看護休暇制度とは小学校入学前の子どもを持つ労働者が1年間のうち，子どもの病気・けがによる看護が必要だったり，子どもの予防接種や健康診断を受けさせることを目的に休暇が取得できるものである。1年間に利用できる日数は子どもの数に応じて限度があり，対象となる子どもの人数にかかわらず，1年間に5日までであった（法律改正後の内容は次節参照）。また，対象者には制限があり，雇用期間が6カ月未満だったり，1週間の労働

日数が2日以内だと取得できないとした。

　二つ目は所定労働時間の短縮措置等であり，いわゆる短時間勤務制度のことである。この制度は1992年の育児休業法施行と同時に創設され，満1歳未満の子どもをもつ労働者（日々雇用されるものを除く）が，育児休業を取得しなかったり，育児休業を取得後，職場復帰した場合に子どもが満1歳に達する日まで取得できるものだった。その際，1日の所定労働時間を原則6時間とした[3]。ただし，雇用期間が1年未満だったり，1週間の労働日数が2日以内だと取得できないとした。その後2002年からは対象となる子どもの年齢が，満1歳から満3歳に引き上げられた。

　三つ目は所定外労働を制限する制度，つまり残業の免除制度のことである。この制度は2010年の改正法によって創設されたものである。この制度は3歳未満の子どもをもつ労働者が，育児休業をしていない申請期間中，残業をせずに帰宅できるものである。ただし，日々雇用されていたり，雇用期間が1年未満だったり，1週間の労働日数が2日以内だと取得できないとした。

　四つ目は時間外労働を制限する制度である。この制度は小学校入学前の子どもを持つ労働者が制度利用を請求した場合，事業主は制限時間（1月24時間，1年150時間）を超えて労働させてはならない。ただし，日々雇用されていたり，雇用期間が1年未満だったり，1週間の労働日数が2日以内だと取得できない。この制度は後述する深夜業を制限する制度と同様に，1999年に労働基準法の女子保護規定が外されるまでは労働基準法によって保護されていた。ところが労働基準法の女子保護規定がなくなったため，2002年からはこういった形で対応したのである。

　五つ目は深夜業を制限する制度である。この制度は小学校入学前の子どもを持つ労働者が制度利用を請求した場合，事業主は午後10時から午前5時（深夜）において労働させてはならないというものである。ただし，雇用期間が1年未満だったり，保育ができる同居家族（16歳以上）がいたり，1週間の労働日数が2日以内だったり，所定労働時間の全部が深夜にあると取得できない。この制度は1999年に労働基準法の女子保護規定が外されるまでは労働基準法に

よって保護されていたが，保護規定がなくなったことで創設された。

ここまでみたように，育児休業法が施行された当時は育児休業のみであり，その他の制度はなかったことが理解できた。次項では改正施行された育児休業法の現状をみていこう。

（2）2010年の改正育児休業法の概要と特徴

育児休業法は2009年に改正され，2010年6月に改正施行された。改正の目的は，男性が育児休業を取得しやすいように条件を緩和することと，育児休業後の子どもの養育を手助けする制度の創設や従来の制度の義務化，変更である。

第一に，男性が育児休業を取りやすくするための制度として，これまでは妻が専業主婦の場合，労使協定により夫の育児休業取得を対象外にできる規定があったが，妻の就業の有無にかかわらず夫が必要に応じて取得できるようにした。

まず育児休業を夫と妻が合わせて取得する場合，通常なら子どもが満1歳に達する日まで取得期間だが，プラス2カ月余分に取得できるようになった（パパママ育休プラス）。

次に育児休業の回数は，原則子ども1人につき1回だが，妻の産後8週間以内に夫が取得した場合，これは別カウントとして計算され，その後取得できるようになった。

第二に，育児休業後の子どもの養育を手助けする制度の創設や従来の制度の義務化，変更である。

まず，所定労働時間の短縮（短時間勤務：1日6時間）と所定外労働（残業の免除）が義務化されたことである。これまでは育児休業として，短時間勤務，フレックスタイム制度，残業の免除等から一つを選択すればよいことになっていた。だが，多くの調査結果からも明らかなように，育児休業制度を利用する女性からは，短時間勤務と残業の免除制度が最も必要な支援であるといわれており，それらが実現する形になったといえる。

次に子どもの看護休暇において，対象となる子どもの人数が変更されたこと

である。これまでは小学校入学前の子どもが何人であろうとも，1年間のうち5日間の休暇取得だったが，対象となる子どもの人数が2人以上いる場合，10日間に延長された。また改正後は子どもの病気やけがだけでなく，予防接種や健康診断を受けさせる目的でも取得可能になった。

　その他として子どもが満1歳に達する日において，保育所入所を希望しているが，入所できない場合と配偶者が死亡，負傷，疾病などで子どもの養育が困難になった場合には，子どもが満1歳6カ月になるまで休業期間の延長が可能になった。

　このように2010年に改正施行された法律では，男性がより取得しやすいように，その他では育児休業を取得後，職場復帰した際の子どもの養育状況に配慮した制度が創設された。

2　育児休業法と関連する社会保険，労働保険からの給付率の変遷

　本節では育児休業法と関連する社会保険，労働保険の内容を検討していく。
　一般的に，社会保険制度を分類すると二つに分けられ，一つは狭義の社会保険としての医療保険（国民健康保険，健康保険），年金保険（国民年金，厚生年金保険），介護保険である。二つ目は労働保険としての雇用保険，労働者災害補償保険である。それぞれの保険に加入する被保険者（労働者）は，（本章のテーマにあわせていえば）出産したり，育児休業を取得した場合，給付金を受けることができる。給付対象者，給付金額は頻繁に変更されたため，育児休業法施行以降を中心にみていこう。

（1）医療保険――国民健康保険・健康保険

　はじめに社会保険のなかの医療保険に関するものをみていこう。
　医療保険は，1961年に国民皆保険制度の掛け声によって，国民すべてが加入する新しい国民保険制度として始まった。大きく分ければ，職域保険（被用者保険・自営業者保険）という働く職場，職域ごとに加入するものと，地域保険

(市区町村国民健康保険)といって市区町村単位で加入するものに分けられる[4]。

医療保険のなかで育児休業法に関連するものとして，出産費用の負担軽減を図るため，被保険者，被扶養者が出産したとき，子ども1人出産したことに対して支払われる①出産育児一時金(被扶養者は家族出産育児一時金)と②出産手当金(被保険者のみ)がある。

①の出産育児一時金(被扶養者は家族出産育児一時金)は，被保険者が出産したとき，1児ごとに支給される制度であり，被保険者期間が継続して1年以上あり，資格喪失日(退職日の翌日)から6カ月以内であれば，請求することが可能である。ここでの出産とは妊娠4カ月以上の出産をいい，出産，死産，流産(人工妊娠中絶)，早産をいう。また婚姻の有無を問わない。

また②の出産手当金(被扶養者にはない)は被保険者が出産する場合，産前・産後の期間，労働基準法により就業が禁止されているため，被保険者が出産のために仕事を休み，その間の給与を受け取られない場合，この期間の生活費補てんのため欠勤1日につき標準報酬日額の何割かが支払われる制度である。出産日(実際の出産が予定日後のときは出産の予定日)以前42日(多胎妊娠の場合は98日目)から，出産の日の翌日以後56日目までの範囲内で仕事を休んだ期間について，1日につき標準報酬日額の何割かを支給される。

出産育児一時金と出産手当金は，育児休業法が施行された1992年，両者ともに成立しており，出産育児一時金は24万円，出産手当金は報酬日額の6割が支給された。1996年9月には，出産育児一時金の額が24万円から30万円に引き上げられた。その後，支給額に変更はなかったが，2006年以降は金額の変更が頻繁になった。2006年10月には，出産育児一時金の額が30万円から35万円に増額された。そして2007年には1992年以来，1度も変更がなかった出産手当金が報酬日額6割から3分の2になった。2009年には出産育児一時金の額が2度変更になり，1月には38万円(産科医療保障制度掛け金3万円を加えて)，同年10月には42万円(産科医療保障制度掛け金3万円を加えて)に引き上げられた[5]。

このように育児休業法が施行されて以降，出産手当金は金額に大きな変動はないが，出産育児一時児金はおよそ1.8倍程度になり，出産による費用の補て

んに大きく貢献すると考える。

（2）年金保険——国民年金・厚生年金保険

次は社会保険のなかでも年金保険（国民年金，厚生年金保険）についてである[6]。1959年に国民年金法が制定され，1961年にすべての国民がなんらかの年金に加入する国民皆年金制度が始まった[7]。

年金保険はおもに企業とそこで勤務する労働者を対象にしたものであり，政府（社会保険庁）が保険事業の運営主体であり，保険料は企業等の事業主と被保険者（労働者）が折半する。

年金保険のなかで育児休業法に関連するものとして，厚生年金保険の保険料納付に関する規定がある。それは被保険者（労働者）の育児休業期間中は保険料の支払いを免除され，この保険料免除期間は年金額等の計算に際して，保険料を負担した場合と同様に扱われる。具体的には，子どもの育児のために育児休業を請求し，休業中の給料の支払いが行われていない場合，育児休業をしている被保険者（労働者）を使用している事業主が社会保険庁長官に対して申し出をした場合，休業を開始した月から終了する日の翌日の前の月までの期間について，被保険者負担分と事業主負担分が免除される。

ただしこの支払い免除制度は，厚生年金保険加入者を対象にしており，国民年金の対象者は該当しない。あくまで企業に雇用される労働者と事業主を中心にしたものである。

こういった厚生年金保険の支払い免除制度は，1992年に育児休業法が施行されてから3年後の1995年に，満1歳未満の子どもをもつ被保険者（労働者）の保険料負担分を免除する形で始まった。2000年になると，満1歳未満の子どもをもつ被保険者（労働者）負担分だけでなく，事業主負担分が免除になった。また2003年には，これまで賞与に対しては免除の対象外だったが，その部分は子どもが満1歳に達する日まで，被保険者（労働者）負担と事業主負担分が免除になった。2005年になると，これまでは厚生年金保険の免除を申請する際，対象となる子どもの年齢が満1歳未満だったが，満3歳未満に延長された。

このように，厚生年金保険の支払いに関して，育児休業中の無給期間，被保険者（労働者）と事業主に対して支払い免除が認められたことは，労使双方の負担を軽減する点で大きな意義があるといえよう。

（3）労働保険──雇用保険

　労働保険のなかの雇用保険についてである。雇用保険は被保険者（労働者）が失業した場合に必要な給付を行ったり，60歳以降，就業継続する高齢者のための給付等を行う制度である。政府（厚生労働省）が保険事業の運営主体であり，公共職業安定所（ハローワーク）が窓口になる。

　雇用保険の給付には，失業の際の求職者給付，早期退職の際の就職促進給付，能力開発に向けた教育訓練給付，雇用を継続するための雇用継続給付がある。雇用継続給付には，育児休業給付，高年齢雇用継続給付，介護休業給付がある。

　労働保険のなかで育児休業法に関連するものとして，雇用保険のなかの育児休業給付がある。育児休業給付には，1995年から2009年までの①育児休業基本給付金と②育児休業者職場復帰給付金，2010年からはそれらを統合した形の育児休業給付金がある。

　まず1995年から2009年までの①の育児休業基本給付金は，被保険者（労働者）が育児休業を取得しやすく，職場復帰を援助・促進することを目的に育児休業中に支給されるものである。育児期間，原則休業開始時賃金日額×30日間単位で計算し，そのうち何割かが支払われる制度である。

　②の育児休業者職場復帰給付金は，職場復帰後に支給されるものである。育児休業が終了した日以後，引き続いて6カ月以上同じ事業主に雇用されている場合には，育児休業基本給付金の給付を受けた月数分がまとめて支給される。支給額は休業開始時賃金日額×育児休業基本給付金を受けた月数である。

　1995年に2つの給付が始まり，育児休業基本給付金が20％と育児休業者職場復帰給付金が5％支給された。2001年には，両者ともに支給額が変更され，育児休業基本給付金が20％から30％，育児休業者職場復帰給付金が5％から10％に引き上げられた。2007年になると，育児休業者職場復帰給付金が10％から

20％に上がった。

　その後2010年には，これまでの育児休業基本給付金と育児休業者職場復帰給付金を廃止し，新たに育児休業給付金として制度を開始した。新制度はこれまでのものと大きな変化はないが，育児休業給付の条件は満1歳6カ月に満たない子どもを育てるために育児休業をした被保険者（労働者）が，育児休業開始前2年間に賃金支払いの基礎となる日数が11日以上ある月が12カ月以上ある場合に支給される。当分の間，育児休業給付金は，賃金月額の50％を支給することとした[8]。

　このように雇用保険からは，育児休業取得中は休業期間中の無給を補てんする形で給付金が支給された。これは雇用形態にかかわらず，雇用保険料を納める被保険者（労働者）が対象になっていた。

（4）保険給付から明らかになること

　ここまでみたように，社会保険，労働保険からの給付金は，1992年の育児休業法の施行当時，出産育児一時金と出産手当金のみであり，支給額もそれほど多くなかった。その後，1995年には厚生年金保険の支払い免除も制度化され，いくつかの時期を経て被保険者（労働者）と企業ともに育児休業中は支払いが免除されるようになった。また育児休業基本給付金と育児休業者職場復帰給付金も支給されるようになった。

　こういった支給金はすべてに共通するが，年代を経るごとに支給額が増加したという特徴がある。このように社会保険制度という観点からみれば，女性が出産，育児を経て職場復帰後までさまざまな制度からの支給金があった。そういう意味では，育児休業を取得すれば，原則無給であるが，それを補てんする形で支給金が支払われていることが明らかになった。

3 育児休業法が女性労働者に与えた影響

(1) 育児休業制度取得率の推移

　厚生労働省の「雇用均等基本調査」から，育児休業制度の取得率の推移をみていこう。この調査による育児休業取得率の推移はメディアをはじめ，多く取り上げられる数値である。メディア等の取り上げ方をみれば，いかにも育児休業制度を取得して，働き続ける女性が増えているような印象を与えるが，実際にはそうではない。というのは調査対象者である女性は，調査前年度（1年間）の在職中に出産した女性のうちどのくらいの人が調査時点までに育児休業を開始したか（開始の予定を申し出ているものを含む）だからである。言い換えれば，調査時点で労働者である女性を対象としており，出産前に退職したり，すでに無職のものは含んでいない。そういう意味では偏りのある調査だが，こういった前提を踏まえみていこう。

　育児休業法が施行されたのは，1992年であるため，それ以降のものを表8-1からみると，女性は1993年が48.1％，1996年が49.1％，1999年が56.4％，2002年が64.0％，2004年が70.6％，2005年が72.3％，2006年が88.5％，2007年が89.7％，2008年が90.6％，2009年が85.6％，2010年が83.7％と徐々に増加したが，2008年を頭打ちに減少傾向にある。その後，2011年には87.8％と回復傾向にある。

　対して男性は，1993年が0.02％，1996年が0.12％，1999年が0.42％，2002年が0.33％，2004年が0.56％，2005年が0.50％，2006年が0.57％，2007年が1.56％，2008年が1.23％，2009年が1.72％，2010年が1.38％と，2007年以降は1.0％を維持する状態であった。2011年には2.63％と初めて2.0％を超えた。

　次いで育児休業の取得者を有期契約労働者に限定した表8-2をみてみよう。同じく厚生労働省の「雇用均等基本調査」によれば，女性は，2006年が51.5％，2008年が86.6％，2010年が71.7％，男性は，2006年が0.1％，2008年が0.3％，2010年が2.02％であった。有期契約労働者においても一定の条件を満たせば，

表 8-1 育児休業制度の取得者割合（％）

年	女性	男性
1993	48.1	0.02
1996	49.1	0.12
1999	56.4	0.42
2002	64.0	0.30
2004	70.6	0.56
2005	72.3	0.50
2006	88.5	0.57
2007	89.7	1.56
2008	90.6	1.23
2009	85.6	1.72
2010	83.7	1.38
2011	87.8	2.63

出所：厚生労働省，1993年「女子雇用管理基本調査」，1997年から2006年「女性雇用管理基本調査」，2007年から2011年「雇用均等基本調査」。

表 8-2 有期契約労働者の育児休業制度の取得者割合（％）

年	女性	男性
2005	51.5	0.1
2008	86.6	0.3
2010	71.7	2.0

出所：厚生労働省，2005年「女性雇用管理基本調査」，2008年・2010年「雇用均等基本調査」。

2005年より取得可能になった。ただし，その条件のなかには，1年以上前から育児休業を取得する企業に雇用されており，さらに対象となる子どもが満1歳に達する時点でも雇用され続ける可能性がある場合に限られた。そうなると対象者は，長時間労働のパートタイマーやアルバイト，契約社員等，企業と直接雇用契約を結ぶ者が中心になる。例えば，派遣労働者のなかでも女性労働者に多い登録型派遣の場合，1つの企業で働く期間はおよそ3カ月が最も多いため，育児休業の取得は必然的に難しくなってしまう。

このように，育児休業の取得率は女性全体でみれば，ほぼ取得することが浸透した状態であり，有期契約労働者であっても一定の条件を満たせば取得できるようになった。ただし，出産した時点で労働者でなければ取得できないため，結婚退職や出産退職した女性は対象外になっていた。

（2）育児休業者の休業取得期間

前項でみたように，育児休業の取得者は法律施行当時と比較して大幅に増加した。利用後，復職した女性はどのくらいの期間利用したのか。比較可能な2002年，2005年，2008年，2010年という4年分の数値から状況をみてみよう。

表8-3の育児休業者の休業取得期間別にみると，すべての年度においてもっとも多いのは「10カ月から12カ月未満」であり，それぞれ2002年が41.4％，2005年が35.0％，2010年が32.4％，2008年が32.0％であった。

表8-3 女性の育児休業取得期間別育児休業後復職者割合（％）

年	1カ月未満	1~3カ月未満	3~6カ月未満	6~8カ月未満	8~10カ月未満	10~12カ月未満	12~18カ月未満	18~24カ月未満	24~36カ月未満	36カ月以上	不明
2002	0.9	8.7	14.2	10.8	16.1	41.4	5.4	0.8	0.9	0.7	0.1
2005	2.6	9.9	15.1	8.2	12.2	35.0	13.5	1.7	0.1	0.1	1.1
2008	1.0	5.8	13.6	9.8	13.1	32.0	16.9	3.1	0.7	0.1	3.8
2010	1.5	4.7	10.7	8.4	11.4	32.4	24.7	3.7	2.0	0.3	0.1

出所：厚生労働省「女性雇用管理基本調査」(2002年・2005年),「雇用均等基本調査」(2008年・2010年)。

　２番目に多い休業取得期間は年度により異なり,「12カ月から18カ月未満」は2010年が24.7％,2008年が16.9％,「8カ月から10カ月未満」は2002年が16.1％,「3カ月から6カ月未満」は2005年が15.1％であった。

　３番目に多い休業取得期間も年度により異なり,「3カ月から6カ月未満」は2002年が14.2％,2008年が13.6％,「12カ月から18カ月未満」は2005年が13.5％,「8カ月から10カ月未満」は2010年が11.4％であった。

　特徴としては,法律上育児休業の取得期間として明示されている12カ月未満がすべての年度においてもっとも多かったことである。ところが年度により異なるが,2008年,2010年になると,18カ月未満取得する人が2番目に多く,2005年も3番目に多くなっていた。反対に「3カ月から6カ月未満」という半年程度取得するものは,2002年,2005年で2番目,3番目に多くなっていた。

　簡単にいえば,近年は育児休業期間を法律の規定内で取得するか,または1年半以内（18カ月未満）で取得する場合が多くなりつつあるということだ。1年半取得するには条件があり,保育所への入所が職場復帰時にできない場合,休業期間の延長をできることが関係すると考える。

　その他として数値自体は大きくないが,2008年,2010年のみをみると,「18カ月以上」の休業取得期間者が増えているのが特徴である。

　これらの結果から明らかなのは,育児休業期間について,産後休暇からすぐに職場復帰する層と法定どおり1年から1年半取得する層という二極化が進んだことだった。さらにプラス半年以上という長期休業期間者の増加は,各企業

が独自の制度として休業期間を長期にしていることが考えられる。

（3）調査結果から明らかなこと

本節では「雇用均等基本調査」の結果から，女性労働者の育児休業取得率，育児休業取得期間を検討した。年代別に検討して明らかなのは，2008年前後を境にして，育児休業の取得者が減少していることだった。さらに取得期間に関しても法律の規定通り取得するものが最も多いが，近年は1カ月以内取得して早々に復帰するものと，1年半以上という長期間取得するものに分かれてきた。

4　女性の就業継続と子育て意識

育児休業法が施行されてからおよそ20年が経過し，女性が出産後，育児休業を取得して働き続けるという考え方や現に取得する人は少しずつ増えている。また休業期間は原則無給であるが，その無給を補てんする形で，社会保険や労働保険からは給付金が受けられるようになった。それにもかかわらず，実際には，出産時点で労働者ではない女性，つまり退職者，無職者は一定数存在する。本節では，女性の育児に対する意識と出産前後の状況を考え，今後どういったことが必要になるのかを考えていく。

（1）母親の子育て意識

女性たちの子育て意識は，どのように変化したのだろうか。表8-4をみてみよう。社会保障・人口問題研究所の「出生動向基本調査」によれば，「少なくとも子どもが小さいうちは，母親は仕事を持たず家にいるのが望ましい」という考え方に対して，賛成（「まったく賛成」「どちらかといえば賛成」を合わせて）は，育児休業法施行年の第10回調査（1992年）が88.1％だったが，調査を重ねるごとに減少した（第12回調査〔2002年〕：76.5％，第13回調査〔2005年〕：71.8％）。最新の第14回調査（2010年）では69.5％と全体の7割弱になり，育児休業法施行年の第10回調査（1992年）と比較すれば，賛成とする考えは2割弱減少した

表8-4　子育てに関する妻の意識

結婚・家族に関する考え方	調査年次	総数	まったく賛成	どちらかといえば賛成	どちらかといえば反対	まったく反対	不詳
少なくとも子どもが小さいうちは，母親は仕事を持たず家にいるのが望ましい	第10回(1992年)	100.0	47.9	40.2	7.6	2.5	1.9
	第12回(2002年)	100.0	26.7	49.8	14.2	6.3	3.0
	第13回(2005年)	100.0	22.7	49.1	14.8	6.6	6.8
	第14回(2010年)	100.0	19.2	50.3	18.8	7.7	4.0

出所：国立社会保障・人口問題研究所「第14回出生動向基本調査」2010年。

ことになる。

　特徴としては，「少なくとも子どもが小さいうちは，母親は仕事を持たず家にいるのが望ましい」という考えに賛成するものが徐々に減っていることである。詳細にみていくと，第10回調査（1992年）から第14回調査（2010年）にかけて，上記の考えに強く賛成する「まったく賛成」は4分の1程度（47.9％→19.2％）減少したが，「どちらかといえば賛成」は少しずつ増加した（40.2％→50.3％）。

　同様に上記の考えに反対する「どちらかといえば反対」が約2.5倍（7.6％→18.8％）になり，強く反対する「まったく反対」は約3.1倍（2.5％→7.7％）に大幅増加した。

　変化の割合という点で考えれば，上記の考えに強く賛成するものは大きく減少し，連動するようにまったく反対と考えるものが増加したことである。要は「少なくとも子どもが小さいうちは，母親は仕事を持たず家にいるのが望ましい」という質問を裏返せば「子どもが小さいうちでも母親は仕事を持つことに賛成する」となり，こういった考え方，意識のものが増加していることになる。

　ここまでみたように，子育て意識として「少なくとも子どもが小さいうちは，母親は仕事を持たず家にいるのが望ましい」と考える女性は，育児休業法施行以降確実に減少していたことが明らかになった。女性たちのなかで，子どもが小さいうちは家にいるべきという強固な神話は少しずつ緩和されつつあるようだ。そうであるならば，育児休業法施行以降，子どもを持ちながら働く女性が増加しても不思議ではないだろう。では実際にはどうなのか。次項で検討して

表8-5 第1子出生年別にみた第1子出産前後の妻の就業変化

事象	出生年	総数	就業継続	(再掲)就業継続 育児休業あり	(再掲)就業継続 育児休業なし	出産退職	妊娠前から無職	不詳
第1子出産	1985〜1989年	100.0	24.0	5.7	18.3	37.4	35.5	3.1
	1990〜1994年	100.0	24.4	8.1	16.3	37.7	34.6	3.4
	1995〜1999年	100.0	24.2	11.2	13.0	39.3	32.8	3.8
	2000〜2004年	100.0	26.8	14.8	11.9	40.6	28.5	4.1
	2005〜2009年	100.0	26.8	17.1	9.7	43.9	24.1	5.2

出所:国立社会保障・人口問題研究所「第14回出生動向基本調査」(2010年)。

いこう。

(2) 出産前後の就業継続状況

ここでは第1子出産前後の妻の就業状況の変化を,表8-5からみてみよう。前項と同様に「出生動向基本調査」によれば,子どもの出生年が1985年から2009年のものを5年刻みに分類したものをみると(1985-1989年,1990-1994年,1995-1999年,2000-2004年,2005-2009年),第1子出産前後に就業継続していたものは,24.0%(1985-1989年)から26.8%(2005-2009年)へとわずかながら増加していた。就業継続したものを育児休業取得の有無でみると,取得したものは5.7%(1985-1989年)から17.1%(2005-2009年)へと約3倍に,反対に取得しなかったものは18.3%(1985-1989年)から9.7%(2005-2009年)へと約半分になった。つまり,第1子出産前後に就業継続する女性は,それほど増加していないものの,その時に育児休業を利用するものは大幅に増加したのである。このことは何を意味するのか。育児休業の取得者増は,イコール就業継続する女性の増加につながらないことだ。

実際に,就業継続せずに出産退職するものは,37.4%(1985年から1989年)から43.9%(2005年から2009年)に増加しており,逆に妊娠前から無職のものは35.5%(1985年から1989年)から24.1%(2005年から2009年)へと減少していた。

これらの結果から明らかなのは,育児休業法が施行される前の1980年代後半

と現在では取得の有無にかかわらず，就業継続者数に大きな差がないことだった。もちろん，近年の方が制度を取得して就業継続する者は多いが，継続者数自体は大差ない。逆に当時よりも出産退職者が増加していた。

5　現状から明らかになったこと

　本章では，育児休業法のなかのさまざまな制度と社会保険，労働保険からの給付制度の変遷，そして女性労働者の育児休業の取得状況，取得期間を確認した。その後，女性の子育て意識と第1子出産前後の就業継続状況を検討した。育児休業制度の整備は進み，社会保険，労働保険からの給付金も充実し，育児休業の取得者数自体は法律施行当時よりも大幅に増加した。それにもかかわらず，第1子出産前後の就業継続者数自体は，法律施行前と大差なかった。法律施行前，育児休業は特定の職業に就く者か，法律上，努力義務であったため，産後休暇のみで復帰する女性が多かったといえる。また，第1子を出産した女性全体でみても，育児休業の取得の有無にかかわらず就業継続する女性は，結婚，出産によって退職する女性よりもかなり少なかった。

　本章で検討したことから明らかなのは，育児休業法の施行によって，出産後，育児休業を取得して就業継続する女性が多くなったことである。法律では労働者が育児を行いやすいように労働時間等に関する措置を定め，一定期間，労働時間を短縮したり，制限したりできた。結果として，産後休暇のみで職場復帰する女性は少なくなった。そういった流れと連動するように，女性の子育て意識も，子どもが小さいうちは仕事を持たず家にいるほうがよいという考えに賛同する者は減少した。つまり，子どもが小さくても仕事を持つという状況は，行動として選択の余地があるということだ。また，子どもが小さいうちから仕事を持つことは，女性の職業キャリアという観点だけでなく，家計経済的な側面からも就労が必要な状況だと考える。実際に，育児休業法の施行によって労働時間を短縮することが可能になったのにともない，社会保険，労働保険から育児休業取得に関連する項目への給付金も改定された。育児休業法の施行当時

よりも社会保険，労働保険からの給付額は格段に増加した。社会保険制度からの経済的支援である。例えば，これまで実施されている多くの調査では，女性が子どもを多く産むには，経済的な支援が必要だといわれるが，その支援の一環を社会保険制度が担っているともいえる。だが，そういった支援があるにもかかわらず，就業継続する女性の増加には，いまだほど遠い。

　国は女性が仕事と育児（家庭生活）を両立しやすいように法律を整備し，一定の条件を満たせば社会保険制度から給付金を支給できる制度を整備した。そういう意味では，両立を促すための外堀は固まったといえる。だが，そういった環境であるにもかかわらず，就業継続する女性が増加しないのはなぜか。

　一つには育児休業を取得して就業継続するためには，女性の職場環境によってあまりにも差異が大きすぎることである。例えば，どのようなコースで，どのような部門に配属され，さらに産業，職種はどうなのか。こういった要因によって仕事の責任，業務量，職務内容は大きく異なる。これらを含んだ職場環境は，妊娠した時，出産退職するか，就業継続するかという女性の考えに少なからず影響すると思われる。もちろん，現状では就業継続する者のほとんどは育児休業を取得しているが，それはあくまで労働者としてあり続ける選択をした女性の場合である。それ以外の出産退職したり，結婚退職したりする女性が就業を辞めることなく，継続するためには大きく機能していない。そもそも育児休業法は，労働者の仕事と家庭生活（育児）の両立を手助けし，就業継続や再就職を促すために制定されたものである。

　法律が整備され，社会保険制度からの給付金も充実しており，いわゆるハード面は整ってきたといえる。今後は，ソフト面である職場環境による差異を踏まえた細やかな対応が充実すれば，育児休業を取得して就業継続する女性は増加するだろう。

注

(1)　本来なら「育児休業，介護休業等育児又は家族介護を行う労働者の福祉に関する法律」の通称である「育児・介護休業法」と明記すべきだが，本章では介護のことに触れないため，この法律の通称「育児休業法」と表記することとする。

(2) 同時に「国会職員の育児休業等に関する法律」「地方公務員の育児休業等に関する法律」が施行されたことで、1976年の法律は廃止された。
(3) 1日の所定労働時間が6時間以下である労働者は取得できない。その他フレックスタイム制、始業・終業時刻の繰り上げ、繰り下げ等が利用できる。
(4) 2008年4月から原則として75歳以上の者を対象とした後期高齢者医療制度が新たに始まった。
(5) 産科医療保障制度とは、通常の妊娠、分娩にもかかわらず、分娩に関連して重度脳性まひになった場合に補償の対象となる制度(先天性は除く)である。その際、分娩機関が3万円の掛け金を負担するため、その分を出産育児一時金に上乗せして支払う制度である。
(6) 共済年金に関しては、厚生年金保険と育児休業にかかわる給付規定がほぼ同じなので、割愛した。
(7) ただし、1961年当時はサラリーマンの妻や昼間部学生など一部は任意加入であった。その後、1986年に公的年金制度を再編成し、基礎年金制度が確立したことで、サラリーマンの妻、1991年には昼間部学生ともに強制加入となった。
(8) 2011年1月現在、支給額は、最低6万9,900円であり、最高でも21万5,100円である(毎年8月1日に変更)。
(9) 「まったく賛成」「どちらかといえば賛成」「どちらかといえば反対」「まったく反対」「不詳」という5段階で評価するものである。

参考文献
汐見稔幸・佐藤博樹・大日向雅美・小宮信夫・山懸文治監修『子育て支援シリーズ2 ワーク・ライフ・バランス』ぎょうせい、2008年。
乙部由子『女性のキャリア継続』勁草書房、2010年。
小磯優子・島中豪『改正育児・介護休業法の基本と実務』労務行政、2010年。
武石恵美子編『叢書・働くということ⑦ 女性の働きかた』ミネルヴァ書房、2010年。
大村賢三『こうして法律は生まれた──回想・育児休業法(前編)』早稲田出版、2011年。
大村賢三『こうして法律は生まれた──回想・育児休業法(後編)』早稲田出版、2011年。

(乙部由子)

コラム4

PROUD LIFE

　2011年7月に結成された「PROUD LIFE」は，名古屋・東海地域を拠点に，セクシュアル・マイノリティ（性的少数者）の支援とエンパワーメントをすすめる非営利組織である。当事者が自らの生き方に自信を持って肯定できるように，との願いを込めて，「PROUD LIFE」（誇りある人生）と名づけた。
　メディアの報道や「性同一性障害特例法」制定などの社会環境の変化のなかで，同性愛や性同一性障害などセクシュアル・マイノリティに対する関心は高まっているが，いまだ社会の誤解や偏見は大きく，セクシュアル・マイノリティの生きづらさは変わっていない。公的な支援や相談窓口もほとんどなく，誰にも相談できずに悩む当事者も少なくない。とくに思春期・青年期の当事者の悩みは大きく，セクシュアル・マイノリティの自殺率が高いというデータもよく知られている。
　近年，同性婚を認める国々が急速に広がっているが，日本では，その是非が政治的な話題にすらない現状で，当事者は社会保障をはじめとした制度の枠外におかれたままだ。欧米諸国と比して，日本はセクシュアル・マイノリティの人権確立が大きく遅れているが，その大きな要因ともなっているのが，当事者自身の主体的運動や社会的発信力がまだまだ弱いことである。とくに，私たちが活動する名古屋・東海地域では，当事者団体の活動も少なく，他都市で行われている「レインボーパレード」（セクシュアル・マイノリティの存在を可視化させるものとして広く世界中で取り組まれている）も開催されていない。当事者運動の遅れは，当事者同士の交流や理解者との連帯の機会を少なくし，ますます当事者をクローゼット（自分のセクシュアリティを隠している状態）に追い込むという悪循環に陥ってしまう。
　こうした悪循環を断ち切るために，セクシュアル・マイノリティの当事者や性教育関係者，弁護士らがよびかけ，2011年7月にPROUD LIFEが設立された。幸い，各界・各分野の専門家に理事に就任していただき，ふさわしい役割を果たせる団体をめざして，活動を始めている。
　PROUD LIFEの活動の特徴は，第1に，当事者のエンパワーメントに必要な自助グループの育成を手がけていることである。PROUD LIFE設立に先立ち結成された性同一障害の自助サークル「GID Proud」では，毎回20人前後が参加する定例会を毎月欠かさず開催している。この経験をいかして，学生サークルを各大学に育成していくこと，名古屋から遠い地域にも自助グループをつくること，当事者の親・家族の会をつくることなどを目標にしている。

コラム4　PROUD LIFE

　PROUD LIFEのもう一つの特徴は，行政や他の社会的運動との協働・連携を重視していることである。人権パレードへの参加や反貧困運動，女性団体やフェミニストグループ，脱原発の運動など，多彩な運動にセクシュアル・マイノリティの視点から加わっている。運動の中で生身の当事者と交流することは，セクシュアル・マイノリティを身近に理解する効果的な方法ともなっている。また行政主催の講演会や研修会などの講師も積極的に引き受けるよう心がけている。

　ある運動が共通する課題の解決のために他の分野の運動と連携したり，行政と協働して啓発活動を行うことは，ごく一般的なありふれたことかもしれない。しかし，セクシュアル・マイノリティの運動は，当事者コミュニティ内部の活動が大半で，それ以外の運動と連携することはほとんどないのが現状だ。これは，当事者運動の弱さのあらわれであるとともに，それだけこの問題が一般社会とは縁遠いものとなっていることの反映でもある。

　今後は，セクシュアル・マイノリティのための公的な相談窓口を展望しつつ，独自に電話相談事業を始める他，名古屋ではまだ開催されていない「レインボーパレード」を行うために，実行委員会を立ち上げたところだ。コミュニティ内部のイベントとは違い，外に向けてアピールするレインボーパレードは，クローゼットの当事者への配慮も必要であり，名古屋・東海地域の当事者にとって敷居の高い取り組みかもしれない。しかしパレードに対する期待も大きく，参加者の裾野のひろがりが期待される。

　PROUD LIFEは，設立されて間もないグループであるが，セクシュアル・マイノリティの権利向上にとって，いま必要な組織だと自負している。そして，セクシュアル・マイノリティの支援は，マイノリティ当事者だけのためのものではなく，社会全体にとっても，時代の閉塞状況を打開していく鍵ともなるのではないかと考えている。

　当事者が声をあげ，理解者をひろげ，社会とつながっていく——多様な性と多様な生き方を認め合える社会をつくるために，私たちのPROUD LIFE（誇りある人生）は前へと歩んでゆく。

（PROUD LIFE 代表理事　安間優希）

PROUD LIFE（プラウドライフ）URL　http://www.proudlife.org/
〒460-0005　名古屋市中区東桜2-22-14キングビル1階
E-mali：info@proudlife.org
相談専用電話「レインボーホットライン」052-931-9181
（毎月第2・第4月曜日　19時〜22時　詳しくはウェブサイトで確認を）

第9章 ボランティア活動と女性

1 ボランティアの誕生と女性

(1) 震災ボランティア

 1995年はボランティア元年と称されている。1995年1月17日の早朝に起きた阪神・淡路大震災には，150万人ものボランティアが駆け付け，その救援，復興支援に大きな役割を果たし，私たちにボランティアの存在意義を大きく示した。

 そして，2011年3月11日に起きた東日本大震災は，地震・津波・原発事故による未曾有の「巨大複合災害」(1)であり，被災規模も広範にわたり，その被災状況はあまりにも深刻であったが，震災発生直後から今日に至るまで多くのボランティアが駆け付け，その支援活動は私たちに人と人とのつながりを実感させ，希望を与えてくれている。

 震災後，大きな被害があった岩手県の陸前高田市，大船渡市に筆者が行ったときにも多くのボランティアが救援活動を行っていた。女性ボランティアも多く，なかには仕事を辞めて，ここで長期間にわたって活動をする予定であると語ってくれた女性もいた。被災者の方々の「今，私がここにいるのは奇跡です」という言葉は，何よりも重く感じられたが，そのなかで「家が流され避難所で生活しているが，全国からボランティアがきてくれ，自分たちもできることはやらなくてはと思った」と語り，5月から炊き出しのボランティアをやっているという被災女性にも出会った。さらに別の女性も「自宅も自営していたパンの工場も流されてしまった。しかしボランティアやまわりの人が心の支え

になり，まだ先は見えないが，できることはやりたい」(2)と炊き出しや支援物資の配布等のボランティア活動を行っていた。被災地では，国内外の各地から駆け付けたボランティアや被災当事者のボランティア等，多様なボランティアが活動を展開していた。

　震災時にはなぜボランティアが急増するのだろうか。ボランティアとは自発性にその本質があると言われてきたが，震災時のボランティアは，「他者の苦しみに対する受動的感覚から生み出されている」(3)と言われている。さらに金子郁容は，他者との関係性のなかにボランティアを位置づけ，ボランティアとは，「その状況を『他人の問題』として自分から切り離したものとはみなさず，自分も困難を抱えるひとりとしてその人に結びついているという『かかわり方』をし，その状況を改善すべく，働きかけ，『つながり』をつけようと行動する人である」(4)とする。

　ボランティアとは，他者の問題を「『他人の問題』とみなさない」者であるとすると，大震災の問題は誰もが遭遇する可能性があり，さらにテレビやネット等を通してリアルに迫る深刻な被災情報等によって，人びとが「他者の問題」ではなく「自分にもかかわる問題」として認識できたことから，比較的多くの人たちがボランティアになったともいえる。さらに災害時に必要とされる炊き出しや瓦礫や土砂の撤去は誰にでも，自分にもできる活動として，参加しやすいと認識されたことにもよるであろう。ただし，東日本大震災は，阪神・淡路大震災と比較して，被災地域が広く，とくに災害発生当時は多くの交通網が遮断されたこと等から，ボランティアが駆け付けることが困難な状況となっていた。にもかかわらず災害弱者への対応を配慮・優先し，コミュニティの関係を重視する等の今までの経験も踏まえて，災害ボランティア団体を中心に迅速に多様なボランティア活動が展開されている。災害ボランティアとは，「被災して支援を受けた人たちが，次の被災地で活躍するという形で『助け合い』が展開され」(5)，救援活動が繰り返される条件がつくられたことから誕生したと言われている。

　また，阪神・淡路大震災は，「ボランティアを『特別な人が行う特別な活動』

から『普通の人が行う普通の活動』へと大きくイメージを変えた」という。ここでいう特別な人とは，自己犠牲を厭わない人，社会意識の高い人などであった。しかし大震災による被害という「他者の苦しみ」は，ボランティア自身も被災者との関係性のなかで共有する苦しみであり，ボランティア活動は，それらを解決するために誰もができる社会的な活動や事業として位置づけられるようになった。

（2）ボランティアの歴史と女性

　従来ボランティアとは，自発性，社会性，無償性を本質とし，ボランティア活動とはボランタリズムという思想によって支えられた活動であるとされてきた。ここでいうボランタリズム（Voluntarism）とは「主意主義」と訳されており，理性や知識よりも自発的な自由意志のもとで，独自の活動・行動を促す精神である。そのような精神を行動に移す者がボランティアであるが，現実には精神と行動の間には大きな距離がある。その距離は，ボランティアが誕生する歴史や先述の大震災のような重大で身近に感じられる問題との遭遇のなかで，縮められてきたともいえる。

　ボランティアの歴史を振り返るとボランティアは，民主主義の発展，市民社会の形成のなかで成熟してきたものであり，日本では第2次世界大戦後の民主化政策や欧米の民主主義・市民自治の思想の影響によってボランティア活動，市民活動が発展，展開されるようになった。その源流として，仏教やキリスト教等の慈善活動や村落共同体における相互扶助活動やセツルメント運動，方面委員活動等がある。

　戦後，日本国憲法第25条は，国民の健康で文化的な最低限度の生活は公的責任に基づいて保障されることを明確にし，戦前の慈善事業・社会事業やセツルメント活動，方面委員活動等の多くは社会福祉制度のなかに組み込まれていった。さらに戦後の福祉制度改革は公私分離という原則によって進められ，日本国憲法第89条で「公の支配に属しない」民間の事業への公的助成を禁止した。

　したがって，すべての人々が健康で文化的な生活を営むことは権利として公

的責任のもとに保障され，「法律による社会福祉」が明確に位置づけられた。そのうえで法律によらない民間の「自発的な社会福祉」が社会福祉全体の自己改造の原動力(8)を担うものとして位置づけられた。「自発的な社会福祉」には公的なサービスの課題を改善し，新しい公的なサービスを生み出すという役割が求められ，その代表的なものとして朝日茂が「健康で文化的な最低限度の生活」水準を求めて起こした「人間裁判」がある。この社会保障運動は，患者団体，労働組合，市民を広く巻き込み，生活保護基準の改善を促すことになった。このような運動は，高度経済成長政策によって顕在化してきた公害問題等への反対運動，さらに母親たちの「ポストの数ほど保育所を」という保育所運動や障害児教育の義務化をめざす運動等，国や自治体に制度やサービスの充実を要求する「市民運動」として展開された。

そして「市民運動」は，その後，当事者を中心とした福祉事業として発展していった。具体的には子育て中の親たちが共同保育所をつくり，運営し，また障害児の親たちや障害者自身が共同作業所をつくり運営するというように，当事者・住民参加の福祉事業として発展していった。ここでの親たちの多くは子育てを担う女性たちであった。

さらに1970年代に高齢化が進展し，高齢者の介護が社会問題となり，その問題を解決したいと最も強く感じたのも多くの女性たちであった。当時「寝たきり老人」の多くは，老人病院に社会的入院をし，また在宅で「寝たきり老人」の介護を担っていたのは，「嫁」，妻や娘という女性たちであった。そしてその女性たちのなかから，在宅介護を支える食事サービスや家事援助等を行うボランティアが誕生してきた。

以上のように戦後のボランティアは，公的福祉サービスの発展過程において，そのサービスが不十分ななか，サービスの充実や新しいサービスの創造を担う運動主体としての位置づけが大きかった。このような歴史は，小笠原慶彰が，ボランティアの歴史を「人権抑圧への抵抗としてのボランティア(9)」として論じているように当時ボランティアに求められていたのは，なによりも権利を求めていく運動主体としての役割であった。

さらに福祉国家の発展のなかで，一番ヶ瀬康子はフェミニズムの視点が重要であることを指摘している。一番ヶ瀬は「男性中心社会」において，社会保障のあり方が「女性も一人の人権の主権者として，自己実現を可能とし，究極的には精神的自立をはたすため，その前提となる経済的自立を可能とするような状況であるのかを明らかにする必要がある」[10]という。そして人権としての社会保障を実現するためには，ハンディをもった者に焦点を当てることが重要であり，差別を受ける機会が多い女性が主体化することが不可欠であることを強調している。

　家父長制の残存に基づく日本の社会保障制度は，今日に至るまで，女性を被扶養者と位置づけ，子育てや介護負担によって女性の自立を妨げる傾向にある。したがって女性自身が自らへの差別を感じ，その解決を自ら担ってきたということが，共同保育所づくりや在宅介護サービスづくりのボランティア運動に象徴されている。朝日訴訟のように男性も差別される当事者として声をあげ，厳しい社会保障運動を担い，そのことに多くの男女が共感してその運動が広がってきたことも事実である。しかし他方，男性中心の社会では多くの女性が差別される側におかれ，そしてその問題は切実であるとともに今，早急に解決し，なんとか対応しなければならないという状況のなかで，要求運動にとどまらず，女性たちは，助け合い，支え合いのボランティア活動としてサービスを創造し，その運営を担ってきた。

（3）国際ボランティア年とボランティアの独自性

　2001年は国際ボランティア年（International Year of Volunteers）であり，国連は10年目に当たる2011年を「ボランティア国際年＋10（プラステン）」と位置づけ，再びボランティア推進を世界中に呼びかけている。「『ボランティア国際年』の取り組みにより，今や世界の様々な国や地域で活動するボランティアの数は数千万人，1年に生み出す経済価値は世界で4,000億ドルにものぼるが，このボランティアの貢献が世界中に知らされていないという問題がある」とし，「1．ボランティアリズムへの理解，2．ボランティアリズムの促進，3．ボ

ランティアリズムへの支援」を掲げている。

　「ボランティアリズム（Volunteerism）」の基盤となる「ボランタリズム（Voluntarism）」について，岡本栄一は，「ボランタリズムには『主体性・自由意志・自発性』などを内包するボランタリズム（Voluntarism）と国家や行政から『独立した民間組織』を意味するボランタリズム（Voluntaryism）の二つがあり，特に後者は『市民社会』とかかわり，国家や行政とは独立しつつ協働する民間組織の〈立ち位置〉に関係する」とボランタリズムの理念に基づいた活動がボランティア活動であると主張している。つまり主体性・自発性とともに行政からの独立がボランティアの本質である。

　世界で最も幸せな国とも称される福祉国家デンマークでは，国際ボランティア年の取り組みを契機に2001年にボランティア憲章を制定している。そのボランティア憲章では，デンマーク民主主義の発展はボランティア組織と公的セクターの独自の関係のもとにあるとして，四つの目的を示している。①ボランティア組織の目的やその形態の多様性を尊重すること。②ボランティア組織と公的セクターのそれぞれの違いを尊重し，相互に発展すること，③ボランティア組織がその取り組みを主張し，発展することが社会の発展を促進し，地域の福祉，一人ひとりの人生の豊かさを促進する。④ボランティア活動を促進し，それを見えるものとしていくこと，としている。

　デンマークのボランティアの定義は，①自由意志，②無報酬（ただし実費弁償はあり，有給スタッフの雇用もする），③自分の身内・家族を対象とした活動ではない，④組織化されている，というものである。さらにその役割は①一人ひとりの人，グループの人を対象として，その人たちの快適な生活，あるいはケアを増やすような対策・行動をすることであり，②社会（公的部門）が対応できない具体的なサービス業務をすることとされている。デンマークのボランティアセンター長は「ボランティアは，依存症や孤独な高齢者などの社会的に排除されている人の活動を最優先に援助している」と言う。

　デンマークでは，公的セクターとボランティアの関係は対等であり，ボランティアは，公的サービスのように公平で画一的なサービスではなく，個別のよ

りその人らしい生活を支援し、さらに公的サービスやコミュニティから排除されがちな問題に対応するという独自の役割が明確になっている。

公的サービスが充実したデンマークのボランティアの独自性は、個別性と社会的排除の問題を活動領域としているということにある。そのような活動領域で活動するボランティアについて三本松政之は、生にかかわる「臨床性」という特徴をもつ福祉ボランティアと位置づけている。三本松は、福祉ボランティアの活動は、「それぞれの気づきに基づく自発性に基礎を置く」とし、「福祉ボランティアには当事者が自らのニーズに気づくのと同質の、切実さを伴った気づきが求められる」(15)という。そのような「気づき」は、マジョリティの側にいる男性よりもマイノリティの側にいる女性が持つ可能性が大きいといえるだろうか。

2　ボランティアとジェンダー

(1) ボランティアと女性

ボランティアは、「臨床性」「個別性」を持ち、他者の問題を「『他人の問題』とみなさない」者であり、社会的排除の問題を対象として活動し、性別は問われないものである。しかし現実には多くのボランティア活動は、歴史的にもさらに今日においても多くの女性によって行われているという傾向がある。女性は男性と比較して、問題を「『他者の問題』とみなさない」者、問題に「気づく」者が多いのだろうか。

2009年に全国社会福祉協議会が実施した「ボランタリー組織対象調査」によるとボランティア団体・グループの代表者は、約3人に2人（66.1％）は女性であり、また構成メンバーの年齢層は、60代が82.6％と最も多く、その職業は「主婦・主夫（仕事をもっていない）」が79.5％と最も多い。さらに「ボランティア個人対象調査」によると「女性」は68.8％であり、「男性」31.0％の2倍以上となっている。年齢は、60代以上が65.7％、職業は「主婦・主夫」35.6％、「定年退職後の方」22.5％であり、なかでも男性は約半数（47.9％）が「定年退

職後の方」であった。とはいえ2003年に行われた全国社会福祉協議会の「全国ボランティア活動者調査」では女性が72.7％であったので、最近は男性のボランティアも増加しつつある。

　男性ボランティアが増加傾向にあるとはいえ、今日においても依然ボランティアは女性の方が多いのはなぜだろうか。ボランティア活動は、利益を目的としない無償もしくは非営利の活動であり、金銭的な評価がされ難い活動である。そのような活動は、現代の産業社会のなかで営まれている労働とは異なり、シャドーワーク、もしくはアンペイドワークと見なされてきたものである。

　また、先の「ボランタリー組織対象調査」によると、その活動分野は「高齢者の福祉活動」36.3％、「障害者の福祉活動」31.1％「地域の美化・環境保全に関する活動」21.9％、「まちづくりなどに関する活動」21.3％、「青少年（児童）の健全育成に関する活動」19.6％等である。このような実態は、ボランティアが、高齢者、障害者、まちづくり、子ども等多様な問題を「他者の問題」としないで、その問題の解決のためにケア（生活支援や介護等）活動を担っているということを示している。そしてそのようなケアは、高度経済成長期以降「主婦」と位置づけられた女性によって主に家庭内で担われてきたものである。しかし核家族化、就労する女性の増加、生活の社会化等を背景に家庭内ではケアはもはや担えなくなってきた。そこでケアの問題を解決するために、多くの女性たちが自分たち自身の問題として、さらにその問題を共感できる「他者の問題」として、家庭外でのケアに関するボランティア活動を行い始めた。当時の福祉サービスは施設福祉中心であり、未整備であった在宅ケアに関するボランティア活動を多くの女性たちが担ってきた。近年その活動に男性も参加しつつあり、その傾向がさらに強くなることが求められるが、今なお多くの女性が家庭だけではなく地域でもボランティアとしてケア役割を担っている傾向は続いている。

（2）福祉政策のなかで期待される女性たち

　福祉国家とは、完全雇用と社会保障、社会福祉等の政策をめざす国家である

が，その福祉国家について大沢真理は，「男性稼ぎ主（male breadwinner）に対する所得移転中心の福祉国家」と捉えている。そこでは「男性が『生産年齢』にあるあいだ，職業活動をつうじて十分な所得を確保できれば，妻子とともに家庭を営んで次世代を教育訓練することもでき，老齢退職後の所得も保障されると想定されていた[17]」。したがって福祉国家自体が「男性稼ぎ型」という「伝統的な家族」を前提としたジェンダー不平等なものである。そのジェンダー不平等な福祉政策のなかでも「日本型福祉社会」や「参加型福祉」政策は女性やボランティアにケア役割を期待したものである。ケア労働については第3章で詳述されているが，ここではボランティアに関連することについて紹介したい。

　ボランティアとケア労働との関連を明示したのは「参加型福祉」政策である。「参加型福祉」とは，1993年4月に「国民の社会福祉に関する活動への参加の促進を図るための措置に関する基本的な指針」が厚生省（当時）から告示され，同年7月には中央社会福祉審議会地域福祉専門分科会から「ボランティア活動の中長期的な振興方策について」という意見具申が提起されたことに象徴される政策である。この政策は，具体的なボランティアの目標値に端的に現れているようにケアサービスの量的拡大を担うケア供給者としての役割がボランティアに期待されている。したがって，急速な高齢化によって必要となるケアサービスの不足を補うために住民参加を奨励し，ボランティアを「安上がりサービス」の担い手とするという側面が強いものである。そしてそのボランティアの多くが中高年の女性であることからも，女性が家のなかでも地域でもケアを担い続けることを期待されてきた。

　「参加型福祉」が推進されるなかで，2000年に改正された社会福祉法では「地域福祉の推進」（第1条）が明示され，「国民の社会福祉に関する活動への参加の促進を図るための基本的な指針」（第89条）の策定とともに，「国及び地方公共団体がそのために必要な措置を講ずるよう努めなければならない」（第92条）と定められた。ここで住民参加が制度的に位置づけられたことは重要である。

　さらに2008年に厚生労働省から提起された「これからの地域福祉のあり方に

関する研究会報告書」(以下,「あり方報告書」とする)では,「地域社会の再生としての福祉」という地域福祉の位置づけが明確に示された。ここでいう地域社会の再生としての福祉とは,「住民が地域の生活課題に対する問題意識を共有し,解決のために協働することは,地域での人びとのつながりの強化,地域の活性化につながることが期待され,その意味で,地域福祉は,地域社会を再生する軸となりうる」と示されている。そこでは住民は「問題発見者」であり,「問題解決」の主体として位置づけられている。さらに「基本的な福祉ニーズは公的な福祉サービスで対応するという原則を踏まえつつ,地域における多様なニーズへの的確な対応を図る上で,成熟した社会における自立した個人が主体的に関わり,支え合う,『新たな支え合い』(共助)の拡大,強化が求められている[18]」として,共助を住民主体の活動として住民相互,ボランティア,NPO,自治会・町内会,PTA,子ども会,老人クラブを例示している。

　このように住民参加の位置づけが明確に示されたことは重要である。しかしここでは,公的なサービスの限界が所与のこととなっており,その限界をいかに越えていくのか。さらにそもそも住民は問題をなぜ抱えさせられているのかという視点,さらにそのような問題を生み出す現在の地域社会をどのように変革するのか,という視点が不十分である。それらの視点の不十分さから「あり方報告書」では地域再生が地域の住民の共助による問題解決機能の評価に止まり,新たな自治や「自治型地域福祉[19]」への展望が描かれてはいない。つまり地域福祉を,地域の生活課題の解決の方法とし,そこでは地域福祉の核となる住民参加を住民自治に発展させるという方向ではなく,住民がつくり,運営するNPOによる福祉サービスの拡大や住民のボランティア活動による支え合い,見守りネットワークの形成に期待が寄せられている。

　さらに介護保険法等の改正に向けて2010年に公表された「地域包括ケア研究会報告書」について,太田貞司は「介護職を身体介護(＋家事援助＋見守り)の役割を示す一方で,『自助』『互助』『共助』『公助』のなかで,特に地域(『互助』)を強化する方向を示している[20]」と指摘している。超高齢社会のなかで急増する介護問題について,その予防や軽度者への支援については,地域社会の

ボランティア,住民に大きく依存する方向が明確である。そしてその住民やボランティアには,地域社会に基盤を持つ多くの女性と退職者が期待されている。

(3) NPOの誕生と権利の創造

　これまで述べてきたとおり近年,住民参加は福祉政策のなかで,重要な位置を占めるようになった。そして住民参加は,長寿化した私たちの定年後の「生きがい」や「無縁社会」[21]のなかで深刻化・増加しつつある孤独死等社会的排除の問題を解決する「支え合い」として,大きな期待をもたれている。

　そのようななかで,ボランティア活動は「自己実現」や「支え合い」と捉えられる傾向にあるが,仁平典弘は,その解釈には行為者の意図があるとし,ボランティアの「他者のため」と外部から解釈される行為を〈贈与〉と位置づけ,その〈贈与のパラドックス〉を「知識社会学」によって分析したうえで,「ボランティアの終焉」について論じている。そこでは「ボランティア」を特徴づけるとされる概念が,〈交換〉の意味を中核に持つ「互酬性」となること,さらに〈交換〉をめざしつつ〈贈与〉の意味を抹消しきれない「ボランティア」は「NPO」に代替されていくと言う。したがって「ボランティア」は〈終焉〉し,市民社会領域の中心的なカテゴリーとなることはないだろうと論じている。そのうえで,「ボランティア」はアンペイドな労働力の需給と〈教育〉の限定的な領域においてささやかに生を送っていくものと考えられる,と言う。[22]

　仁平が論じているようにボランティアという言葉は,多様な意味づけで使用され,それとともにボランティアの独自性や領域はあいまいになってきた。さらに女性ボランティアに焦点を当てるとアンペイドな労働力として今後も多くの女性ボランティアは期待され続けるであろう。現在もなお女性に期待されているケア役割は,介護の社会化が求められ,「法律による福祉」(介護保険法)の領域で市町村や社会福祉法人だけではなく,企業やNPO等の多様な供給主体によって担われる時代へと転換した。そしてNPOはボランティアが組織化するなかで誕生した新しいサービス供給主体である。したがってボランティアが公共性を担うようになり,ボランティアという言葉がNPOに収斂される傾

向にある。そのような状況においては、NPOの内実にボランティアの本質や思想が含まれていることが大きな課題となる。そしてケアは「法律による福祉」によって必要で十分な量が提供されることを前提に、「個別」のケア（画一的なケアではなく、その人らしさを柔軟に支えるケア）に関してはボランティアが性別に関わらず対等な関係性のなかで行うことが望まれる。

　ボランティアと公共性との関係については、岡本仁宏が、「ボランティアは、社会において権利を生み出す最前線の活動である[23]」と述べ、そのうえで「民間非営利公益活動、とりわけボランティアは、行政の下請けであるよりも、むしろ行政の基盤となる公共性の導出の営みである。この可能性に対する尊重こそが、ボランティアと行政との関係にある対等性の基礎にあるといってもよいであろう[24]」と指摘している。つまり岡本はボランティアが担う公共性とは行政のサービスを担うということではなく、そのサービスを生み出すことであると主張している。

　1970年代初めに介護の経験をした主婦たちがつくった杉並・老後を良くする会というボランティア組織は、長年のボランティア活動を基盤に1990年代初めに日本で初めて市民立の社会福祉法人を生み出し、現在、特別養護老人ホーム、小規模特養、デイサービスふれあいの家、居宅介護支援事業、地域包括支援センター等を運営している。さらに彼女たちが創造したNPO法人新しいホームをつくる会、NPO法人友愛ヘルプ、NPO法人NPO友愛サポートセンターでは、グループホーム、有償家事サービス、相談支援事業等を運営している。その当初からのリーダーの一人である河周子は「ボランティアをただ働きの労働力として位置づけるのは、ボランティアにとって本意ではない。ボランティアが自発的・自主的に活動を維持できるのは、その活動が創造的だからではないか[25]」と述べている。この言葉は、ボランティアとは、公共サービスの担い手ではなく、創造主体であり、それを生み出す原動力にこそボランティアの存在意義があるということを示している。

3 ボランティアと多文化共生社会の形成

(1) 男女共同参画社会から多文化共生社会へ

　ボランティアは，他者の問題を「『他人の問題』とみなさない」者であり，個人の人権の尊重とともにグローバル化のもとで深刻化する社会的排除の問題解決の担い手として期待されている。そこで今求められている男女共同参画社会と多文化共生社会の形成とボランティアとの関係について検討したい。

　男女共同参画社会とは1999年6月に制定された「男女共同参画社会基本法」では，「男女が，社会の対等な構成員として，自らの意思によって社会のあらゆる分野における活動に参画する機会が確保され，もって男女が均等に政治的，経済的，社会的及び文化的利益を享受することができ，かつ，共に責任を担うべき社会」(第2条) と定義されている。大沢真理は「男女共同参画社会とは，個人が『性別（ジェンダー）』に縛られず，個性と能力を存分に発揮して輝く社会である」と述べている。

　性別というのは私たちの属性の一つであり，私たちは，性別だけでなく，国籍，宗教，学歴，言語，文化，食べ物の好み，スポーツが好きか，読書が好きか，エコな生活を心掛けているかどうか等，多様なアイデンティティや所属をもっている。アマルティア・センは「人のアイデンティティが複数あるとすると，時々の状況に応じて，異なる関係や帰属のなかから，相対的に重要なものを選ばなければならない。したがって，人生を送るうえで根幹となるのは，自分で選択し，論理的に考える責任なのである」という。さらに「現代の世界で協調に向けた希望が実現するとすれば，人のアイデンティティにはいくつもの面があることを明確に理解できるかどうかに，大きく左右される。さらにそうしたアイデンティティはお互いの領域を超えて交錯し，強固な境界線によって分断された状況をも崩すものだということも，きちんと認識できるか否かにかかっているのだ」と述べている。

　男女共同参画社会とは，私たちが歴史的・社会的に「選ばされてきた」女性

役割というアイデンティティに縛られてきたことからの解放を目指した社会のあり方を提起したものである。しかし，センの指摘にあるように私たちには多様なアイデンティティの側面があり，ジェンダーだけでなく，歴史的に，さらに今日においても人々の分断を生み出す宗教や民族等のアイデンティティ，そして，年齢や障害等，分断，排除されがちなアイデンティティの側面をお互いに受け止め，包摂できるような社会のあり方が求められている。

グローバル化のもとで多様な国籍や言語，宗教，文化を持つ人々が国境を越えて移動する社会を私たちは生きている。私たちの国でもアジアや南米などから移住してきた多くの「外国人」が暮らしている。なかでも1980年代から農家の「嫁」不足を背景に東北地方に「アジア人花嫁」が，さらに製造業，農業等の分野での労働者不足を背景に「外国人労働者」が増加している。グローバル化は，国民国家を多文化社会化すると言われているが，私たちの国も多様な文化，言語，民族の人々によって構成される社会になっている。そのような多文化社会において私たちに求められているのは，「各人種，民族，エスニック集団（移民・難民，外国人労働者，周辺地域少数民族集団等）」の「政治的，社会的，経済的，文化・言語的不平等をなくして国民社会の統合を維持しようとするイデオロギーであり，具体的な一群の政策の指導原理」である多文化主義に基づく多文化共生社会の創造である。

多文化共生社会が求められる背景には，「外国人労働者」が置かれている劣悪な雇用環境，移住女性へのドメスティック・バイオレンス（以下，DVとする）や貧困問題，外国籍の子どもたちの不就学問題等の国籍や言語，文化，生活習慣の違いによる差別等，移民の人権に関わる問題が数多く存在している現実がある。

多種多様で深刻な移民問題を解決し，多文化共生社会をつくる担い手としてもボランティアは期待されている。その一つである岐阜県高山市に本部をおく海外協力団体NPO法人ソムニードは，インド，ネパール等の農村部の貧困問題の解決をめざし，地域再生支援活動を行ってきたが，近年高山市内にアジアからの「花嫁」が増加しつつあるなかで多文化共生活動に取り組み始めている。

ソムニードのメンバーは過疎化する自分たちの地域にもインドと共通する課題があると言い,孤立しているアジア女性の組織化や日本語講座を開催し,また空き家に都市の若者を招いて住民と交流する等,地域に活気を取り戻す活動を展開している。その支援ボランティアの女性は,アジア女性は自分自身が「嫁」として苦労してきたことと共通する悩みを抱えていると語っていた。

アジア女性のグループ活動を通じて,移民と農村地域が共生する地域づくりを目指し,活動のなかで住民同士や行政や関係機関とのつながりや地域リーダーの成長などによって,多様な人たちが暮らしやすい地域づくりへと活動が広がりつつある。

(2) 女性たち・マイノリティがつくる多文化共生社会

私たちは,男女共同参画社会,多文化共生社会という一人ひとりの違いを尊重した社会をつくることをめざしている。そしてその方向への歩みはソムニードの活動に見られるように各地で積み重ねられつつある。

川村千鶴子は,「日本社会が同質的ではないことや,帰化して日本国籍を取得する人も多くなる等,多様な文化的背景を併せもっていることが明示的となった現在,マイノリティの人権擁護を念頭においた政策」が求められており,それが多文化共生政策であると主張している。マイノリティとは,私たちが持っている多様なアイデンティティのなかでも在日外国人,アイヌの人々,子ども,高齢者,障害を持つ人々,同性愛者,女性等のアイデンティティを持つ少数派の人々であり,「男性稼ぎ型」の現代社会の中で不利な状況におかれている人々である。

これまで論じてきたように歴史的に,そして今日もなお求められるボランティアの役割は権利の創造であり,その活動はマイノリティの視点からの「気づき」によって開始される。そしてボランティアは,男女共同参画社会,多文化共生社会を創造する主体として大きな期待が持たれている。

さらにグローバル下では,豊かなものはどこの国でも同程度に豊かで,貧しいものはどこの国でも同程度に貧しくなり,いわゆる〈国境横断的な階級社

第9章　ボランティア活動と女性

会〉が成立すると言われている。つまり，グローバル化の進展は，国際的なレベルで格差社会の固定化を引き起こしているということでもある。さらにグローバル化の進展のなかで，貧困が固定された地域から抜け出すために移民になるという人々も増加傾向にある。先述のように貧しいアジアの国から豊かな国である日本や韓国へ「花嫁」として移住する女性たちは増加している。

筆者が韓国の地方都市で，移住女性にその移住の経緯や現在の生活状況についてのインタビュー調査をした際，インドネシアや中国，フィリピン等から移住した女性たちの多くが移住プロセスで出会った困難な状況を語る一方で，現在の状況を「幸せである」と語ってくれた。そしてその「幸せ」という言葉に違和感を感じた自分に気づいた。そう感じた筆者自身のなかに移住女性は，貧困問題の解決のために結婚を選択した「かわいそうな女性」であるという偏見があることに気づかされた。当然とはいえ，女性といっても多様な状況にあり，女性というアイデンティティも多様なアイデンティティの一つであり，同じ女性であるから女性のことを理解できるというわけではない。

彼女たちの多くが経済的な問題を抱え，移住してきた韓国の言語を身に付けるのも難しく，子育てや家族のなかでの葛藤を抱えていることは事実である。しかし，結婚というのは経済的な理由だけで選択するものではなく，さらに結婚を選択した以上その結婚によって幸せになりたいという思いで生活し，モノは十分ではなくとも幸せな生活をしていると言える人たちがいることも事実であった。もちろん今なお貧困やDV等，幸せとは程遠い深刻な問題を抱えている女性がいることも事実である。さらに彼女たちが幸せであると言っているとはいえ，問題はないというわけではないが，経済格差が広がり，「豊かな国」へと移住してきた人たちから私たちは「豊かさ」とは何かを突き付けられているともいえるのではないかと思う。

移住女性のためのエンパワメントセンター・カラカサンの女性たちも経済的な理由だけで結婚したと決めつけられることに傷ついており，結婚はやはりロマンスなのだという。しかし現実にはDVに遭い，住宅，仕事，子どもの教育等多くの困難に出会っている。そのようななかで，カラカサンという開かれた

213

場に集う女性たちは「経験を分かち合うことでたがいに信頼関係を形成し，共通の目的を実現するために協同するようなコミュニティ」を形成してきたという。

移住女性は「女性であること，外国人であること，『南』の国の出身であることから排除されてきた」。そうであるがゆえに既存のコミュニティは彼女たちを排除してきたということを明らかにし，排除されない新しいコミュニティを形成するためにお互いに助け合える関係をつくり，その関係のなかでこそ一人ひとりがエンパワメントできることを明らかにしてきた。私たちは，移住女性たちが形成しつつある新しい多文化共生のコミュニティを，彼女たちとともに生み出せるボランティアのメンバーでありたい。

そして，多様なアイデンティティがあるなかで，ジェンダーというマイノリティに属するアイデンティティを持っているからこそ，「気づく」可能性を持っている女性ボランティアの役割は大きいのではないか。女性ボランティアは，多様なアイデンティティを持つ人々とともに「男性稼ぎ型」の福祉国家から「多文化共生型」の福祉社会を創造し続けてほしい。

注

(1) 内橋克人編『大震災のなかで――私たちは何をすべきか』岩波新書，2011年，ix頁。
(2) 2011年8月6日，大船渡市での筆者のインタビュー調査。
(3) 西山志保『ボランティア活動の論理――阪神・淡路大震災からサブシステンス社会へ』東信堂，2005年，23頁。
(4) 金子郁容『ボランティア――もう一つの情報社会』岩波書店，1992年，65頁。
(5) 菅磨志保「災害とボランティア――阪神・淡路大震災から15年が経過して」『社会福祉研究』第108号，鉄道弘済会，2010年，3頁。
(6) 西山志保，前掲書，63頁。
(7) 石川久仁子・朝倉美江「歴史のなかの福祉ボランティア」三本松政之・朝倉美江共編著『福祉ボランティア論』有斐閣，2007年，64-72頁。
(8) 岡村重夫『社会福祉原論』全国社会福祉協議会，1983年，23頁。
(9) 小笠原慶彰「その時そこにボランティアがいた」岡本栄一他編『学生のためのボランティア論』大阪ボランティア協会，2006年，36頁。

⑽　一番ヶ瀬康子『高齢社会の女性福祉』ドメス出版，2003年，17頁。
⑾　「ボランティア国際年＋10」推進委員会（http://www.iyvplus10.com/，2011年10月31日アクセス）
⑿　岡本栄一「ボランティア活動の歴史的考察——時代の変遷からその意義を問う」『社会福祉研究』第112号，鉄道弘済会，2011年，65頁。
⒀　*Ministry of Social Affairs.Denmark* Charter for interaction between Volunteer Denmark / Associations Denmark and public sector, 2001.
⒁　朝倉美江「デンマークにおけるボランティア活動と権利擁護」『金城学院大学論集』社会科学編第4巻第1号，2007年9月。
⒂　三本松政之「福祉ボランティアになるということ」三本松政之・朝倉美江編著『福祉ボランティア論』有斐閣，2007年，19頁。
⒃　全国社会福祉協議会『全国ボランティア活動実態調査報告書』2010年7月。
⒄　大沢真理『現代日本の生活保障システム——座標とゆくえ』岩波書店，2007年，10頁。
⒅　これからの地域福祉のあり方に関する研究会報告『地域における「新たな支え合い」を求めて——住民と行政の協働による新しい福祉』全国社会福祉協議会，2008年。
⒆　右田紀久惠『自治型地域福祉の理論』ミネルヴァ書房，2005年，6－9頁。
⒇　太田貞司「地域社会を支える『地域包括ケアシステム』」太田貞司他編著『地域包括ケアシステム——その考え方と課題』光生館，2011年，25頁。
㉑　橘木俊詔『無縁社会の正体——血縁・地縁・社縁はいかに崩壊したか』PHP研究所，2011年，1頁。
㉒　仁平典宏『「ボランティア」の誕生と終焉』名古屋大学出版会，2011年，419-420頁。
㉓　岡本仁宏「市民社会，ボランティア，政府」立木茂雄編著『ボランティアと市民社会——公共性は市民が紡ぎ出す』晃洋書房，2001年，108頁。
㉔　同前書，109頁。
㉕　朝倉美江「『市民・当事者発』地域ケアへの挑戦」朝倉美江・太田貞司編著『地域ケアシステムとその変革主体』光生館，2010年，21頁。
㉖　大沢真理『男女共同参画社会をつくる』NHKブックス，2002年，9頁。
㉗　セン，アマルティア／大門毅監訳，東郷えりか訳『アイデンティティと暴力——運命は幻想である』勁草書房，2011年，3－5頁。
㉘　関根政美『多文化主義社会の到来』朝日選書，2000年，42頁。
㉙　外国人人権法連絡会編『外国人・民族的マイノリティ人権白書2010』明石書店，2010年。

第 2 部　新しい課題と政策過程

(30)　2010年3月24日，ソムニードの竹内ゆみ子氏への筆者のインタビュー調査による。
(31)　川村千鶴子「移民政策へのアプローチ——なぜライフサイクルなのか」川村千鶴子・近藤敦・中本博皓編著『移民政策へのアプローチ——ライフサイクルと多文化共生』明石書店，2009年，14頁。
(32)　下平好博「グローバリゼーション論争と福祉国家・福祉社会」下平好博他編著『グローバル化のなかの福祉社会』ミネルヴァ書房，2009年，3頁。
(33)　「移住生活者の生活支援と移民政策における福祉課題の位置づけに関する日韓比較研究」科研費補助金　基盤研究B　研究代表者三本松政之　2011年9月14-15日韓国調査による。
(34)　カラカサン編『移住女性が切り開くエンパワメントの道——DVを受けたフィリピン女性が語る』反差別国際運動日本委員会，2006年，9-13頁。

参考文献
関根政美『多文化主義社会の到来』朝日選書，2000年。
西山志保『ボランティア活動の論理——阪神・淡路大震災からサブシステンス社会へ』東信堂，2005年。
三本松政之・朝倉美江編著『福祉ボランティア論』有斐閣，2007年。
杉本貴代栄『女性が福祉社会で生きるということ』勁草書房，2008年。
内橋克人『大震災のなかで——私たちは何をすべきか』岩波新書，2011年。
仁平典宏『「ボランティア」の誕生と終焉』名古屋大学出版会，2011年。

（朝倉美江）

第10章 自己決定からとらえた援助する側と援助を受ける側との関係
―― 社会福祉現場への人類学的アプローチ

1 社会福祉の援助対象としての女性と援助側との関係にまつわる問題

　援助を受ける側（当事者）と援助する側（支援者）との関係は，実践においても理論においても社会福祉の重要なテーマである。それは福祉の対象者をいかに捉えるかということと深く関わる。とりわけ女性に関しては，フェミニズムの興隆や法制度の整備といった社会変化に伴い，例えば，「婦人」から「女性」への呼称の変更や，「配偶者暴力の被害者」という新たなカテゴリーの創設が近年，日本でみられる。

　社会福祉の対象カテゴリーは，社会福祉の独自の区分や価値判断によって構築されてきた[1]。従来，日本の社会福祉では，女性は「母子」や「寡婦」，「要保護女子」としてカテゴライズされ，「『例外』としての女性」や婦人保護の対象として，あるいは母親役割を果たすことを条件に，保護や援助，給付の対象となってきた[2]。女性の相談についても，「女性は自分の問題を自分で整理できないから相談にくる」という偏見があったという[3]。

　社会福祉の援助側と援助を受ける側との二者関係は様々にモデル化されてきた。行政によって措置されるという受動的な対象者像は，当事者側の反発とその社会的支持さらに援助者側の反省を経て，より主体的かつ当事者性を持った「消費者」や「利用者」といった言葉で表象されるようになった[4]。このような援助者とクライエント（利用者または当事者）との関係をいかにとらえるかという一連の議論において，クライエントの自己決定は重要な要素の一つとなっている[5]。

　フェミニズムや社会福祉において自己決定は，当事者の主体性やエンパワー

メントとともに重要な意味を持つ項目である。しかし後述するように、自分のことを自分で決める権利を奪われていたことに対する抵抗原理としての自己決定だけではすまない複雑な問題の諸相が、自己決定をめぐって現れている[6]。つまり、自己責任へのすり替えや、自己決定概念への「駆り立て」[7]等である。

援助する側と援助を受ける側との関係について、自己や自己決定を固定的なものとしてみなさず[8]、また、両者の対等性を相互関係のなかで把握すべきである[9]といった重要な指摘がなされてはいるものの、社会福祉の領域で自己や自己決定といった基本的な認識や、援助する側とされる側の問題が十分議論されたとは言い難い。社会福祉の対象論の一分野としても、「対象」として位置づけられている人々自身の考えや営為に焦点化した研究が必要とされている[10]。

本章は、社会福祉の援助対象としての女性と援助側との関係について、自己決定という視点から人類学的にアプローチする。筆者の専門分野である文化／社会人類学（人類学）的関心と手法に基づき、社会福祉の外から、いわゆる主流の社会福祉研究では周辺化されている事象をエスノグラフィックに研究することで、人類学と社会福祉、特にフェミニスト・ソーシャルワークへとつなぐ視点を呈示したい。その手掛かりとして、ここでは日本のドメスティック・バイオレンス（以下、DVとする）被害を受けた女性を支援する一時保護施設（シェルター）での実践を取り上げる[11]。

女性の自己決定は、女性の人権や女性のエンパワーメントというイディオムとともに日本の女性運動を発展させてきた概念である。1990年代以降、日本で顕著となった暴力被害女性の支援運動においても、女性のエンパワーメントや自己決定は、一時保護施設を運営する市民団体の間で重要な概念となっている。

一時保護[12]とは相談や情報提供と並ぶDV被害者支援の一形態で、保護を求める被害者やその同伴児を一時的に施設で受け入れ、必要な援助を提供する。全国で一時保護された女性は年間約6,500人（2005年度）で、そのうち約70％が「夫等の暴力」が主な理由と報告されている[13]。現在、日本には公営と民営の一時保護施設がある。公的施設は各都道府県にあり、一時保護施設を運営する民間団体数は100近い[14]。民間団体の運営方法や形態、援助内容は多岐にわたり、

日常生活の備品や食材の提供，弁護士紹介などの法的支援，病院や役所，入国管理事務所への同行や福祉手続きといったケースワーク，カウンセリング，託児などを含む。一時保護施設には，暴力から逃げて来た直後の女性や子どもが２週間を目途に滞在できる緊急一時保護施設から，数カ月〜１年近く生活できるステップハウスと呼ばれる中長期型の施設まである。

　本章が取り上げる民間の緊急一時保護施設では，施設の場所を非公開とすることで被害者の安全を確保し，病院への同行や買い物の代行といった日常生活の支援，離婚や債務整理などに関する法的手続き，今後の生活再建について，行政機関や弁護士，他の専門家との連携を図りながら支援活動を行っている。ケースワークを中心とした，「利用者の安全確保と自立と自己決定のサポート」がこの一時保護施設の支援目的である。

　緊急一時保護施設は，被害直後から次の生活への移行までを過ごす場である。一時保護は限定された期間および状況ではあるが，それは，女性自身や子どもの生活全般についてさまざまな決定が行われる人生の分岐点として重要な意味を持つ。夫との関係を断ち切ることに戸惑いがあっても，生活をどこでどう再開するかを，女性たちは決めていかなければならない。だが，そこで見られる「自己決定」は，一般的に想定されるような自律的な個としての自己が合理的な判断の下に行うような自己決定とは限らない。このような自己決定が前提する自己を人類学は西洋的自己として相対化する一方で，相互作用の中に生成する自己に着目してきた。自己の取り得る諸行為形態の一つである自己決定もまた，相互行為においてとらえることが必要であろう。

　このような問題意識に基づき，本章では，DV被害女性のための一時保護施設における支援実践を手掛かりに，自律した個人が状況を客観的に判断し，選択や意志決定をするという従来の自己決定モデルが唯一の自己決定のあり方ではなく，支援者と女性との相互作用のなかに「自己決定」が創出しており，このような共同のプロセス自体が暴力被害を受けた女性たちが生きる力をつけるための支援として重要なものとなっていることを論じる。

2 フェミニズムと社会福祉における自己決定をめぐる議論の経緯と問題点

　女性運動の一ジャンルとして発展してきたDV被害者支援活動における自己決定を把握するに際し，まず，女性運動における女性の自己決定（権）の議論について，その他の当事者運動にも言及しながら簡単にまとめておきたい。
　日本で民間団体によるDV被害者支援が始まった1980年代終わりは，それ以前の女性運動の下地がある一方で，国連を中心に女性の人権がアジェンダ化した時期であった。1975年のナイロビでの世界女性会議以降，女性のエンパワーメントが注目され始め，1995年の北京での世界女性会議をきっかけに，女性の状況や地位，生き方の自己決定へ向けた草の根の動きが盛んになった。このような国際的潮流を受け，女性の人権，女性の自己決定（権），女性のエンパワーメントといった，主体としての女性を顕在化させる言説が日本でも流布し始めた。
　女性の自己決定（権）の主張が最も先鋭に現れたのが人工妊娠中絶論争である。1970年代のリブ運動以降，フェミニストたちは中絶を自己決定（権）として表明するようになった[18]。中絶の是非をめぐる女性運動家と障害者団体との論争は胎児対女性という構図で展開した。柘植あづみは，そもそも女性の自己決定（権）は社会に対する異議申し立てであり，胎児の権利と対立するものではなく，とくに，医療や国家管理の下に置かれてきた中絶や出産といった女性の生殖においては，女性の自己決定（権）とは自分の望まないことを押しつけられることに対する抵抗の概念を含むとした[19]。
　一方，社会福祉領域でも1980年代以降，自己決定が頻繁に主張され始めた[20]。社会福祉における自己決定の概念を批判的に検証した児島亜紀子によると，自分の生き方を自分で決めるという抵抗の原理として立った自己決定の概念は，自己決定イコール自己責任という社会通念によって，援助者やクライエントを，責任のみを追及する「誤認」や自己決定への「駆り立て」へと向かわせるようになったという[21]。

障害者運動を基に自己決定について批判的に吟味する立岩真也は，自己決定の強調は自己決定できない人々，特に障害者を排除してしまうと指摘する。自己決定に対する立岩の見方は，他人の都合で物事が決められてしまうことから身を護る手段の一つというもので，自己決定は必要ではあるが，人間の存在要件とはならないことを繰り返し強調している。

女性や障害者の運動を通じて，自己決定に対する推進的な立場と懐疑的な立場は，以下のように分けられるだろう。

自己決定（権）を推進する立場は，支配層や他人から自分の意に反して押しつけられる事から身を護る手段や，因習に埋没する自己を救済する契機として自己決定を価値づける。自己決定は，そう言わなければ自分の事が他人から決められてしまう状況があるときに主張される概念である。それゆえ，自己を守り，救済する契機や権利としての自己決定は，とくに，女性，障害者，先住民といった構造的弱者には重要な手段となる。

一方，自己決定（権）に慎重で懐疑的な立場からは，自己決定が自己責任へとすり替えられる点，自己閉塞して個々人がさらにアトム化する懸念，決定能力の有無に基づく人間のさらなる分断への危惧，自己決定が他者を従属させることで成立している点への批判がある。国家や企業，あるいは健常で経済力を持ったドミナントな集団に属する男性にとっては，他者に責任を負わせるための口実として自己決定（権）が有用なツールになってしまうのである。

自己決定を抵抗の原理として定義するにせよ，他者から自分の身を護る手段と位置づけるにせよ，そこに想定されているのは自己決定を使いこなす主体的な自己である。自ら決定を下す主体的な自己の背景には，意識が覚醒した自己が吟味して理性的に判断し，決定し，そこに責任を附すというカント的な自己観がある。だが，個人が自律的に判断力や意思を持ち主体的に物事を決定する自己決定が唯一の自己決定のあり方ではない。人類学研究は，このような自己決定が前提とする自己を近代西洋の自己観であるとして相対化し，自己概念が多様で広いことを示してきた。なかでも本章にとって有用な視点は，個人的意図や感情が還元されるべき確固たる自己を所与の条件とはせず，異なる文化的

状況における相互行為のなかで行われる自己の生成や，その時々の歴史的・社会的条件下で姿を現す「暫定的な主体[24]」への着目である[23]。被害女性の自己決定を考える時，自己の暫定性という視点は重要である。一時保護という特定の状況下で発現する自己は，その時，その状況での自己であり，その後の変化に対して開かれているからである。自己を相互作用における生成や暫定性としてとらえることが重要なように，可変的で時間的幅を含むプロセスとしての「自己決定」に注目する必要があろう。

次節では，支援者と女性との相互作用のなかに創出する「自己決定」について，一時保護を担うある市民団体の事例を基に論じる。

3　自己の再組織化と「自己決定」の創出プロセス

（1）自己決定をサポートする一時保護施設

DV被害を受けた女性の一時保護を担う市民団体の多くは，被害者支援を女性の人権支援活動として位置づけている。とりわけ女性の自己決定の尊重は，女性の権利を推進する団体にとって重要な活動指針の一つである。

一時保護を求める女性たちは，逃げてきた時点で暴力的な日常から脱出する決断をしたと言える。「逃げることは女性に力がないとできないことだ」と職員は言う。だが，その先に迫られるいくつかの自己決定の局面には，スムーズな決断が難しい場面もある。

自分で離婚手続きをし，アパートを探すなど次の段階へ移る準備が着々とできる人は比較的少数で，保護施設に来る人は一定の介入が必要なケースが多い。成育環境や精神的な状態，生活習慣など，女性を取り巻く問題や周りの環境ゆえに自分で問題を解決することが困難になっている場合が少なくない。だが施設の職員は「彼女たちは自己決定できない人ではない」と言う。このような女性たちに対し，まずは自分で考えて自分で決めること，一時保護施設はそれを応援する所だと伝える。

そのためには，「力をつける」ことが必要だと考えている。「力をつける」と

は,「不安感がなくなり,よく眠れる,規則正しい生活ができる。子どもにご飯を食べさせ,掃除をし,心臓がドキドキしたり,パニック障害がなくなる。子どもに対してカッとなって理由もなく殴ったりしない。子どもも落ち着いてきて,大人の顔色をうかがわず,音に怯える状態もなく,のびのびと遊べるようになること。こういう日常生活が送れるようになること。本人自身が何とかやれそうだという自信をつけること」である。また,「離婚,親権,借金などの法的な問題が解決することも力をつけることにとって大事」であり,「女性の人権を守る法制度は整いつつあるので,それを使いきるだけの実力を身につけること」を支援者として意識している。

女性たちにただ決定するように伝えても難しい。支援者は決定できるような環境を整えている。まずは,女性たちの自己決定のサポートをするために,施設の職員はどのような決定でも受け止めるという姿勢を見せ,決定し易いようにしている。ある民間団体の事務局長は次のように説明する。

> 入所後2~3日が大事。岐路に立って迷うのは当然。だから今の時点の気持ちを聞くようにしている。気持ちが変わって当然だから。「迷っていたら遠慮なく言って欲しい」と言う。本人が「迷っているって言っていいのか」「帰るって言うといけないんじゃないか」などと思っていることがある。「迷って当然よ」と先に言うことが大事。迷ったことは全て受け止める。体調を整えることが大事。眠れない,息苦しい,調子悪いなどあれば「病院へ行きましょう」と言う。不安があれば,施設から行政の担当部署に伝え,相談員やケースワーカーに来てもらって不安を解消できるよう,話をしてもらう。

施設側は女性たちの自己決定に際し,迷って当然だと最初からハードルを低くし,利用者が迷う可能性を前提に,まず迷うこと自体を受けとめる。滞在期間も数週間と短い上,すでに骨折していたり,施設へ来た途端にそれまで我慢していた歯痛がひどくなったり,熱が出たりする女性もなかにはいる。子ども

も同様である。そのような状況で，もし決定を迫られれば，焦るばかりで何も決められないだろう。その上，実家との縁が切れていたり，彼女自身の生育環境が不安定であったり，生活の基本的な事や育児がうまくできない場合も少なくない。加えて，長年にわたる夫の暴力によって自信を喪失したり，精神的な疾患を抱えていたり，混乱や不安から何も考えられない状態になっていることもある。子どもを抱え，仕事もなく，頼れる親きょうだいもなく，どうすればよいかわからないと言う女性たちの状況は，行政の担当者に必ずしも理解されていない。

　ある役所の相談員は2カ月経っても保護した女性の移動先を探せずにいた。その女性にとってこの施設は，その自治体に一時保護されて以来3カ所目の施設であった。健康診断を受け，返事を待っていた母子生活支援施設からは断りの連絡が来た。彼女自身も早く落ち着き先が決まることを望んでいるが，こればかりは担当行政の相談員やケースワーカーの調整を待つしかない。

　ある日の夕方，行政の相談員が一時保護施設に電話をかけてよこし，女性にA市の母子生活支援施設かアパートに出て母子で暮らすかどちらかを選択するよう伝えた。A市には彼女の夫の親戚や友人が住んでいる。夫は妻子を執拗に探しており，彼女は夫の親戚や友人に遭遇するかもしれない地域を怖がっている。彼女は精神科にかかっており，アパートで一人で子育てする自信はないと言っていた。彼女が「明日までに決めることはできない」と言うと，担当者にわがままだと言われたという。断ると悪いと思って承諾したが，その後でとても怖くなったと一時保護施設の職員にうちあけた。

　それを聞いた職員は，不安になるのは当然で怖いのなら断ってよいと励ました。そして担当者に再度，移動先を探してもらったところ，遠方の地域の母子生活支援施設に空きがあった。後日，服薬のために事務所へ来た彼女は，「A市は怖いから。旦那の親戚とか友達がいるから。なのに，今日決めてって言われて。もうどうしようって」と，少し安心したようだった。

　一時保護施設では，まずは女性自身が考え，決めること，そのための支援をすること，そして決めた結果を施設は受け入れることを念押しする。いかなる

第10章　自己決定からとらえた援助する側と援助を受ける側との関係

決定でも、女性の決定を受容する姿勢を示し、迷うことを前提に、女性が自分で決めていきやすい環境を整えている。子どもへの虐待があるのに夫の元へ帰ろうとしたり、精神的な疾患ゆえに困難が予想されるにもかかわらずアパートで子どもと暮らそうとしたりする時は、福祉サービスにつなげながら、また時には児童相談所の関与を要請しながら、女性がゆくゆくは自立できるよう、育児支援や相談ができる施設を勧めている。

同時に、女性たちが今は支援を必要とし、すぐには自己決定できない状況にあることを認め、いつか実現できるための条件を整えていくことを手助けする。

　　自己決定ができるよう、あなたもお子さんもダメージを受けているから職員の見守りのある母子生活支援施設に行って回復してからでもできるわよ、と言って、本人の納得を得てから。周囲から見て子育てに不安があっても、本人がお金を持っていて、自費でアパートを借りるというのであれば止められない。でも生活保護でアパート設定なら、「そのような形の支援ならできない」と生保ワーカーが言うからね。その辺ははっきりと。母子の見守りのある所に行っていずれアパート設定しましょう、と。本人の抱えている問題を整理して、離婚をすませ、きちんと法的に自由になってあなた自身も力つけてからね。子育てができないのは被害を受けたからでしょう。こういう所の援助を受けて力をつけていきましょう、という風に。

心身の健康や離婚といった彼女の抱える問題に対処できる力をつけていくことが自己決定ができるようになるために必要で、それが自立につながると職員は考えている。ここでの自己決定は生活の自立と同義に使われており、自分の生活について自分が自律的かつ主体的に決定するという明確な自己決定が展望されている。だが同時に職員は、生活の自立という観点から自己決定を長期的スパンでとらえており、自分たちの自己決定のサポートを、今すぐは無理でも「いずれ自己決定できる」ための支援と位置づけている。つまり、女性の施設滞在中から退所後何年かかるかわからない先の時点まで、長期的な時間幅で自

225

己決定をとらえているといえる。

（2）自己決定のための枠づけ

　相手の意思を確認することは，相手にどうしたいのかをたずねることではないと施設の職員は言う。役所の考えを福祉の視点からはっきり述べ，それに対して女性の気持ちや考えをたずねていかなければ，迷い揺らぐ女性の気持ちに付き合うことになり，支援の軸がふらついてしまう。

　ある役所の相談員は「何でも相談にのる」という姿勢をとってしまい，女性の迷いに付き合った挙げ句，彼女には一時保護施設に対する不満だけが募ってしまった。「助けてあげたい」という気持ちが先走ったと相談員は施設職員に言った。ベテランの施設職員は，最初に役所の方針を示さなかったこと，つまり「枠のない支援」になってしまったことが誤解の原因ではないかと考えている。

　支援者は女性が決定しやすいような枠組みを用意している。子どもの学校や医療，職探しなどについて行政から受けられるさまざまなサービスの情報や条件を女性に示して選択肢を提供する他，後述するように，これまでの出来事について経過メモの作成を促している。女性自身が文章化した経過メモを基に，具体的な事実関係のなかからどの問題をまず解決したいのか，本人を交えて優先順位を見極める。

　「安全」もまた，決定のための重要な枠である。「どこって言われても漠然としてわからない」。一緒に散歩する筆者にそう語った女性は，担当者との面接で子どもの部活動のためにある市で暮らすことを希望した。しかし，同じ県内であれば大会に出る機会もあり，夫に見つかる危険性を職員は説明した。

　職員や役所関係者，弁護士といった専門家とのやり取りを通じて女性たちが判断し選択する場に夫や親族の姿はない。親密な人間関係を物理的に削ぎ落とした状況[25]で女性達は自分の今後を決めていく。親族と連絡をとったり，夫と話し合ったりして今後について決めたいという女性には，施設の安全を守るため，一時保護施設を退所し別の場所で「自由に」決めてもらう方法をとることもあ

る。

このように，一時保護施設において自己決定とは，女性の意向にただ添うことでもなければ，女性が夫や家族と相談しながら「自由に」決めることでもない。それは，担当行政の福祉的条件，施設や入所者の安全確保，問題を整理し優先順位を見定める経過メモといった一定の枠組みのなかで，女性の希望と支援実践との相互の関わりの中に創出するものである。

（3）経過メモを作成する

自分の今後について決めるためには，自分を取り巻く問題を整理し，それについて自分がどうしたいのかを認識する必要がある。そのための具体的な実践として，一時保護施設では自分の経験や状況を書き出す作業を勧める。経過メモと呼ばれる，夫から暴力を振るわれた経験を中心に，一時保護されるまでの経緯を時系列に箇条書きにするリスト作成の作業がそれである。

一時保護施設を運営する民間団体の事務局長は，自己決定の支援のために経過メモを作成することについて次のように説明する。

　　自分で文章化することは振り返るプロセスでもある。具体的な事実関係をみていく。たとえば，自分では「アパートで子ども2人を育てていく」と言っても，実際に可能かどうか。それは子どもとご本人がもう少し支援を受けて回復してからでもできることでしょう。自己決定をどの時期にやれるのか問題の整理をする。本人の気持ちを尊重しながら，優先順位を付けていく。

ここでは，「アパートで子どもと暮らす」という一つの「決定」に際し，それが実際に可能かどうかを自分で見極めるため，まず自分の問題を書き出すことで整理をし，その問題を解決するための優先順位をつけていくことが「自己決定ができるような支援」である。心身の不調や夫との関係ゆえに，今もしアパートでの生活ができない状況にあるなら，自己決定自体を遅らせることも支

第2部　新しい課題と政策過程

援なのである。

　一時保護施設での経過メモは，そこへ記入していくような印刷された書式があるわけではない。渡されるのは白紙のレポート用紙である。だが，求められるのは感情の吐露ではなく，時系列に添った出来事の列挙である。というのも，このメモには弁護士に離婚調停を依頼するときの資料としての役割もあるためである。一体どのような経緯で夫から逃げるまでに発展したのか。支援者は，時間軸に添って，暴力を振るう相手と被害女性の関係を経過メモに読み取ろうとする。夫への感情やその時々の気持ちというよりは，主に出来事が淡々と箇条書きにされ，それがなおさら暴力の残酷さを伝える。

　夫に出会った時に遡り，夫や妻自身の転職や失職，病気，両親との同居といった生活状況の変化と，その間に起こった数々の暴力について，十数枚にもわたって書く人もいれば，書くことで自分がいかにひどい暴力を受けていたかを再確認する人もいる。その時々の自分の気持ちが想起され，メモを書くことは時に辛い作業となることもある。全員がすらすらと経過メモを作成できるわけではない。書きたくない場合も当然あるし，感情ばかりが先走り，本人にとっての事実関係をうまく記述できないこともある。メモが書けない，書きたくない人には今，無理に書かせようとはしない。ただ，何から手をつけてよいかわからず迷っている女性にとっては，一時保護までの経緯を時系列に書き出す作業は，自分の気持ちを整理することに役立つようだ。

　ある日，職員はＡさんにそろそろ経過メモができたかどうかをたずねた。しばらくしてＡさんは何枚ものレポート用紙を持って事務所に来た。筆者がコピーをとって原本をＡさんに返却した。国語辞典を借りて書いたメモは丁寧な字でびっしり埋まっている。事務所の机で責任者は，うなずきながらコピーに目を通すと「よく書けているね」と感心した。「よく書けている」ということは，自己の経験を客体化できたということである。

　経過メモを作成するという書記行為は，記述のなかで自己を可視化し客体化するのみならず，女性が自覚していなかった夫や子どもとの関係の側面についても意識化させることとなる。書くことで女性の不安が収まり，メモを手掛か

第10章　自己決定からとらえた援助する側と援助を受ける側との関係

りに何から着手すべきかを面接で話し合うことができる。「よく書けた」メモは女性が「気持ちを整理できた」ことを示す手掛かりとして支援者に理解される。

　このような書記行為を通じて，これまでの生活を振り返り，気持ちの整理をすることが生活の自立へ向けて次へ進むための方策であると施設職員は考えている。ドキュメントの技法は自己決定に向けた支援の重要な位置を占めているのである。

（4）ドキュメント・テクノロジー

　ドキュメントの技法が重視される例として，中川理は，南フランスで失業者を社会に再組み込みする「アンセルシオン」という政策で行われる履歴書作成について触れている[26]。アンセルシオンの支援プログラムでは，支援を受けた人々がプログラムの終了時点で経験と判断力のある自律的な存在となっていることが期待されており，それは履歴書を作成する作業を通じて行われている。一枚の紙の上に，「その人物の自己像と時間感覚がきちんと構造化されていない」場合，履歴書を書き直さねばならない。履歴書を書く作業を通じて，彼らは「『より構造化された』自己認識」に達すると支援者はとらえているという[27]。

　このような，自分自身を認識させること，すなわち個人が自分自身に働きかけることを，フーコー（Foucault, M.）は「自己のテクノロジー」と呼んだ。「自己のテクノロジー」の展開を歴史的文脈において探ったフーコーによると，自分自身へ働きかける諸実践のうち，自分自身について書き記すことは重要な技術であった。自分自身についてのメモや手紙，記録の作成といった書記行為は，人々が自分自身についての振り返りや，「自分が必要とする真実を自分のために再活性化する目的」を含んでいたという[28]。

　同時に，地方公共団体が実施責任を負う一時保護とは被害者の自立を見据えた政策の現場であり，行政管理というより大きな権力によって個々人がより良い生活を目指す，自己の構成が行われる場でもある。このような，人々の生活や生命に注意を払う行政管理を，フーコーは「個人にかんする政治のテクノロ

ジー」と位置づけた。ここで見てきたDV被害者の一時保護の現場は，いかに個人が自分自身に働きかけるのか，いかに政治が人間を個別化しつつ個人に働きかけるのかという，「自己のテクノロジー」と「政治テクノロジー」が交差する場の一例であろう。

　一時保護施設での経過メモが要求するのは，女性たちが「気持ちを整理する」ことであり，夫の暴力を文字化された記録として残す一資料としての役目でもある。メモ作成という書記実践は，現実の生活問題や家族関係や個人の内面へと向かわせる。アンセルシオンの履歴書作成という書記実践が，失業者が実社会に出るに際しての「人格の構造化」の手段だとすれば，一時保護における経過メモ作成は，DV被害者が自立に向けて自己を準備する，自己を再組織化するための手段といえる。

（5）「自己決定」の場とプロセス

　一時保護の後，母子生活支援施設や他の公的施設に移動する人もいれば，アパートへ移る人もいる。アパートの場合は，本人の希望に基づいて大体の地域を決め，担当行政の相談員と一緒に不動産屋を回る。

　ある女性が，子どもと2人でアパートに出ることが支援者との話し合いで決まった。前もって連絡しておいた不動産屋を役所の担当者と訪ね，アパートの内見をして一時保護施設へ戻ってきた。1日中回って疲れているはずだが，新たな生活への期待から声は明るい。事務所の机で日誌をつけていた筆者にも女性の興奮は伝わってきた。彼女はさっそく職員に二つの物件のコピーを見せ，説明し始めた。不動産屋が熱心に勧めた物件は駅や商店街，小学校が近く，家賃も予算内で彼女は気に入り，承諾してきた。もう一つの方は別の地域で少し不便な所にある。彼女の話を嬉しそうに聞いていた職員はコピーに目を落とすと，最初の物件の最寄り駅が元住んでいた場所を通る電車の沿線にあることに気づいた。同行した相談員もその点が気になっていたと言う。彼女は物件の良さを再度，自分を納得させるかのように説明し始めた。職員は「うーん」と唸りながら，「そうね，でも安全を考えると，私だったらこっちの地域はやめる

ねえ」と言い,「でも,決めるのはBさんだからね」と穏やかに話す。路線の使い方によっては電車で鉢合わせすることがないとはいえないという程度ではあるが,支援者としては万全を期し,そのような遭遇の可能性も排除できればより安心である。椅子に腰掛け,穏やかに応対する職員の向かいで,決めかねている彼女は机の上のコピーにじっと見入っている。まだ退所日まで日数があるので,じっくり考えることにしてその日は解散した。

　あるフィリピン人女性は,一時保護施設に滞在した後,やっぱり家に帰ると言って子どもを連れて自宅へ帰って行った。夫から逃げることだけがDVの問題を解決する方法ではないと職員は言う。女性が帰宅することを決めたら,戻った先でできる解決方法を見つけるよう,相談機関の情報を提供するなどして彼女の意思を尊重する。

　しかし,父親から子どもへの虐待がある場合は,女性の意向をそのまま受け入れることは難しい。特に子どもへの性虐待に対しては児童相談所に介入を依頼する。ある女性についての施設職員の報告によると,彼女は自分だけが被害者だと思い込み,彼女の連れ子に再婚相手が性虐待をしてきたことを直視しようとしなかった。その上,彼女はまだ再婚相手に未練があり,やり直したいような口ぶりであった。彼女の希望通りアパートに出てしまうとすぐに連絡をとって子どもを連れて戻ってしまうことを,支援者たちは一番心配していた。職員は児童虐待防止の手引きを渡し,児童相談所職員と何度も面接をした結果,ようやく彼女も事の重大さに気づき,退所後も引き続き子どもには児童相談所が関わっていくことになったと聞いた。これは,行政や一時保護施設が女性の自己決定に際して大きく介入した例である。

　一時保護施設は,女性が安全な場所で基本的な生活のリズムを刻むことで体力や気力を取り戻し,新しい生活についてどうしたいかを考えて決めていくことをサポートする場である。そこでは,女性たちが自己決定できる力をつけるため,体調を整え,書記実践を通じて経緯を振り返り今後を決めていけるように枠組みが提供され,今はできなくても「いずれ自己決定できる」ような自己へ向けた再組織化が図られている。女性たちが新たな生活への期待から飛び出

し過ぎたり，元の場所に執着し過ぎたりすることに対して，温情主義でも，自己責任にすり替える自己決定でもなく，安全という枠を想起しながら女性との距離を見極めつつ，押し引きしながら対応する。女性の「自己決定」はこのような相互作用において創出しているのである。

支援者は女性の自己決定という概念で国家や社会への抵抗の原理としての自己を立てようとしているわけでもなければ，人工妊娠中絶権要求に見られるような普遍的かつ女性の総体的権利としての自己決定（権）を展望しているわけでもない。むしろ，個々の女性の抱える生活の問題を解決していく力や，人生に向かう姿勢としての「自己決定」を重要視している。

今ここでは自己決定できなくても，「ゆくゆくはできるよう」，自己決定のスタート地点を手前に動かし，自己決定前からの支援をしている。支援者と女性たちとの相互作用において生成する「自己決定」は，徐々に決定していけるようなプロセスのなかの緩やかな「自己決定」である。相談し，話し合い，気づき，考えを修正するといった，支援者との幅のある関わりにおいて女性たちは「自己決定」している。今決めたことはその後も不変というわけではなく，その後の状況に応じて「自己決定」したことは翻される。それも含めて支援者は承知しているのである。相互作用において生成する，時間的幅のある「自己決定」のあり方は，女性たちが自分の問題に対処していく力をつけることを可能とする。そしてこのような，個々の女性たちの人間としての成長こそが，普遍的人権の概念よりもより人間らしく，支援者にとっての活動源となっているといえよう。

4　フェミニスト・ソーシャルワークへつなげる視点

本章では，自己決定という切り口で，その前提となる自己に関する人類学的視点をベースに，福祉の援助をする側と援助を受ける側の関係について論じた。DV被害者のための一時保護施設の事例を通して，支援者と女性の相互プロセスにおいて創出している「自己決定」のあり方を示した。また，主体的かつ自

第10章　自己決定からとらえた援助する側と援助を受ける側との関係

律的な自己決定の前提となる自己だけではなく，書記実践に見る再帰的な自己や，迷い揺らぐ自己，特定の状況下にある暫定的な自己といった複数の自己が並存していることも浮き彫りになった。

このような多様な人類学の自己観やプロセスとしての「自己決定」への着目は，具体的な文脈において女性の経験をとらえ，相互性を重視する現代のフェミニスト・ソーシャルワークの視点にも接合し得るものである。[30]

たとえば，パートン（Parton, N.）は，従来の技術的合理性に基づくソーシャル・ワークの専門的実践は複雑な現実問題をとらえ損ねてきたと批判し，実践家とサービスの受け手の相互作用に着目する「構築的なソーシャル・ワーク」の概念を提唱する。他者との具体的な関係に埋め込まれた関係的な自己についてのフェミニストらの議論を引き，自己とはプロセスのなかにあり続け，常に発展や修正がなされているとし，ソーシャル・ワーク実践の新しい理論を示している。[31]

また，ドミネリ（Dominelli, L.）は，フェミニスト・ソーシャルワーカーは，クライエントとの対等な関係をプロセスのなかで創り上げていくと述べている。[32] プロセスに着目することは，援助側と援助を受ける側との相互関係を，固定的ではなく開かれたものとしてみていくことである。

従来，女性は男性や国に頼る従属的な存在とみなされ，社会福祉においては指導・教化の対象とされてきた。それに対し，強い自己として女性の主体性を唱えていくことは重要であるが，それだけではなく，自己の暫定性や変容に着目することで，援助をする側と受ける側の関係の新たな側面を浮きぼりにすることができよう。相互プロセスのなかで生成する「自己決定」への着目およびエスノグラフィという手法は，フェミニスト・ソーシャルワーク研究の幅を広げることに貢献できるのではないだろうか。

注
(1) 岩田正美「社会福祉における対象論研究の到達水準と展望」『社会福祉研究』第80号，2001年，29頁。

第 2 部　新しい課題と政策過程

(2) 須藤八千代「福祉事務所とフェミニスト実践」杉本貴代栄編『社会福祉のなかのジェンダー』ミネルヴァ書房，1997年，22頁。杉本貴代栄『福祉社会のジェンダー構造』勁草書房，2004年，9頁。
(3) 須藤八千代『相談の理論化と実践――相談の女性学から女性支援へ』新水社，2005年，25頁。
(4) 小山隆「社会福祉実践における自己決定の意義と課題」秋山智久他編『社会福祉の思想・理論と今日的課題』筒井書房，2004年。
(5) 小山隆，前掲書。三野宏治「精神障害当事者と支援者との障害者施設における対等性についての研究」『立命館人間科学研究』第22号，2011年，7-18頁。
(6) 児島亜紀子「自己決定／自己責任：あるいは，未だ到来しない〈近代〉を編みなおすこと」大阪府立大学社会福祉学部『社会問題研究』第50巻第1号，2000年，17-36頁。同「誰が『自己決定』するのか――援助者の責任と迷い」古川孝順・岩崎晋也・稲沢公一・児島亜紀子『援助するということ』有斐閣，2002年。
(7) 児島亜希子，前掲書，2002年，225頁。
(8) 小山隆，前掲書。
(9) 三野宏治，前掲書。
(10) 岩田正美，前掲書。
(11) 本章は拙論文（「プロセスとしての自己決定」『超域文化科学紀要』東京大学総合文化研究科，2011年）を基にしている。本章中のデータは市民団体事務局長および一時保護施設長，ステップハウス職員に対し，筆者が2008年6月と2009年4月に実施したインタビュー，および2006年9月～2009年3月の参与観察に基づく。
(12) 一時保護は各都道府県の「婦人相談所」が行うか，特定の基準を満たす民間団体等に委託できる（DV防止法第3条第4項）。
(13) 厚生労働省「婦人相談所一時保護所の概要」。
(14) 内閣府男女共同参画局ウェブページ（http://www.gender.go.jp/e-vaw/soudankikan/05.html，2012年6月30日アクセス）。
(15) シェルター・DV問題調査研究会議調査4担当『シェルターにおける援助に関する実態調査』（財）横浜市女性協会，2000年，103-105頁。ただしこれはDV防止法制定以前の報告であり，現在の状況は変化していると思われる。
(16) ここでの実践が必ずしも日本の民間一時保護施設の支援を代表するものではない。
(17) 一時保護施設の「手引き」に明記されている文言。
(18) 柘植あづみ「生殖における女性の自己決定権試論」原ひろ子・根村直美編『健康とジェンダー』明石書店，2000年，96頁。
(19) 同前書。
(20) 児島亜紀子，前掲書，2000年，23頁。

(21) 児島亜紀子，前掲書，2002年，223-231頁。
(22) 立岩真也「自己決定する自己」石川准・長瀬修編『障害学への招待——社会，文化，ディスアビリティ』明石書店，1999年。
(23) 中川理「人類学的研究における人格と自己」『年報人間科学』第22巻，202頁。コンドウ，D. は，日常の複雑な交渉における日本人の自己の生成を記述した。Kondo, Dorinne K., *Crafting Selves: power, gender and discourses of identity in a Japanese Workplace,* The University of Chicago Press, 1990.
(24) 松田素二「セルフの人類学に向けて——遍在する個人性の可能性」田中雅一・松田素二編『ミクロ人類学の実践』世界思想社，2006年，400-401頁。
(25) 入所者や施設の安全確保のため一時保護施設は外出制限があり，外部との連絡は原則禁止である。
(26) 中川理「主体性の解釈——フランスにおける失業者のアンセルシオンの実践から」『民族学研究』67巻1号，2002年，71頁。
(27) 同前論文，71頁。
(28) フーコー，ミッシェル／田村俶・雲和子訳『自己のテクノロジー』岩波書店，1990年，33頁。
(29) 同前書，212頁。
(30) Dominelli, L., *Feminist Social Work Theory and Practice,* Palgrave, 2002.
(31) Parton, N., "Rethinking *Professional* Practice: The Contributions of Social Constructionism and the Feminist 'Ethics of Care'", *British Journal of Social Work,* Vol. 33, 2003, pp. 11.
(32) Dominelli, op.cit., p.39.

参考文献

古川孝順・岩崎晋也・稲沢公一・児島亜紀子『援助するということ——社会福祉実践を支える価値規範を問う』有斐閣，2002年。

Dominelli, L., *Feminist Social Work Theory and Practice,* Palgrave, 2002.

須藤八千代・土井良多江子・湯澤直美・景山ゆみ子『相談の理論化と実践』新水社，2005年。

（桑島　薫）

コラム5

国立女性教育会館女性教育情報センター

　国立女性教育会館は，1977年埼玉県嵐山町に設立された，男女共同参画社会の形成を目指した女性教育に関するナショナルセンターである。そのなかにある女性教育情報センター（以下，情報センターとする）は，男女共同参画及び女性・家庭・家族に関する専門図書館として，テーマに特化した，図書・行政資料約12万冊，雑誌約3,800タイトル，新聞記事クリッピング30万件以上を所蔵し，次のようなさまざまなサービスを提供している。「情報は力」，ぜひご活用いただきたい。

（1）女性情報ポータル"Winet（ウィネット）"　http://winet.nwec.jp/
　"Winet"（Women's information network）は，女性の現状と課題を伝え，女性の地位向上と男女共同参画社会形成を目指した，インターネット上の情報の総合窓口である。2011年4月のリニューアルにより，データベースへの入口を目的別に配置し，情報センターの所蔵資料を探す「文献情報データベース」は，「本や雑誌を探す」「雑誌記事・新聞記事を探す」とわかりやすい表現にしている。またページ中央の新着案内では，情報センターに日々登録している新聞記事や雑誌記事，「女性と男性に関する統計データベース」の更新した統計データなどを見ることができる。

（2）新着資料アラートサービス
　関心のある「キーワード」や「著者」等を登録し，その条件にあった新着資料（図書，地方行政資料，和雑誌記事，新聞記事等）をEメールでお知らせするサービスである。メールアドレスと条件を登録するだけで，無料で情報が届く。「文献情報データベース」の画面から登録できる。

（3）コピー郵送サービス
　また，著作権法に基づき，コピーサービスを行っている（コピー料金1枚35円と郵送料が必要）。「文献複写Web申込サービス」の利用登録により，「文献情報データベース」で探した資料の，必要な文献の複写物を来館することなく，入手することができる。

（4）貸出サービスの拡充（パッケージ貸出，個人貸出）
　図書館や女性／男女共同参画センター等を通じた館外貸出に加え，平成22（2010）年度より，以下の新たな貸出サービスを開始した。

①パッケージ貸出

　大学，女性関連施設，公共図書館等を対象に，「男女共同参画」や「ワークライフバランス」「女性のライフプラン」等，男女共同参画社会の形成を目指した女性・家族・家庭に関する様々なテーマにあった図書を，まとめて貸し出すサービスである。2011年4〜12月には22機関に6,500冊以上ご利用いただいている。詳細は，ホームページまたは，情報センターに問合せいただきたい。

②個人貸出

　会館利用中にご利用になった図書を貸出登録手続きにより，自宅でも利用できるサービスである。ゆうパックまたは宅急便で返却できる（送料要負担）。

（5）レファレンス・サービス

　電話や文書，Eメールにより，学習・研究，調査等に必要な資料や情報をお探しする調べもの相談（レファレンスサービス）を行っている。また，女性情報ポータル"Winet"「男女共同参画知恵袋」から，全国の女性／男女共同参画推進センターでよくある情報相談（レファレンス）を，Q＆Aの形式でまとめた「女性情報レファレンス事例集」が利用できる。これは，全国の女性／男女共同参画センターのサポートメンバーとの協働により作成している。

（6）SUCRA（埼玉県地域共同リポジトリ）

　学術情報発信システムSUCRA（さくら：Saitama United Cyber Repository of Academic Resources）は，埼玉県内の大学等で生産された学術成果を収集・蓄積・保存し，インターネットを通じて無償で国内外へ発信するシステムである。国立女性教育会館は，女性アーカイブセンターの展示ファクトシートや，女性情報アーキビスト入門講座の資料のほか，調査研究や研修事業の成果を発信している。

（7）海外女性情報データベース

　海外女性情報専門データベースの次の3種（Contemporary Women's Issues〔CWI〕，GenderWatch，The Gerritsen Collection）が，情報センターのほか，研修棟・宿泊棟からもアクセスができる。また，コピー郵送サービスにも対応している。

（独立行政法人国立女性教育会館　女性教育情報センター
情報課長　市村櫻子，情報課専門職員　森未知）

独立行政法人国立女性教育会館 女性教育情報センター URL http://www.nwec.jp/
〒355-0292　埼玉県比企郡嵐山町菅谷728
TEL：0493-62-6195　FAX：0493-62-6721　E-mail：infodiv@nwec.jp

第3部　海外の動向

第11章 欧米の社会福祉政策とジェンダーに関する研究動向
──北欧を中心として

1 ジェンダー視点からみた社会福祉政策研究

　社会福祉研究にジェンダー視点が取り入れられるようになったのは，日本においては最近のことであるが，欧米，とくにアングロサクソン諸国においては，1960年代の女性解放運動の影響を受けて進展してきた。まず，ソーシャルワーク領域からである。ヨーロッパではソーシャルワークは女性の高等教育と結びついていたため，援助技術は第2次世界大戦以前から女性運動によってもたらされたほどであった。アメリカでは社会福祉における女性固有の問題を認識し，女性に対する援助技術を追究した研究，また，職業・教育・学問としての社会福祉に内在するジェンダーバイアスを探った研究が1970年代初期から行われた。とくに前者はフェミニスト・ソーシャルワークとして，現在でもソーシャルワーク研究のなかで重要なアプローチを構築している(1)。

　ジェンダー視点による社会構造的なアプローチは，福祉国家批判のなかで1970年代末に始まった(2)。イギリスをパイオニアとして多くの先進諸国で戦後より形成されてきた福祉国家体制は，初期の段階では産業化や経済成長のなかで必然的に発展する一元型（福祉国家収斂説）としてとらえられていた。しかし，1980年代に入り，福祉国家の危機が深刻化するなかで，福祉国家研究もまたその限界を説明することとなる。こうした背景のなかで，フェミニストによる福祉国家批判は，個々の福祉政策プログラムや法制度を分析し，そこに埋め込まれた規範や価値を炙り出すことによって，福祉国家が本質的にもつ家父長的性格を女性の抑圧機能としてとらえるという，一元的で些か悲観主義的な研究傾向にあった。もっとも1980年代末には，福祉国家が女性を抑圧するのではなく，

エンパワーメントとして解放する可能性を指摘する論者も現れた。[3]

 それが1990年代に入ると一転する。福祉国家を類型化することによって福祉国家の多様性を論じる潮流が出現したからである。この潮流をもとにフェミニストによる福祉国家批判は一気に開花することとなる。

 本章では1990年代の欧米における「政策としての」社会福祉とジェンダーに関わる議論を出発点として,「福祉国家は女性の労働や社会的地位をどのようにとらえてきたのか」「家族政策を入れることによってジェンダーモデルはどのように変化するのか」「福祉先進国とみなされる北欧諸国において残るジェンダー平等ジレンマとは何か」という3つの視角を通して,議論の状況をまとめてみたい。

2　福祉国家と女性との関係をめぐる議論

 福祉国家研究のなかで女性と福祉国家との関係はどのように論じられてきたのであろうか。福祉国家研究にはいくつかの基本的なアプローチがある。デイリーとレイク (Daly, M. and Rake, K.) によれば,福祉国家研究には3つの主要なアプローチがある。「社会政策アプローチ」「政治経済アプローチ」「フェミニストアプローチ」である。「社会政策アプローチ」は社会政策を保健医療・教育・住宅などのいくつかの領域に細分化し,政策実施の際に起きる社会行政上の問題といった政策の細部に注目している。また,資源配分についての関心も高く,貧困・不平等研究を進めるなかで,社会が分配によって分断されていることを明らかにしてきた。つまり,社会政策は特定の人々を優遇し,人々の生活を規定するものであり,福祉供給主体となった者が社会統制を行うとの立場をとる。これとは対照的に,「政治経済アプローチ」は,さまざまな政治アクター間の権力・利害関係と政策の影響に焦点を当て,福祉国家形成の動態的側面を分析する。なかでも階級構成に沿った階層には特別な関心を向けてきた。さらに,民主主義を福祉国家存続に必要不可欠な要素とみなし,資源の再分配による権力均衡を追究する。

一方で「フェミニストアプローチ」は，上述の2つのアプローチとは一線を画し，家父長的イデオロギーなど政策の規範的側面に特別な関心を寄せてきた。政治的アクター集団を扱う「政治経済アプローチ」よりもさらにミクロの個人レベルでの概念化の必要性を強調している。なぜならば，社会給付やサービスの受給条件としての資格・単位が，女性個人のウェルビーイングや家族内や社会における権力関係に影響を与えるからである。福祉国家サービスの研究に価値をおき，これを現金移転構造からではなく，女性がケアと仕事に費やす時間配分から明らかにしたのは大きな功績といえる[4]。

1990年代に興隆を極めた，国際比較の手法を用いることによって福祉国家の多様性を導き出したのは，「社会政策アプローチ」による類型を基盤とした「政治経済アプローチ」からであった。

（1）福祉国家類型論

福祉国家の多様性を類型化によって説明したのはエスピン・アンデルセン (Esping-Andersen, G.) である。エスピン・アンデルセンはティトマス (Titumuss, T.) が1974年に発表した社会政策の3類型を発展させ，「個人あるいは家族が市場への参加をせずとも社会的に認められた生活水準を維持することが可能な程度」である「脱商品化 (de-commodification)」を指標として，1990年に3つの福祉レジーム類型を明らかにした。それはすなわち，「自由主義レジーム」「コーポラティスト／保守主義レジーム」「社会民主主義レジーム」である。「自由主義レジーム」は市場福祉的かつ選別主義的な特徴があるため，「脱商品化」は低位で，アメリカ・カナダに代表される。「コーポラティスト／保守主義レジーム」は職域福祉という特徴があるため，「脱商品化」は中位である。家族の福祉的役割を重視する家族主義的傾向があり，ドイツが典型国となる。最後の「社会民主主義レジーム」はスウェーデンなどの北欧諸国に代表され，普遍主義的かつ国家福祉的な特徴をもつため，「脱商品化」は高位となる[5]。

エスピン・アンデルセンの類型論はそれまで単線的かつ発展段階的にとらえてきた福祉国家研究に新たな展開をもたらした。とくにフェミニストアプロー

第11章 欧米の社会福祉政策とジェンダーに関する研究動向

チにとっては,「脱商品化」という基本的生存権に関わる社会的市民権の観点を取り入れて福祉国家の類型化が行われたことにより,福祉国家と女性との関係を再考する最良の余地が与えられた。フェミニストたちが「脱商品化」を即座に批判対象としたのは,彼女たちがそれまで研究してきた家庭内の無償ケア労働についての視点に欠けていたからである。家庭内の無償の家事・ケア労働に従事し,夫を通した社会権のみしか与えられていない女性にとって「失業保険」「疾病給付」「老齢年金」という現金化された数値を基礎とした「脱商品化」指標はあてはまらない。つまり「脱商品化」は,①近代化以降その存在が明確化した家庭内のアンペイドワークが福祉供給として福祉国家にどれだけの役割を果たしているのか,②アンペイドワークを担ってきた女性が福祉レジームにおいてどのように位置づけられているのか,を十分に説明していなかったのである。さらに,③ペイドワーク・アンペイドワークを含めた女性の労働をどのようにとらえるのか,についても問われていなかった。

(2) フェミニストによるオルタナティヴな類型

　エスピン・アンデルセンらのメインストリームの比較福祉国家研究は「メイルストリーム (male stream)」とフェミニストから批判された。現在でも前述したようにアプローチの次元の違いから両者間の対話は少ないが,1990年代の10年間に繰り広げられた議論は福祉システムの多元性や福祉国家の今後の針路を考察するうえで極めて有意義なものとなった。

　フェミニストからの提示されたオルタナティヴな類型論にはいくつかの流れがある。一つは,ジェンダーセンシティヴな指標により新しい類型化を行った研究である。その先駆者であるルイス (Lewis, J.) は,福祉国家が規範とするペイドワークとアンペイドワークをめぐるパートナーシップモデルに関わって,「福祉国家が男性を稼ぎ手とする性別役割分業家族モデルにどの程度依拠しているのか」を指標として新しい分類を作り出した。それはすなわち,イギリスやアイルランドのような「強い男性稼ぎ手モデル」,スウェーデンのような「弱い男性稼ぎ手モデル」,フランスのような「修正された男性稼ぎ手モデル」

である。フランスでは無子家族から有子家族への水平的再分配が行われ，多子であるほど家族給付や税制面で母親が家庭に留まれることを保障するため，アンペイドワークの評価という点から強い男性稼ぎ手国家とはいえないというわけである。[8]

　他の一つは，エスピン・アンデルセンの類型化指標に修正を加えてジェンダー視点から問い直した研究である。例えばシーロフ（Siaroff, A.）はエスピン・アンデルセンの指標に「雇用のジェンダー平等指標」（雇用率，賃金格差，管理職比率など），「家族給付の受給者」（母親か父親か），「家族向け福祉指標」（家族手当，保育サービス，親休暇の充実など）を追加し，これらの水準の高低から各国を4つに分類した。それによると，「雇用のジェンダー平等指標」も「家族向け福祉指標」も高い北欧諸国，労働市場におけるジェンダー平等は比較的高いが，家族向け福祉が低いアングロサクソン諸国，逆に労働市場におけるジェンダー平等はそれほど高くないが，家族向け福祉が充実しているヨーロッパ大陸諸国，そして両方とも低い南欧諸国，スイス，日本である。[9]

　一方，1990年代も終盤になると，多種多様な指標を用いて福祉国家を類型化すること自体に限界が見えてくる。それと同時にフェミニズムの立場からも，類型化は福祉国家と女性との関係を追究するにはふさわしくないといった見方も出てきた。なぜならば，指標を追加して進めば進むほど，類型化のプロセスにおいて矛盾を生じさせたり，類似点を強調するゆえに相違点となるような特徴を見逃したりする懸念があるからである。例えば，デイリーとレイクはその福祉国家においてどのような女性たちが優遇されるのかという「女性間の不平等レベル」に注目し，ルイスのような「強い男性稼ぎ手モデル」や「弱い男性稼ぎ手モデル」という福祉国家の対比は，政策がシングルマザーや高齢女性をどのように他の女性たちと区別しているのかを明らかにしていないと指摘する。[10]

　以上のようにエスピン・アンデルセンの類型論は，アンペイドワークを含めた女性の労働や地位を福祉国家との関係でどのようにとらえるのかについて議論をする火付け役となった。しかしここで重要なのは，福祉国家と女性との直接的な関係を追究するためには「家族」という国家の政策的枠組みを決して無

視できないことである。

3　家族政策とジェンダー平等

　フェミニストたちの批判を受けてエスピン・アンデルセンは「脱商品化」に加え，「脱家族化（de-familialization）」という指標を新たに提示した。「脱家族化」とは「家族の福祉やケアに関する責任が，福祉国家からの給付もしくは市場からの供給によって緩和される程度」または「社会政策が女性を自律的に「商品化」し，独立の家計を形成することができる程度」である。[11]

　エスピン・アンデルセンは，「脱家族化」が進めば女性のアンペイドワークが商品化され，男性も女性も「脱商品化」されることを想定したのかもしれないが，両者の関係は定かではない。家族が福祉的責任から解放される程度を示すことは，女性が家庭におけるアンペイドワークから解放される可能性を示すことにつながるが，同義ではない。なぜならば，家庭内で行われるアンペイドワークは社会化・市場化が進んでも残るため，家族という枠組みのアプローチからアンペイドワークをめぐる公私間のシェア関係はみえても，男女間のシェア関係までは踏み込めないからである。また，家族給付とケアサービスでは男女間のシェア関係に与える影響が異なる点も見逃してはならないであろう。[12]エスピン・アンデルセンの「脱家族化」指標は家族をより積極的に研究に組み入れてはいるものの，ジェンダーは必ずしも理論的枠組みの一部とはなっていないと評価されている。[13]つまり，家族政策の域を超えていないのである。

　家庭内外における役割をめぐって男女関係はどのようにあるべきか，という望ましいパートナーシップや家族枠組みを超えた政策対象モデルについては，フェミニストたちが早期から注目していた。

（1）パートナーシップと政策対象モデル

　福祉国家が政策対象とするモデルに注目したのはセインズベリ（Sainsbury, D.）である。彼女は福祉国家の諸政策（税金，社会給付，雇用・賃金，ケア）が家

族を単位としているのか，個人を単位としているのかを重視し，「稼ぎ手モデル」と「個人モデル」という新しい分類を提示した。そして後には「稼ぎ手モデル」をさらに「男性稼ぎ手（male breadwinner）」と妻のアンペイドワークが社会的に評価されている「ジェンダー別役割（separate gender roles）」に分け，「個人稼ぎ手かつケアの担い手（individual earner-carer）」を合わせて3つのジェンダー政策レジームとして組み直している。例えば，イデオロギーに関しては，「男性稼ぎ手」レジーム・「ジェンダー別役割」レジームは厳格な性別役割分業を基礎としているが，給付の受給主体をみると，前者は世帯主であるのに対し，後者は稼ぎ手である夫とケアの担い手である妻の両者となっている。一方，「個人稼ぎ手かつケアの担い手」レジームは，イデオロギーとしては夫も妻も稼ぎ手かつケアの担い手であり，給付の受給主体は個人単位で，ケアの領域には国家が強く介入している。このレジームは受給資格の条件が市民権もしくは居住要件によるものとなっているため，家族形態や結婚の地位の変化に左右されることがない。

セインズベリは3つのジェンダー政策レジーム論を用いて，北欧諸国が，各国によるバリエーションの違いはあるものの，福祉国家の発展とともに「ジェンダー別役割」レジームから「個人稼ぎ手かつケアの担い手」レジームへ移行しつつあることを指摘している。

一方，フレーザー（Fraser, N.）はポスト工業社会における家族内外における役割をめぐるパートナーシップのあり方についての規範モデルを論じている。彼女は福祉国家が今後サポートすべき男女の関係性について「ジェンダー公平（gender equity）」という概念から「普遍的な稼ぎ手モデル（universal breadwinner model）」，「ケアの担い手の等価モデル（caregiver parity model）」，そしてさらに「普遍的なケアの担い手モデル（universal caregiver model）」という3つのモデルを提示し，検証している。「普遍的な稼ぎ手モデル」では女性の雇用を促進するために女性が担ってきた家庭内のケア労働が社会化もしくは市場化される。また，「ケアの担い手の等価モデル」では女性の家庭内におけるケア労働が男性の賃金労働と同等に手当として給付される。しかしフレーザーの結論

によれば，両モデルはジェンダー公平の基準を十分に満たさないという。なぜならば，男性のケア役割に何の影響も与えないからである。そこで家庭内のケア役割を女性と男性がシェアし，女性のライフパターンに合わせた「普遍的なケアの担い手モデル」をフレーザーは今後目指すべきモデルとして提起する。そしてこの新しいモデルは，より多くの人々がケアの担い手として主体的に参加する市民社会の可能性をもたらす。[17]

「普遍的なケアの担い手モデル」は先に述べたセインズベリの「個人稼ぎ手かつケアの担い手モデル」と類似しており，[18]ここにおいてフェミニストたちの福祉国家における規範モデル像は一応示されたといえる。しかしながら，規範モデルは示せてもそれをどのように進めていくかという具体的な政策については示されていない。また，フレーザーのモデルについては，ケアをすること・稼ぐことをめぐる男女間のシェアに注目するあまり，ケアの提供をめぐる公私間のシェアについての言及が不十分とする見方もある。[19]

（2）福祉国家のジェンダー戦略

エスピン・アンデルセンは家族政策の枠組みを強調しつつも家庭内における男女間のアンペイドワークをめぐるシェア関係にまで踏み込んだ実践的政策研究を2009年に発表した。[20]彼は「女性革命（female revolution）」，すなわち女性の新たな役割革命に合わせて家族支援を行うことが，福祉国家の持続可能性を左右するキーであるととらえる。

エスピン・アンデルセンによれば，女性革命の進行により，教育水準を指標としたパートナーの選択が増加し，同類婚（同じ社会階層に属する者同士の結婚）が浸透してきている。高学歴層では，女性のライフコースの男性化を前提としたパートナー選択となっているため，男性のアンペイドワーク参加の度合いが拡大し，伝統的な性別役割分業夫婦の姿は減少しつつあるという。彼は1980年代から出現したこの新たな現実をアメリカ，デンマーク，スペインの夫婦の生活時間調査を基礎に丹念に検証している。高学歴カップルの生活時間をみると，女性の家事労働時間は減少しているが，子どものケアにかける時間はむしろ増

加している。しかも同類婚による価値共有のせいで，夫婦が共同して活動する時間は長くなっている。すなわち，学歴と結婚という要因により，高学歴層ほどジェンダー平等は進んでいるのである。

一方，低学歴層では伝統的性別役割分業意識が強い。学歴の低さがキャリアの不安定さにつながり，離婚やひとり親が多いのも低学歴層である。教育水準の違いという社会階層により，そしてまた，出現しつつあるこの「ジェンダー平等の均衡（gender-equality equilibrium）」が高学歴層に偏って未成熟であることより，高学歴・高所得の2人稼ぎ手カップルと低学歴・低所得の男性稼ぎ手カップルのペアレンティングや子どもへの時間の投資といった資源格差および経済格差は広がり，次世代への影響が懸念される。

エスピン・アンデルセンは，方法論的に，フェミニストによる研究が男性に注目せず，彼らを単なる家父長的な存在として一元視してきたことから，これまでのように女性の経済的自律に関わる教育達成，有償雇用および所得ばかりでなく，パートナーシップ，結婚，家族形成といった，いわゆる私領域における女性と男性の意思決定を検証することの必要性を強調している[21]。

既に進行している家族形態の多様化についても，エスピン・アンデルセンはフェミニストたちとは異なる見解を示している。フェミニストたちは，結婚が真のジェンダー平等主義的な秩序には適切でないから非典型的な家族が増加するかのようにとらえているという。これに対しエスピン・アンデルセンは，非典型的な家族がこれからの規範的秩序になるというよりは，このような家族の出現をむしろジェンダー平等の不均衡による現れであるとみなしている。実際に離婚やひとり親は低学歴な労働者階級に増加しており，ジェンダー平等の均衡の先駆者（すなわち，高学歴な中産階級）にではないことがそれを裏づけている[22]。つまりここでは，多様な家族が作り出されてしまうのは，ジェンダー平等なライフスタイルが保障および実現されていないからであると考えられている。

ジェンダー平等な新しいタイプの家族をどのように支援し，またそのようなライフスタイルをどのように家族に普及させていったらよいのかという方策をエスピン・アンデルセンは次のように提起している。まず，「女性の生涯を通

じた職業キャリアの継続を支援すること」である。少子化対策についても女性の新たな役割を考慮に入れて実行されなければならない。とくに子どものケアに関する福祉の機能を「脱家族化」させない限り、ケアと仕事の両立を図ることはできないという。女性の安定した就労が出生率を上げることは北欧諸国が例証している。また、母親が就労している場合は子どもの貧困も減り、さらに高齢化社会の財源確保となる。

「男性のライフスタイルを女性化させること」もまた必要な方策である。女性革命に伴い、男性の家事・育児参加はここ10～20年の間に急上昇しているものの、革命的とまではいかない。夫の育児参加の度合いは働く妻の出生率決定要因であり、別居や離婚のリスクを軽減するが、ライフスタイルが女性化しているのは高学歴の男性であり、社会格差が生じている。男性の家事・育児参加を推し進めるための手段として、エスピン・アンデルセンは3つの手段を掲げる[23]。まず第1に、家庭内における女性の権力を強めることである。家事・育児に参加するように夫を説得する力量は世帯総収入に占める女性の収入の割合に関係する。したがって男女間の賃金格差を、その傾向が顕著な低学歴層において福祉国家が巨大な女性労働市場を形成するなどして解消する必要がある。第2に、家庭生活における男女間のバランスをとるために、すべての乳幼児を対象とした普遍的な保育政策を行うことである。子どもが日中保育施設に預けられていると父親が子どもに費やす時間は著しく増加する。これは子どもにとってもよい影響となる。第3に、日中の勤務時間体系を見直すことである。勤務時間が午後8時か午後9時まで続くような社会では、男性の家事・育児参加は事実上禁止されているに等しいからである。

エスピン・アンデルセンの主眼は、もはや実態に合わない伝統的な家族政策を変革するためのジェンダー平等戦略の合理性の検証説明に向けられている。脱家族化が実現されて母親の継続就労が進めば、出生率が上昇し、子どもの貧困リスクは減り、父親の家事・育児参加が増え、経済的・時間的余裕が生まれるために家族の絆は深まって安定し、誰もが平等で排除されない社会が築けるという、いわば女性革命の完成による win-win 戦略である。彼の主張の背景

には，グローバリゼーションによる経済格差と少子化問題を抱えるEU内での議論があり，そこで北欧の女性に好意的な福祉政策が脚光を浴びたため，特に南欧諸国に向けたメッセージとしてとれなくもない。デンマークやスウェーデンの優れた事例が引き合いに出されている点からも，「社会民主主義な福祉レジーム」のシステム全体としての合理性を検証した研究とも受け取れる。

しかしながら，当の北欧諸国においては，フェミニストたちが個々の有子家族支援政策に内在するジェンダー平等ジレンマに直面した問題に関する研究を行ってきている。もちろん，このような平等課題に（エスピン・アンデルセンいわく）狭く関わった研究は彼のアプローチ方法ではない。とはいえ，女性革命を促進するための具体的な家族政策として，エスピン・アンデルセンは，良質な保育施設の普遍的な供給については先に述べたように強く主張しているものの，親休暇制度についての言及は曖昧である。親休暇を通じてのジェンダー平等は困難であろうから，男性の家事・育児の日常的な参加によるジェンダー平等戦略をより効果的な戦略なのかもしれないと推測しているが，フレックスタイム制，タイムアカウント制などといった代替としての具体的な時間政策については不明である。それは，「脱家族化」政策がどこまで彼の戦略とするジェンダー平等を実現しうるかといった議論が十分に成されていないことにもつながる。また，win-win戦略として描き出されるほど，北欧のジェンダー平等政策は単一の発展を遂げてきてはいない。これについては次節で詳説する。

4　有子家族支援政策から生ずるジェンダー平等ジレンマ

それでは現行の北欧諸国における有子家族支援政策にはどのようなジェンダー平等ジレンマが存在するのであろうか。北欧のフェミニストたちは個別の政策に内在するジェンダー的な意味づけを1980年代後半から議論してきた。有子家族支援政策と一口に言っても目的とする方向性はそれぞれ異なるからである。

北欧の有子家族支援政策，なかでも女性労働力を必要とするために北欧がよ

り力を入れてきた子どものケアに関わる政策には3つタイプがある。「保育制度」「親休暇制度」「家庭内育児手当」（在宅育児手当）である。「親休暇制度」には，「出産休暇」（出産休暇としての母親休暇，母親休暇に付随した父親休暇），「両親休暇」，「父親クオータ」がある。

ボーコスト（Borchorst, A.）は，レイラ（Leira, A.）がこれら3つの制度は，そのケアの供給者およびそのケアが位置づけられている領域に異なった影響を与えるといった見解に同調したうえで，それぞれの制度の特徴を次のように分類する。まず，「保育制度」は公的領域によってサービスを提供され，脱家族化，とりわけ普遍的な稼ぎ手モデルを促進するものである。これに対し，「親休暇制度」と「家庭内育児手当」は家族化を別のやり方で促進する。「家庭内育児手当」はジェンダーには中立的であるものの，在宅で育児をする者に対する補償が控え目であるがゆえに，父親には選択可能とさせないものとなっている。つまり，これは性別による親役割を基礎としたケアの担い手の等価モデルを促進する。「親休暇制度」は普遍的な稼ぎ手モデルを基礎としている。これは休暇前の所得に基づいた比較的高い給与補償がなされるからである。休暇後の復帰が労働市場に法的に義務づけられている点もある。ただし，「父親休暇」については普遍的なケアの担い手モデルに埋め込まれている。[27]

ボーコストの分類を参考にしながら，以下ではまず，保育制度・家庭内育児手当・親休暇制度の関係から北欧──スカンジナヴィア3カ国の特徴およびジェンダー平等ジレンマについて論じてゆく。

（1）　スカンジナヴィア3カ国のジェンダー平等ジレンマ
1）デンマーク

「保育制度」に最も力が入れられているのはデンマークである。エスピン・アンデルセンも指摘していることではあるが，[28]乳児の公的保育施設の利用率の高さとそれにともなう母親の職場復帰の早さはデンマークにおける有子家族支援政策の一つの特徴を成している。デンマークでは子どものケアについては早い時期から公共の役割と認識されており，1901年には保育施設を質の良い教育

を提供する幼保一元の場とし，1964年には集団保育による子どもの社会化を子自身の権利として保障する普遍原則が制度化された。2010年の北欧閣僚評議会の統計において，0歳児の利用率は他の2カ国（ノルウェー：4.4％，スウェーデン：0.0％）では2桁に満たないが，デンマークでは15.1％となっており，1歳児の利用率でも88.0％と他の2カ国（ノルウェー：69.8％，スウェーデン：49.5％）を引き離している。

一方，デンマークにおける親休暇制度は2001年までは保育施設の利用率の高さに反比例し，他の北欧諸国よりも給与補償付きの休暇期間が短いことが特徴であった。ところが2002年の改革以降は「両親休暇」の期間が3倍以上に延長され，父母の休暇同時取得や休暇期間の分割，さらに5週間を貯蓄して，子どもが9歳になるまでに消化するといったフレキシビリティが追加された。その一方で「父親クオータ」は廃止されている。

2001年までのデンマークの状況をエリンセター（Ellingsæter, A. L.）は，「ジェンダー平等に好意的なモデル（the gender equality-friendly model）」ではあるが，「家族に好意的なモデル（the family-friendly model）」としては欠けていることを指摘しており，ブイエ（Bøje, T. P.）は，デンマークは「2人稼ぎ手で，国家がケアを担うモデル（the dual earner/ state carer model）」であると分類している。

しかしながら，2002年以降は自由・保守連立政権のもとで両親休暇期間が延長されたために母親が家庭に留まる傾向が強まった。そしてデンマークはついに北欧において父親クオータの存在しない唯一の国家となった。さらに2006年からは保育施設数が削減されてきている。

デンマークにおいて子どものケアを担うアクターはあくまでも母親と国家であり，父親は積極的な政策対象となっていない。家庭内でのジェンダー平等の促進に国家は具体的に立ち入ってこなかったのである。したがってデンマークは，ボーコストが指摘するように，女性の継続就労を国家が支える普遍的な稼ぎ手モデルに近いものの，2002年の改革以降は「親休暇の取得は各家庭の自由な選択に任せる」と柔軟性をもたせてジェンダー平等問題を曖昧にする方向に

進んできている。

2) スウェーデン

スウェーデンは給与補償付きの母親休暇（1966年）や両親休暇（1974年）を北欧で最初に導入した国家であるが，1989年には親休暇期間を既に60週間としていた。1994年には保守政党による政権が親の自由な子育て選択を保障するために家庭内育児手当（在宅育児手当）を導入したことから，親休暇期間は48週間にまで削減された。しかしながら1995年には社会民主党の復権とともに家庭内育児手当は廃止され，それまで両親の裁量でシェアされていた両親休暇が64週間に延長されると同時に，そのうち2カ月がいわゆる「パパの月」「ママの月」といわれる父母それぞれ4週間のクオータ制となった。そして2002年には父親クオータは8週間となっている。(33)

スウェーデンは母親の高い労働力率を維持しつつも，家庭内のジェンダー平等に1990年代から注目してきた福祉国家である。これらのことは，0-1歳児の親に対する長い親休暇保障と，2歳児からの高い保育施設利用率（2006年において88.6％）からうかがえる。とくに家庭内における父親役割を促進したことは，普遍的なケアの担い手モデルを目指すことにつながってきた。実際に給与補償付きの全親休暇期間において父親が取得した割合は，2007年においてスウェーデンが21.7％と他の2カ国（ノルウェー：11.4％，デンマーク：6.2％）よりも高い数値を示している。(34)

スウェーデンにおいてジェンダー平等は，他の2カ国と比較すると，常に政治的課題として取り組まれてきた。ジェンダー平等の到達目標は子どものケアに関わる政策についての政治的な話し合いに組み込まれており，ジェンダーを政治的議題として高く掲げてきた政党間競争はスウェーデン政治の特徴となっている。よって2006年に保守政党が政権を握ると，議会におけるフェミニズム勢力の後退により，ジェンダー平等という巧言（rhetoric）と，ジェンダー化された社会的現実との間には矛盾が生じるようになってきている。(35)

3) ノルウェー

ノルウェーは北欧諸国の中では遅れて女性の就労率が上昇した福祉国家であ

るが，1990年代からスウェーデンとともに家庭内でのジェンダー平等，とくに父親の子育て役割に力を入れてきた。1977年には他の北欧諸国に先がけて父親の親休暇取得を可としたが，この福祉国家が注目を浴びたのは，1993年に導入された4週間の「父親クオータ」である。この制度の導入によって1992年にはわずか2.3％だった父親の休暇取得率が1994年には45.0％，1995年には74.0％，そして2008年現在では90％となっている。また，1994年には「タイムアカウント制度」を取り入れて，親休暇を時間的にフレキシブルに取得できるようにもしている。

このように父親休暇制度に特徴をもつノルウェーであるが，保育施設を利用しない選択をした1-2歳児の親に対しては，家庭内育児手当を支給している。そのため，0-2歳児の保育施設利用率は相対的に低い。これは結果として母親を家庭につなぎとめることになるとの批判はフェミニスト研究者からもなされている。

ノルウェーにおいては伝統的に母性主義が強く，家庭内育児手当が存在することはケアの担い手の等価モデルであることを示しているが，母親の就労が必要とされている点については稼ぎ手モデルが期待されているともいえる。さらに画期的な父親政策の導入は普遍的なケアの担い手モデルを促進しており，ジェンダー平等の政策的方向性はアンビバレントとなっている。[36]

（2） 親休暇制度をめぐる課題

北欧諸国では1980年代には女性の就労促進目的から制度上のジェンダー平等は達成され，1990年代後半からはスウェーデンやノルウェーの主導により家庭内におけるジェンダー平等目的から父親のケア役割に政策的な注目が集まった。しかし2000年代に入ってから新自由主義的な潮流のもとで，ジェンダー平等よりも何が子どもにとって最良な環境であるかといった，子どもを中心とした支援政策となってきている。この傾向を「官製フェミニズム（state feminism）」，すなわち女性就労を促進するために国家主体で整備されたフェミニズムから，「官製チャイルディズム（state childism）」，すなわち子どもの権利を前面に押し

出して，両親の権利を夫婦の選択に任せてジェンダー問題を曖昧にする方向へ移行しつつあるのではないかとの指摘もなされている。[37]

このような変化のなかで，近年フェミニスト研究者たちから疑問視されているのが「親休暇制度」である。親休暇制度は親の家庭内でのケアと就労の両立を支援することによって普遍的な稼ぎ手モデルを促進する。しかし，その歴史をみればわかるように，母親休暇→両親休暇→父親休暇と発展してきている。親休暇は母親休暇から始まっているが，これは1930年代の人口危機とともに出現し，働く妊婦が流産しないようにとの配慮であったが，1960代には給与補償付きの母親休暇が母子の健康を保護することを目的に導入され，結果として母親の継続就労による経済的自立をもたらした。つまり，母親休暇は出産後の母体を休ませ，授乳をし，子どもの健康を管理することが第1目的なっており，両親休暇や父親休暇とは目的が異なる。

一方，両親休暇や父親休暇は働く親の子育て権利を保障するものである。ドリュース（Drews, L. V.）は，両親休暇が実態においては父母によってシェアされる親の権利としてよりも，母親休暇の延長として機能している点をあげ，両親休暇は実質的な母親クオータであることを指摘している。そして父親休暇は父親のみに権利を保障し，母親との休暇取得期間格差を縮め，家庭内におけるジェンダー平等に貢献するものとしてとらえられている。しかし実態では，父親の親休暇取得は完全に個人の権利とはなっておらず，母親の就労状況に左右される。権利としては母親への移転を認めない父親個人の制度であっても，実態としては家族／夫婦単位の権利であり選択となっているのである。[38]

子どものケアをめぐる公私シェアのバランスという点からいっても，公的領域で行われる保育制度の後退が徐々に進み，私的領域で行われる両親休暇の延長がなされている状況では，この休暇が実質的な母親クオータとして機能しやすい側面を内包しているために母親のキャリア機会や賃金上昇に影響を与え，将来における年金受給額を減らしてしまう。これは貧困の女性化を招く恐れにつながるだろう。そしてさらに父親のみに権利が与えられる制度が廃止される，または休暇取得率が伸び悩むことにより，父母が子どものケアをバランスよく

シェアする目標は，子どものケアを家族へ押し戻して再家族化する現実にすり替えられてしまうというパラドックスがある。親休暇制度あるいは親休暇制度以外の政策でどのように普遍的なケアの担い手モデルに接近するか，新しい政策が求められている。

5　ジェンダー平等と有子家族支援を両立させる政策とは？

　本章では1990年代以降の欧米における「政策としての」社会福祉とジェンダーに関わる議論の状況を概観してきた。ジェンダーと福祉国家との関係は私領域のなかで女性が担ってきたアンペイドワークをめぐって再定式化されたが，政策対象としての家族という枠組みを通すことによってジェンダー平等は曖昧にされやすい。セインズベリの「個人モデル」やフレーザーの「普遍的なケアの担い手モデル」は，ジェンダーニュートラルな個人を単位としたポスト工業社会における福祉国家が目指す目標として提示されたが，既に制度上の男女平等や個人単位社会が成熟しているはずの北欧諸国においても家族を形成することによって生ずるジェンダー不平等リスクは子どものケアをめぐって残る。エスピン・アンデルセンの「脱家族化」による「女性革命」という戦略は，「普遍的な稼ぎ手モデル」まで到達することを可能にしても，「普遍的なケアの担い手モデル」にどれくらい近づけるのかについては説明不足である。福祉国家研究のメインストリームとフェミニスト・アプローチの間では，アプローチの根本的違いにより，直接の対話が成されているとはいえないものの，議論は進展しており，今後は実践的な政策についての検証が必要となろう。

　ジェンダー平等は家族政策との関係で常に揺れ動いている。「女性革命」の進んだ社会と考えられる北欧諸国においても，近年は子どもの人権を前面に押し出して子どものケアをめぐる公私シェアバランスや，家庭内での父母シェアバランスを後退させる政治的方向性が出現してきている。親個人の子育て権利という点からいっても，現行の親休暇制度はパートナーに関わらず自分の意思のみで選択できるものとはなっていない。家族とはいかなる時代においても形

成されることを考えれば，支援政策としては親の義務／権利を完全に個人単位化する必要があるのではないだろうか。イスラム圏など文化や価値の全く異なる外国人移民やジェンダー問題を敬遠する若い世代が増加するなか，今後，北欧各国が「女性の就労」「有子家族向け福祉」「子どもの人権」とともに「ジェンダー平等」をどのように解釈してゆくのかが注目される。

注
(1) 杉本貴代栄「フェミニスト研究の経過と到達点」デイリー，メリー & レイク，キャサリン／杉本貴代栄監訳『ジェンダーと福祉国家』ミネルヴァ書房，2008年。
(2) 深澤 (1999) によれば，福祉国家と女性との関係に焦点が当てられ始める中で，ソーシャリスト・フェミニストは，福祉国家が女性を男性の被扶養者と定義づけて抑圧する側面を持ちながらも，他方では家庭を通して女性にセーフティネットを与えることに一定の評価もしながら，多面的に事実を分析していたという（深澤和子「福祉国家のジェンダー化」『大原社会問題研究所雑誌』No. 485, 1999年)。
(3) 代表的な研究者としてノルウェーの Helga Hernes が挙げられる。Hernes は，女性の生活が福祉国家による規定度という点で男性よりも高いことから，女性が政治的アクターとして政策決定の場に進出することによって woman-friendly な国家に転換できる可能性があることを論じた（Hernes, Helga M., *Welfare State and Woman Power: Essays in State Feminism*, Norwegian University Press, 1987. 深澤 1999年)。
(4) Daly, M. and Rake, K., *Gender and the Welfare State*, Polity Press, 2003.（= 2008, 杉本貴代栄監訳『ジェンダーと福祉国家』ミネルヴァ書房）
(5) Esping-Andersen, G., *The Three World of Welfare Capitalism*, Polity Press, 1990.（= 2001, 岡沢憲美・宮本太郎監訳『福祉資本主義の三つの世界』ミネルヴァ書房)。
(6) Orloff, Ann S., "Gender and the Social Rights of Citizenship: the Comparative Analysis of Gender Relations and Welfare States", *American Sociological Review*, Vol. 58, No. 3, 1993.
(7) Daly and Rake, op. cit.
(8) Lewis, J., "Gender and the Development of Welfare Regimes", *Journal of European Social Policy*, Vol. 2, No. 3, 1992.
(9) Siaroff, A., "Work, Welfare and Gender Equality: A New Typology", Sainsbury, Dian (ed.), *Gendering Welfare States,* Sage, 1994.
(10) Daly and Rake, op. cit., pp. 165-167.

(11) Esping-Andersen, G., *Social Foundations and Postindustrial Economics*, Oxford University Press, 1999.（＝2000，渡辺雅男・渡辺景子訳『ポスト工業経済の社会的基礎：市場・福祉国家・家族の政治経済学』桜井書店）
(12) Borchorst, A., "Woman-friendly Policy Paradox? Childcare Policies and Gender Equality Visions in Scandinavia", Melby, Kari, et. al., *Gender Equality and Welfare Politics in Scandinavia*, Polity Press, 2008.
(13) Daly and Rake, op. cit., p. 15.
(14) Sainsbury, D., *Gender, Equality, and Welfare States*, Cambridge University Press, 1996.
(15) Sainsbury, D., *Gender and Welfare State Regimes*, Oxford University Press, 1999, pp. 77-80.
(16) Ibid., p. 105.
(17) Fraser, N., "After the Family Wage: Gender Equity and the Welfare State", Hobson, Barbara (ed.), *Gender and Citizenship in Transition*, Macmillan, 2000.
(18) Sainsbury, 1999, p. 261.
(19) Borchorst, 2008, p. 30.
(20) Esping-Andersen, G., *The Incomplete Revolution*, Polity Press, 2009.（＝2011，大沢真理監修・翻訳『平等と効率の福祉革命』岩波書店）
(21) Ibid., pp. 19-20.
(22) Ibid., p. 12.
(23) エスピン・アンデルセン，イェスタ／京極高宣監修，林昌宏訳，パリエ，B. 解説『アンデルセン，福祉を語る』NTT 出版，2008年，36頁，Esping-Andersen, 2009, p.103.
(24) Esping-Andersen, 2009, p. 3.
(25) Ibid., pp. 102-103. また，エスピン・アンデルセンは，標準的な内容の母親に好意的な政策（個人単位課税，有給の親休暇制度，補助金付きの保育サービスなど）が新たなジレンマを引き起こす可能性を指摘しながらも，詳細については論じていない（Ibid, p. 81, 91）
(26) Borchorst, 2008.
(27) Ibid., p. 33.
(28) Esping-Andersen, 2009.
(29) Borchorst, A., *Danish Child Care Policies between Path Dependent and Path-breaking Development*, Working paper for the conference "The Development of Public Child Care and Preschools in Europe: Path Dependencies and Change", Hildesheim University, Germany, 19-21 October 2006.

(30) Nordic Council of Ministers, *Nordic Statistical Yearbook/ Nordisk statistic årsbok 2010*, Copenhagen, 2010.
(31) Ellingsæter, Anne L., "Dual Breadwinner Societies: Provider Models in the Scandinavian Welfare States", *Acta Sociologica*, Vol. 41 No. 1, Scandinavian University Press, 1998.
(32) Bøje, Thomas P., "Women between Work and Care", Paper for the session on Welfare Policy and Family -Gender, Work and Care, The 5th Conference of the European Sociological Association, Helsinki, 28 August–1 September, 2001.
(33) Gupta, N. D., Smith, N. and Verner, M., *Childcare and Parental leave in the Nordic Countries: A Model to Aspire to?* (Discussion Paper No. 2014), Born: Institute of the Study of Labour, 2006.
(34) Haataja, A., Father's *Use of Paternity and Parental Leave in the Nordic Countries*, Online Working Papers 2/2009, The Social Insurance Institution of Finland (Kela), 2009.
(35) Borchorst, 2008, p. 38.
(36) Ibid., pp. 38–39.
(37) Ellingsæter, Anne L., "Nordic parental Leave: recipe for high employment/ high fertility?", *Memorandum*, No. 1: 2007, Department of Sociology and Human Geography, University of Oslo, 2007.
(38) Valdimarsdóttir, Friða R., *Nordic Experiences with Parental Leave and Its Impact on Equality between Women and Men*, Nordic Council of Ministers, 2006.

参考文献

Borchorst, A., "Woman-friendly Policy Paradox? Childcare Policies and Gender Equality Vision in Scandinavia", Melby, Kari, et. al., *Gender Equality and Welfare Politics in Scandinavia*, Polity Press, 2008.
Daly, M., and Rake, K., *Gender and the Welfare State*, Polity Press, 2003.（=2008, 杉本貴代栄監訳『ジェンダーと福祉国家』ミネルヴァ書房）
Esping-Andersen, G., *The Incomplete Revolution*, Polity Press, 2009.（=2011, 大沢真理監修・翻訳『平等と効率の福祉革命』岩波書店）
Fraser, N., "After the Family Wage: Gender Equity and the Welfare State", Hobson, Barbara (ed.), *Gender and Citizenship in Transition*, Macmillan, 2000.
Sainsbury, D., *Gender and Welfare State Regimes*, Oxford University Press, 1999.

（大塚陽子）

コラム6

日本女性学研究会

　日本女性学研究会のホームページの冒頭には，「日本女性学研究会は，女性の過去，現在における状況に疑問や不満を感じ，なぜそうした状況があるのかを問い，それを変革していきたいと考える人々の集まりです。女性学は，その変革のための一つの方法です。学問と日常生活，理論と実践といった価値の分断をなくし，そのいずれにも根ざした女性解放運動を創り出していくことが，私たちの願いです。私たちは共に語り，考え，行動することによって，私たち自身の，そして社会の変革をめざしています」とある。当会の主旨はこれに尽きる。

　日本女性学研究会は，総会も会則もなく，意志決定機関は，毎月行っている運営会議である。この運営会議には，会員なら誰でも参加でき，誰でも意見を言い，決定に参画することができる。

　1977年に発足したが，民主的な組織であり続けるために，これまで何度も組織のありようを問い直し，運営の仕方に修正を加えてきた。現在は運営の実務を立候補制で1年任期の運営委員が担当している。嘗ては，若い会員が減ってやがて運営委員になる人がいなくなったらどうするのか，というような懸念もあったが，その時はこの会が誰にとっても必要でなくなった時だから終わればいいのだ，という潔い結論が出された。が，現在，若いメンバーがベテランメンバーと一緒に運営委員となって，仕事を分かち合い，融通をつけ合いながら，柔軟な考え方としなやかな行動力で会を支えている。

　1977年以降，「女性学」を名称に含む学会が相次いで設立された。名称が似ているのでよく間違えられることがあるが，日本女性学研究会は学会ではない。研究者だけの組織でもない。それぞれの現場にいる人が居場所から発信する情報を尊重することによって，さまざまな女性達の経験を共有しようとするグループで，職業，年齢などは多様である。

　主な活動は，年間10回発行する機関誌 VOICE OF WOMEN（VOW）と例会開催，それに年に1回の年報発行である。VOWは，会についての情報提供と投稿原稿から成り，会員の回り持ちで編集を行っている。会員の生の声を届ける意図でチェックなどはしない原則なので，投稿原稿はそのまま掲載している。例会は，会員による企画提案を受けて，運営会議で段取りをして成立する。近年の例会テーマは，天皇制，セクシュアリティ，ドメスティック・バイオレンス，発達障害とジェンダーなどであり，発足当時から振り返ると，その時代の社会状況を反映して変遷してきている。

　また，1980年に発刊した『女性学年報』は，2011年現在32号を数える。難解な学術用

語で武装した，素人を寄せ付けない「学問」のあり方に疑問を投げかけてきた女性学の原点に立ち，いわゆる論文だけではなく，既成のメディアに載らないような性質の原稿を発表できる場，メディアに載る手段やノウハウをもたない人々に表現の機会を与える場であることを基本方針として，刊行を続けてきた。

　近年の年報には，それぞれの号を特徴づけるフレーズをテーマとして掲げており，〈しぶとく生きるフェミニズム──「なんちゃってリベラル」な時代の「不燃ゴミ」として〉，〈くりかえし，見つめなおす──わたしが自明視（シカト）してきたもの〉，〈"イラッとする"経験に光をあてる〉など，若いメンバーの感性が光っている。内容も，論文や研究ノートなどのジャンルにこだわらず，座談会や現場からのレポート，インタビューなども掲載して，大学アカデミズムの外にある言説と実践を，権威主義を排した編集プロセス，いわゆる「上から目線」を排した編集姿勢のなかで展開させている。そのための苦労ももちろん多々ある。言いっぱなし，書きっぱなしに陥らないためにコメンテーター制度を駆使し，なんとか新しい視角，ユニークな論点を掬い上げたいと，全体的に荒削りであっても敢えて掲載に踏み切るなど，判断に苦渋を伴うことも多い。他の学会誌にはない『女性学年報』ならではの取り組みだと評価されたりすると励みになる。

　日本女性学研究会への入会には資格条件も紹介制度もない。年会費を納入すれば，会員である。深く関わりたければ自ら役割を買って出て，関わればよい。何もしたくなければ何もしなくてもよい。徹底して，「私からのフェミニズム」を発信する場だと思っていただければよいのではないかと思う。

（日本女性学研究会会員　桂容子）

日本女性学研究会 URL　http://www.jca.apc.org/wssj/
〒540-0012　大阪市中央区谷町１-６-４天満橋八千代ビル10F
　　　　　オフィス・オルタナティブ内「日本女性学研究会」
TEL：06-6945-5160　FAX：06-6920-8167　E-mail：wssj@jca.apc.org

第12章 アメリカのソーシャルワーク教育
―― バルドスタ州立大学ソーシャルワークプログラムを事例に

筆者は，10年程前に日本から渡米し，アメリカのペンシルバニア州のピッツバーグ大学において，社会福祉学部の修士プログラムと博士プログラムで勉強し，修士・博士号取得後，2010年8月から，アメリカのジョージア州の最南端にあるバルドスタという町にある，バルドスタ州立大学の社会福祉学修士（Master of Social Work, 以下 MSW とする）プログラムの准教授として，MSW プログラムでソーシャルワーカーを育成する社会福祉教育に携わっている。

1　ソーシャルワーク教育の全体像

現在アメリカには，約60万人のソーシャルワーカーがいると，アメリカ労働省（U.S. Department of Labor）により報告されている（Ginsberg, 2005)[1]。アメリカにおける"ソーシャルワーカー"とは，各州によって認定されているソーシャルワーカーの資格（Licensure of Social Workers, 以下，LSW とする）を持つ者のことを意味する。各州により，その資格の基準は異なる。アメリカの4年制大学の福祉学部と社会福祉学修士プログラムの認定・監査機関にあたるソーシャルワーク教育協議会（Council on Social Work Education, 以下，CSWE とする)[2]により，アメリカのソーシャルワーク教育は，下記に示されるようなソーシャルワークの目的を達成する社会福祉専門職を育てることであると定義されている。

　　ソーシャルワークの目的は，人とコミュニティーのウェルビーイング，人と環境の相互作用，グローバルな視点，多様性への配慮，科学的調査に基づいた知識を増大させ，社会経済的正義，人権を抑圧する状況の防止，

貧困の削減，全ての者の生活の質の向上の追求によって実現される。(CSWE, 2008：1)。

そして，CSWEにより，ソーシャルワーク教育の目的は，優秀で効率的な専門家になる準備をすること，ソーシャルワークの多様な知識を持ち，サービス分配システムの発展においてリーダーシップを発揮できるような人材を育てること，とされている。アメリカのソーシャルワーク教育は，その専門職の歴史，目的，哲学，一連の知識，価値，技術を学べるように構成されている。また，ソーシャルワーク教育は，その学生たちが卒業後優れた実践ができるよう，ソーシャルワーク専門職の知識，価値，技術を統合させるものである（CSWE, Commission on Accreditation, 2003)。CSWEにより，社会福祉学士・修士プログラムのカリキュラムには，社会福祉政策，人間行動と社会環境，社会福祉実践，社会福祉研究，実習，の5コースを必ず入れることと規定されている。学士プログラムは，基礎コースのみ，修士プログラムには基礎コースと専門コースが含まれる（Ginsberg, 2001)。

アメリカの大学の社会福祉学部には，4年制大学の社会福祉学部（Bachelor of Social Work)，社会福祉学修士（MSW)，社会福祉学博士（Doctor of Social Work, Ph.D.）のプログラムがある。日本の大学の社会福祉教育と最も異なる点として，日本は，4年制大学の社会福祉学部までが，ソーシャルワーカー（社会福祉士）となる最終学位となっているが，アメリカでは，大学のMSWプログラムがソーシャルワーカーとしての最終学位となり，社会福祉の大学院教育の修士レベルまでが，実践家になるための教育機関とみなされている。アメリカの4年制大学の社会福祉学部のプログラムとMSWプログラムの違いは，前者は，CSWEの認定基準において，ジェネラリストとしてのソーシャルワーカー（Generalist Practitioner）を育てる機関とみなされ，後者は，スペシャリストとしてのソーシャルワーカー（Advanced Generalist Practitioner）を育てる機関とみなされる。CSWEにより，各大学のソーシャルワークプログラムは毎年監査を受け，そのようにすることで，社会福祉専門職教育の高い質を維持し

表12-1 2008年における全米のソーシャルワークプログラム数

学位レベル	認定されたプログラム	認定申請中のプログラム	総計
社会福祉学士（BSW）	462	17	479
社会福祉修士（MSW）	191	19	210
社会福祉博士（Ph. D.）	—	—	73
全てを含めたもの	653	36	762

出所：アメリカのソーシャルワーク教育（Lee, 2008）。

ている（Lee, 2008）[6]。

　アメリカで2008年において，現在，CSWEから認可を受けている大学の社会福祉プログラムとして，4年生大学社会福祉学部のプログラムの463（他17プログラムの認可予定），191のMSWプログラム（他19プログラムの認可予定），73の社会福祉学博士プログラム（博士プログラムはCSWEによって認可されていない）がある（CSWE, 2008）[7]（表12-1参照）。

2　ソーシャルワーク教育の歴史

　アメリカに専門職としてのソーシャルワークが誕生したのは，19世紀であるが，その専門職を育てるためのソーシャルワーク教育は，19世紀半ばに開始する。当時，貧困者などの援助に従事していた慈善組織協会により，その諸組織のなかで働くスタッフの専門的教育・トレーニングが必要であると認識が高まったことが，ソーシャルワーク教育の発端といわれる（Frumkin & Lloyd, 1995）[8]。ニューヨークの慈善組織協会の会長であったリッチモンド（Richmond, M. E.）は，ソーシャルワーカーの専門的教育の創設者であるとみなされている。リッチモンドは1898年に，1年間にわたってソーシャルワーカーを育成するニューヨーク社会事業学校の創設を手伝った。それが，アメリカにおける最初の社会福祉教育機関とみなされている（1962年に，それが現在のコロンビア大学社会福祉学部となった）。続いて，20世紀初頭にも同様の教育機関創設の試みがなされ，セツルメント運動を開始し，社会改善事業のセンターとして機能したハルハウ

スを創設したアダムズ（Adam, J.）の活動したシカゴにおいても，シカゴ社会事業サービス学校（1907年にシカゴ大学社会福祉経営学部となる）が創設された（Frumkin & Lloyd, 1995）。第1次世界大戦後には，17の社会事業学校が，アメリカのソーシャルワーク教育の質を維持するために，専門的ソーシャルワーク教育学校連盟を形成した（それが1927年に，全米社会福祉学校連盟〔American Association of Schools of Social Work〕となる）。1930年代になり，全米社会福祉学校連盟は，全米大学連盟（Association of American Universities）によって認識される高等教育機関の一員になることを要求し，2年制の社会福祉修士教育の認可・認定を確立させた（Frumkin & Lloyd, 1995）。1952年に全米社会福祉学校連盟が，現在のソーシャルワーク教育協議会（CSWE）となる。その後，4年制大学社会福祉学部が，全米各地に広まって創設されたが，CSWEによる社会福祉教育機関としての認可・認定をされるのは，社会福祉学修士のMSWプログラムより大分遅く，1974年にされることになる（Ginsberg, 2005）。その後，全米各地に，さらに社会福祉学学士・修士プログラムが創設されていくが，CSWEにより，これらの全てのソーシャルワークプログラムは8年毎に監査を受け，再認定されなければならないと規定される。

　上述したアメリカのソーシャルワーク教育の歴史で，社会福祉学修士のMSWプログラムがCSWEによって認可・認定された最も長い歴史を持っていることからわかるように，アメリカのソーシャルワーク教育は，MSWプログラムでの教育が中心となっている。MSWの学位を持つことは，各州が認定するソーシャルワーカーとしての資格を得る際に，必須条件となっている。また，通常，そのMSWプログラムは2年制であるが，CSWEによって認定されている4年制大学の社会福祉学部（BSW）の学位を持っている者には，1年で卒業できる制度を設けている。すなわち，それは，4年制大学社会福祉学部のなかで既に受講したコースをとる必要がなく，MSWの修士を1年間でとれる制度である。

3 MSW プログラム——バルドスタ州立大学の MSW プログラムを通して

アメリカのソーシャルワーク教育の中心機関である MSW プログラムについて，筆者が現在勤めるバルドスタ州立大学の MSW プログラムの事例を通して，次に説明していきたい。

(1) バルドスタ州立大学について

バルドスタ州立大学は，アメリカ南部のジョージア州の最南端に位置するバルドスタ（人口4万3,724人の住民が住む）は，南ジョージアの商業中心地であり，花などの植物生産地として知られる。バルドスタ州立大学は，1906年に，ジョージア州南部地域に教育サービスを提供する機関として，当初は女子大（Georgia State Women's College）として設立され，後に男女共学となった。その大学のキャンパスには，多くの花が咲き乱れ，スペイン教会様式の美しい建物が点在する。2011年現在の大学の学生総数は，1万3,089人。大学院は，ソーシャルワーク，教育，芸術，行政学，経営学，看護学，図書館情報学などのプログラムを，4年制大学の学部は，科学，教育学，経営学，美術，音楽，看護学，心理学などのプログラムを設けている。全学生のジェンダー構成は，女性（59.26％），男性（40.74％）であり，人種構成は，白人（55.91％），黒人（32.81％），ヒスパニック系（3.16％）で，アジア系の学生の割合は0.80％とほんの僅かである。[11]

(2) バルドスタ州立大学の MSW プログラム開設の歴史

1990年代前半に至るまで，南ジョージアでは，ソーシャルワーカーが不足していた。南ジョージアの多くのソーシャルワーカーたちは，人数が少ないことから，地域で地位が低く，パワーレスであった。1995年の時点で，南ジョージアの地域には，MSW を持つソーシャルワーカーが13人程しかいなかった。すなわち，児童虐待，貧困，高齢者問題，多様性の問題が増大する南ジョージア

第12章　アメリカのソーシャルワーク教育

の地域のなかで，そのような問題に直面するクライアントをサポートするための資源・サービスがわずかしかなかった。例えば，当時，南ジョージアに児童性的虐待のケースが増加していたが，その性的虐待のケースに対して，その被害者を守る資源・サービスが不足していたために，被害者を十分に守れないでいた。そこで，南ジョージアのコミュニティーメンバーたちにより，もっと多くのソーシャルワーカーが必要と要求され，そのソーシャルワーカーを育成するための社会福祉学修士のMSWプログラムを開設することの必要性が唱えられた。そのために，南ジョージアのバルドスタ州立大学のなかに，ソーシャルワーカーの資格（LSW）を取得することのできるMSWプログラムを創設し，ソーシャルワーカーと社会福祉機関の数をその地域に増大させることが急務となったのである。すなわち，バルドスタ州立大学のMSWプログラムは，南ジョージアのコミュニティーメンバーによるアドボカシー活動から誕生したといえる（ギディングスとのインタビューから，2012年1月7日）[12]。

そのような地域のニーズに答えるかたちで，地域のソーシャルワーカー，関連している地域住民，大学教授やその他の諸々の人たちが，バルドスタ州立大学MSWプログラムの設立の必要性を訴え，その協働的努力の結果，1994年に，ジョージア州大学組織理事会（University System of Georgia Board of Regents）がバルドスタ州立大学MSWプログラムを開設することを承認した。その翌年の1995年に，1名のディレクターと5名の教授を雇用し，同年の秋学期から学生を受け入れ始めた。3年後の1998年に，CSWEによって認可を受けた[13]。

バルドスタの地にMSWのプログラムが創設され，社会福祉教育を開始したことで，ソーシャルワーカーがその後次々にその地域に生み出されていく。2011年までに，この南ジョージアのコミュニティには，500人ものMSWを取得したソーシャルワーカーが存在するまでになった。ほとんどの卒業生は，南ジョージアに残り，その地域でソーシャルワーカーとして活動し続けている。バルドスタにおいて，ソーシャルワーカーが不足していたことから，その卒業生たちが社会福祉機関で働き始めるや否や，各機関のスーパーバイザーや管理職の地位に卒業後短期間で登り占め，活躍ぶりを見せている。また，バルドス

タ州立大学のMSWプログラムの卒業生たちがソーシャルワーカーとして地域で活躍するなかで，今度は彼らたちが，自らその地域のニーズに答えるかたちで（その地域で性的虐待の児童のケースが増加していた），児童虐待の被害者をサポートすることを目的とした子どもアドボカシーセンター（Child Advocacy Center）をバルドスタに立ち上げたりした。また，バルドスタの高齢化のニーズに応答し，高齢者のためのデイケアーセンターである友愛の家（Friends' House）も，バルドスタ州立大学のMSWプログラムの卒業生たちにより創設された。このように，バルドスタ州立大学のMSWプログラムにおけるソーシャルワーク教育は，地域のソーシャルワークに多大な影響を与えている。[14]

2011年までの約10年間，バルドスタ州立大学のMSWプログラムのディレクターとして任務に携わってきたマーサ・ギディングス博士によると，1990年代初頭には，バルドスタの地域に20の社会福祉機関しかなかったものの，バルドスタ州立大学のMSWプログラムのソーシャルワーク教育効果で，その卒業生のソーシャルワーカーたちが地域に増加したことで，現在は，200の社会福祉機関にも増大しているという。また，1990年代初頭には，そのMSWプログラムの学生総数が40人であったのが，2011年度現在において，130人程にも増加している。[15]バルドスタ州立大学のMSWのプログラムには，毎年，約50〜62人の学生が入学してくる。1年毎の入学数は，年々増加の一途を辿っている。過去8年間で，入学希望者・入学者の数が2倍にも増加の傾向を辿っている。現在の大学院の教員は，ディレクターが1名，実習担当ディレクターが1名，23名のインストラクター（そのうち教授が8名）で構成されている（バルドスタ州立大学MSWプログラム，2008）。[16]

バルドスタ州立大学のMSWプログラムの創設は，地域の実践家たちのサポートの力を得て誕生したのであるが，このように，地域の実践家のたちの力が強力な原動力になりソーシャルワークのプログラムが創設されたことは，全米の社会福祉のある大学のなかでも，稀なケースである。このようなバルドスタ州立大学のMSWプログラム創設の特殊な歴史を反映し，大学とコミュニティーが非常に良い形で調和し，大学教員，ソーシャルワーカー，実習のインス

トラクター，コミュニティーメンバーが，強固な協働関係を形成し，それが現在に至るまで継続している。マーサ・ギディングス博士は，コミュニティーのソーシャルワーカーたちのサポートが，このプログラム創設に非常に必要であったし，多大に彼らたちの貢献があったから，このプログラムを創設できたと述べている。[17]

（3）バルドスタ州立大学の MSW プログラムの教育倫理とコースカリキュラム
1）教育倫理

バルドスタ州立大学の MSW プログラムは，下記のような教育声明文を掲げ，それに基づいた教育を展開している。

> ソーシャルワークプログラムの使命は，学問，サービス提供，リーダーシップを発揮できる力と，多様なレベルの知識を持ち，組織的かつ益々複雑化される実践に対応できるようなソーシャルワーク実践環境を評価し形成できる資格のある，高度のジェネラリストの実践家になる訓練を通して，ソーシャルワーク専門職を前進・発展させ，南ジョージアと他の地域における社会問題と社会的不平等を解決することに貢献することである。（バルドスタ州立大学 MSW プログラム，2002）[18]

2）ジェネラリスト実践モデルに基づくコースカリキュラム
① ジェネラリスト実践モデル

MSW プログラムのカリキュラムは，ジェネラリスト実践モデルに基づいて系統化されている。ジェネラリスト実践モデルは，MSW プログラムのカリキュラムの基礎にあたる。ジョンソン（Johnson, L. C., 1989）[19]は，"ソーシャルワーカーとは，ジェネラリストである必要があり，幅広い範囲の技術を巧みに使える必要がある。また，私的問題を抱え，幅広い層に影響を与えるマクロな問題を抱える個人を助けられる必要がある。"と述べる。ジョンソン（Johnson, L. C., 1989）によると，ジェネラリストアプローチとは，"ソーシャルワーカーがク

ライアントの状況を評価し、どのシステムが注目すべき重要ユニットであり、変化するべき焦点は何かを判断すること"である[20]。ジェネラリストアプローチによると、そのシステムが、個人、家族、小集団、機関・組織、コミュニティーのうち、もっぱら1単位のみが、もしくは1単位以上のものが同時に相互作用して、問題を生じさせていると考える。

また、カースト・アシュマンとハル（Kirst-Ashman, K. K. & Hull, G. H. J., 1993）[21]は、ジェネラリスト実践モデルの主要な次の4つの特徴をあげている。

① そのモデルは、ソーシャルワークの特殊な知識、技術、価値に基づくものである。
② そのモデルは、クライアントの問題が個人だけでなく、集団、組織、主要な社会政策が原因で発生していると考え、その問題解決を目的とする。
③ そのアプローチは、幅広い視点を通して、実質上のいかなる問題も分析でき対応できるとの信念に基づく。それは、変化するべき標的を、ミクロ・メゾ・マクロシステムシステムとする。
④ そのモデルは、専門的な問題解決方法であり、無限にそれを応用できる。

マクマホン（McMahon, M. O., 1994）[22]は、ジェネラリスト実践モデルの上記の4つの特徴に加えて、"理論と介入の自由な選択"と"エコロジカルシステム論の使用"の2つの重要な特徴を付け加えている。マクマホン（1994）[23]は、"ジェネラリスト実践の鍵となる要素は、エコロジカルシステム理論を通して実践されることだ"と述べている。エコロジカルシステム理論は、理論、介入、多様なレベルでのアプローチを有効に選択するための系統的な枠組みであり、それは、実践へのガイドラインを提供する。エコロジカルシステム理論は、「多くの人間行動と実践理論を統合する幅広い枠組みである」（Greene, 1991：261）[24]。この理論は、多様なレベルでの人と環境の相互作用に基づく統合的な概念構想を提供し、実践の原則を導くものである。ソーシャルワークにおいては、

個人と関わるための，家族や集団と関わるための，組織，地域，制度と関わるためのさまざまな理論があるが，エコロジカルシステム理論においては，これのすべての次元間における接触と相互作用に注目して，クライアントの問題を分析する。また，エコロジカルシステム理論は，他の諸理論と方法を連結させる土台としての包括的枠組みとしても機能する。

② 高度のジェネラリスト（Advanced Generalist）実践モデル

マクマホン（1994）[25]は，ジェネラリストとしての基本的知識を，高度なジェネラリスト（Advanced Generalist）として成熟し発展させていくべきと述べ，高度のジェネラリストを次のように定義している。

> 高度のジェネラリストは，様々な問題や人々のいる複雑なシステムの中で独自に動ける能力を持つことが期待される（7頁）。

高度のジェネラリスト（Advanced Generalist）とは，ジェネラリストよりも，多様な介入方法を，より幅広く，奥深い知識でもって選択できる実践を意味する。高度なジェネラリストとは，直接援助技術提供者として，スーパーバイザーとして，経営者として，管理職員として，研究者・社会計画者として，高度な技術を使用できる者を指す。高度なジェネラリストは，しばしばあいまいな状況のなかで，幅広い範囲の能力と意思決定の能力を発揮し，同時にあらゆるレベルにおいて，ソーシャルワーク専門職の倫理と価値を反映させなければならない。例えば，ジョージア州のある地域の高度なジェネラリストの実践家とは，下記のような人のことを指す。

> 州のソーシャルワーカーの資格（LSW）を持ち，9万人の総人口からなる2郡の地域メンタルヘルス・センターのディレクターである。さらに，このディレクターは，身体的・性的児童虐待の専門家であり，彼女が属する組織内で，このような児童虐待被害者の治療を専門的に行い，子ども・家庭福祉サービス局（Department of Family and Children Services）と，規則

的にトレーニングやコンサルテーションを行っている。そのディレクターは，スタッフとの定期的な評価で，大人の地域メンタルヘルス・センターへのサポートグループの参加率が悪い，特に学校に入る前の子どもを抱える大人の参加率が悪いことが明らかになった。そのディレクターは，そこでニーズアセスメントをし，この大人の参加率の低下が，デイケアーと交通集団が無いことによるものだということを知った。他の社会福祉機関に連絡をしたところ，彼らたちも同様のニーズを抱えていることがわかり，サービスがこのような大人たちにも届くように，2郡の各々で，多機関協働の機能を発展させ，サービスの提供の促進をはかった。[26]

③　コースカリキュラムの目標

このように器用で巧妙なスキルを求められる高度なジェネラリストは，ジェネラリスト実践の基礎の積み上げからなる。すなわち，ジェネラリスト実践の基礎をしっかり学んでから，高度なジェネラリスト実践を学ぶというプロセスである。バルドスタ州立大学のMSWプログラムは，そのプログラムに入学した学生たちが，ジェネラリストの実践のスキルを1年目で習得した後，2年目に高度のジェネラリストの実践（Advanced Generalist Practice）のスキルを習得できるように，プログラムのカリキュラムを組み立てている。バルドスタ州立大学のMSWプログラムは，表12-2にリストされる19の目標をMSWのプログラムに入る学生達が実現できるように，コースカリキュラムを基礎コースと専門コースに分けて設定している。基礎コースは，ジェネラリストの実践のスキルを培うために，専門コースは，高度のジェネラリスト実践のスキルを培うために設定されている。[27]

また，次の図12-1は，高度のジェネラリストの実践スキルを習得するために，3つの準備段階をマクマホン（1994）によって，示されたものである。[28]

第12章　アメリカのソーシャルワーク教育

表12-2　バルドスタ州立大学MSWプログラムのコースの19の目標

基礎コースの目標：
1. 計画された介入プロセスに基づく，多様なレベルのジェネラリストの実践を行えるようになること。
2. 専門的ソーシャルワーク実践の状況の中で，批判的な考え方ができるようになること。
3. ソーシャルワーク専門職の価値観と倫理を分析し応用できるようになること。
4. ストレングスの視点を持ち，人間の多様性に対応するために，差別なく，尊敬，知識，技術をもって，実践ができるようになること。
5. 抑圧や差別のメカニズムを理解し，それに挑戦できるようになること。
6. アドボカシーの戦略を使用し，正義を実現するために社会変革を行えるようになること。
7. 専門職の歴史，発展，現在の動向を理解し，解釈できるようになること。
8. 系統的な概念として，エコシステムの視点を使い，実践を理解するために，人間行動理論と科学的証拠を選択・応用できるようになること。
9. 社会政策を分析し，策定し，それに影響を与えられるようになること。
10. 多様なレベルにおいて，適切に，個人の実践と介入を実践し評価するために，研究結果を評価し，応用できるようになること。
11. 文書や言葉で，クライアント，同僚，コミュニティーとコミュニケーションできる能力を養うこと。
12. 専門家としての行為と成長を増進するために，サービスのフィードバック，スーパービジョン，コンサルテーションを適切に利用できる能力を培うこと。
13. 諸組織，分配システム，コミュニティーのネットワークの構造の中で機能でき，組織的変化を求めることができるようになること。
14. ソーシャルワークの専門職としてのアイデンティティーを持ち，専門家として行動できるようになること。
専門コースの目標：
15. 情報に基づく系統的な自立的実践を益々できるような能力を養うこと。
16. 専門的環境を形成するためのリーダーシップと能力を発揮できること。
17. ソーシャルワーク実践に役立つために，構造的要素を分析し，批判的に評価できる能力を培うこと。
18. 多様なレベルでの実践に，バランスのとれた配慮ができること。
19. 専門的理論と実践方法論を使用して，増大する複雑性に対応する実践ができるようになること。

出所：Valdosta State University, Division of Social Work. *Self study report for the Council on Social Work Education Commission on Accreditation Volume I*, 1997.

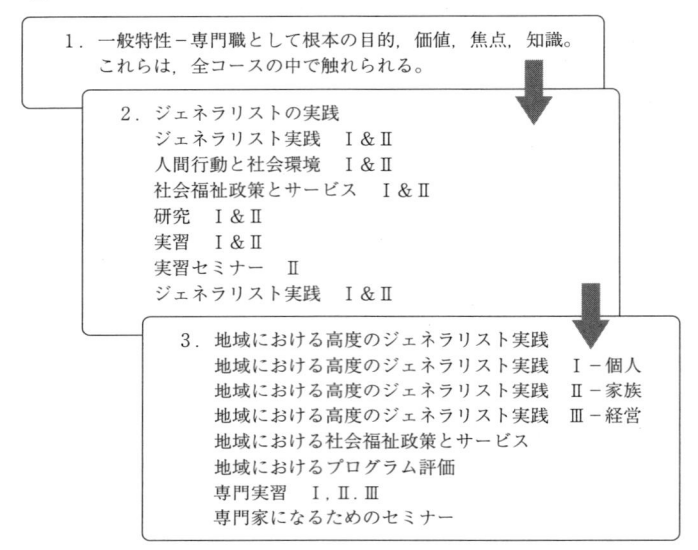

図12-1　ソーシャルワークにおける高度なジェネラリストの3準備段階

```
┌─────────────────────────────────────────┐
│ 1．一般特性－専門職として根本の目的，価値，焦点，知識。│
│   これらは，全コースの中で触れられる。          │
└─────────────────────────────────────────┘
    ┌─────────────────────────────────────────┐
    │ 2．ジェネラリストの実践                      │
    │   ジェネラリスト実践　　Ⅰ＆Ⅱ               │
    │   人間行動と社会環境　　Ⅰ＆Ⅱ               │
    │   社会福祉政策とサービス　Ⅰ＆Ⅱ              │
    │   研究　　Ⅰ＆Ⅱ                           │
    │   実習　　Ⅰ＆Ⅱ                           │
    │   実習セミナー　　Ⅱ                        │
    │   ジェネラリスト実践　　Ⅰ＆Ⅱ               │
    └─────────────────────────────────────────┘
        ┌─────────────────────────────────────────────┐
        │ 3．地域における高度のジェネラリスト実践            │
        │   地域における高度のジェネラリスト実践　Ⅰ－個人    │
        │   地域における高度のジェネラリスト実践　Ⅱ－家族    │
        │   地域における高度のジェネラリスト実践　Ⅲ－経営    │
        │   地域における社会福祉政策とサービス              │
        │   地域におけるプログラム評価                     │
        │   専門実習　Ⅰ．Ⅱ．Ⅲ                         │
        │   専門家になるためのセミナー                    │
        └─────────────────────────────────────────────┘
```

出所：表12-2と同じ。

（4）バルドスタ州立大学MSWプログラムのコースの詳細と学生の特性

1）3つのプログラムコース

バルドスタ州立大学のMSWプログラムには，次の3つプログラムコースが提供されている。

①　キャンパスに直接通うプログラム（オンキャンパスプログラム）

キャンパスに直接通うプログラムのオンキャンパスプログラムには，フルタイムのプログラムとパートタイムのプログラムがある。フルタイムのプログラムは2年間で終了し，パートタイムのプログラムは，3年間で終了するコースと4年間で終了するコースがある。全てのオンキャンパスプログラムの学生たちのクラスは，夜間の5時から8時まで行われる。

②　通信・インターネットプログラム（オンラインプログラム）

キャンパスに通わずに，インターネット上でバルドスタ州立大学のMSWプログラムのコースを受講し，MSWの修士号を取得できる。但し，月1回の週

末（金曜日と土曜日）には，キャンパスに来てクラスに参加しなければならない。3年間で終了する。

　③　既得単位を認定された学生（Advanced-Standing Students）のためのプログラム——社会福祉学士を持っている学生たちのためプログラム

　CSWE に認定された社会福祉学士のプログラムを，過去5年以内で取得した者には，その4年制大学の社会福祉学部のプログラム中に取得した単位を認定し，そこで既に受講したクラスを取らずに，1年間で MSW の修士号を取得できる。

2）学生の特性

　上述したように，MSW プログラムの学生総数は2011年現在，130人いる。その学生のうち，全体の47％程の者がキャンパスに直接通うオンキャンパスの学生であり，オンラインの学生は，全体の53％いる。バルドスタ州立大学の MSW プログラムは，ジョージア州で唯一，オンラインで MSW の学位をとれるプログラムで，それが，この大学の最大の売りとなっている。そのため，ジョージア州周辺内外の各地から，MSW の学位を取得するために，学生たちがバルドスタ州立大学の MSW プログラムに入学してくる。よって，オンキャンパスコースの学生は，バルドスタ市内に住み，そこから直接大学院に通ってくるが，オンラインのコースの学生は，バルドスタ市外のアトランタ，サバンナ，メイケン等の町や，ジョージア州の近辺のフロリダ州，アラバマ州，サウスカロライナ州からも，受講している。オンラインのコースは，4年制大学を卒業した後すぐ入学してきた者から20代後半までと，比較的若年層であるが，オンラインのコースは，30〜50代と幅広く，そのうちのほとんどの者たちが，ソーシャルワーカーとして社会福祉組織で既に働いてきた，もしくは働いている者たちである。また，既に他大学で，心理学，行政学，神学などの別の分野で修士学位をとり，MSW の学位をもとろうとしている者たちも15％程いる。全学生の平均年齢は31歳で，ほどんとの学生が女性（92％）である。全体総数のうち，42％程がアフリカ系アメリカ人などのマイノリティーの人種・民族の学生である。[29]

3) MSWプログラムのコースワーク

　オンキャンパスプログラム，オンラインプログラムの全てのMSWプログラムの学生たちは，MSWプログラムを修了するまでに，60時間のコース（43時間の教室での講義と17時間の実習）を習得しなければならない。既得単位を認定された学生たち（既に4年制大学の社会福祉学部を卒業した者）は，33時間のコースを受講するだけで良いとされている。オンキャンパスプログラムにフルタイムで通う学生たち（2年間で修了）の60時間のコースは，表12-3に示されている。このカリキュラムは，上記したバルドスタ州立大学MSWプログラムの19のプログラム目標に合致したものであり，また，上述したマクマホン（1994）によって示された，ソーシャルワークにおける高度なジェネラリストの3準備段階を基につくられている。

　上記のようなコースを始める前の最初のオリエンテーションで，MSWプログラムに入学してきた学生は，ソーシャルワークの方法論，知識の根本，価値と倫理，文化的多様性とそれに対応した実践，社会正義と危機的状況にある人々に関する問題についての導入講義を受ける。その後，基礎コースが始まり，その基礎コースは，ソーシャルワークの価値と倫理，多様性，危機的状況にある人々，社会経済正義，人間行動と社会環境，社会福祉政策，実践，研究に関して集中的に学ぶクラスで構成されている。この基礎コースを終了した後，さらにそれらを専門コースで深めていくという仕組みになっている。すなわち，ジェネラリストの実践を基礎コースで，高度のジェネラリスト（advanced generalist）の実践を専門コースで学ぶというカリキュラム構成になっている。

　① 実習コース

　MSWの学生たちは，2カ所の実習先に行くことを義務づけられ，2カ所の実習先で合わせて，1,000時間働くこととなっている。その2カ所は，基礎実習と専門実習からなる。1カ所の実習先につき，6カ月間通うこととされ，各週，16～18時間，実習先で働くこととなる。既得単位を認定された学生のためのプログラムに通う者は，1箇所の専門実習のみをこなすこととなっている。バルドスタ州立大学のMSWプログラムは，ジョージア州周辺に位置する120

第12章 アメリカのソーシャルワーク教育

表12-3 MSWプログラムのコースワーク──2年間で修了する場合

1学年目　秋学期（8月─12月） （基礎コース：15時間）	●下記の選択科目から1科目を選択（2時間）
●ソーシャルワーク専門教育入門（1時間）	・子どもと家族のソーシャルワーク実践
●人間行動と社会環境Ⅰ（3時間）	・病院のソーシャルワーク実践
●ジェネラリストのための実践Ⅰ（3時間）	・精神保健分野のソーシャルワーク実践
●実践技術分析（1時間）	・学校のソーシャルワーク実践
●ソーシャルワークにおける研究方法論（3時間）	2学年目　春学期（1月─4月） （専門コース：15時間）
●実習Ⅰ（3時間）	●地域における高度の実践 Ⅰ─個人に対して（3時間）
●実習セミナー（1時間）	●高度の実践の研究とプログラム効果研究（3時間）
1学年目　春学期（1月─4月） （基礎コース：15時間）	●高度の実践Ⅱ（4時間）
●集団におけるソーシャルワーク実践（2時間）	●専門職になるためのセミナー（2時間）
●人間行動と社会環境Ⅱ（3時間）	●下記の選択科目から1科目を選択（3時間）
●ジェネラリストのための実践Ⅱ（3時間）	・ソーシャルワークにおける自主研究
●社会福祉政策と社会問題・サービス（3時間）	・高齢者福祉
●実習Ⅱ（3時間）	・精神病理学と医療関係者以外の専門職のためのアセスメント
●実習セミナーⅡ（1時間）	・薬物依存症の問題
2学年目　秋学期（8月─12月） （専門コース：15時間）	・喪失と死別のセミナー
●時間限定の多様な実践アプローチ（3時間）	・ヒューマンサービスにおける助成金申請書の書き方
●組織とコミュニティーにおける上級レベルの実践（3時間）	・虐待とネグレクト問題を抱える家族のソーシャルワーク実践
●地域における政策（3時間）	・法医学
●専門実習Ⅰ（4時間）	・ソーシャルワーク実践におけるスピリチュアリティー

出所：Valdosta State University, Division of Social Work. *Student Handbook 2010-2011*, 2010.

〜150のヒューマンサービス組織と契約を結び，毎年，80〜90人のMSWの学生たちが，MSWプログラムの実習室の監督のもとで，これらの組織に実習に通う[33]。

② 基礎実習

　基礎実習は，学生たちに，ジェネラリストとしてのソーシャルワーク実践を

277

経験できる機会を与える。学生たちは、この基礎実習先で幅広いソーシャルワークの役割と機能(アドボケート,調停者,資源開発者,教育者,カウンセラー等)を担い,さまざまな弱者のクライアントに対応する経験をする。各々の学生は,MSWプログラムの実習ディレクターによって実習先を割り当てられる。基礎実習は,2学期にわたり,460時間,実習先で働くこととなっている。週に16時間,学生たちは,アカデミックなコースワークをこなすと同時に,実習先で働く。学生たちは,この基礎実習に沿うかたちで,実習セミナーを受講しなければならない。このセミナーは,学生が実習経験と学問的知識の統合ができるよう促すためにある。

③ 専門実習

基礎実習を終えた後,学生たちは高度のジェネラリスト実践(Advanced Generalist Practice)の習得に向けて,理論と実践技術の統合に焦点を当てた専門実習に取り組む。専門実習において,アカデミックなコースを受講すると同時に,週に18時間,学生たちは働き,2学期にわたり,540時間働くことが義務づけられている。

バルドスタ州立大学のMSWの学生たちは、メンタルヘルス、学校ソーシャルワーク、ホスピス、精神病院、退役軍人省(Department of Veterans Affairs, VA)病院、子ども・家庭福祉サービス局(Department of Children and Family Services)に実習に行く者が多い。表12-4は,2003年の11月1日時点における,全米のMSWプログラムに通う学生の実習専門分野を示したものである(CSWE, 2005:39)[34]。バルドスタ州立大学のMSWプログラムの学生たちも、同様の傾向を示していると思われる。すなわち,彼らたちの多くが,精神保健福祉分野,児童・家族福祉分野,学校ソーシャルワークの分野で実習を行う。

MSWの学生は,上述した基礎コースと専門コースを受講し,卒業後,MSWの学位を取得したことで,州のソーシャルワーカー(LSW)になるための資格の試験を受けられる。バルドスタ州立大学のMSWプログラムの卒業生は,全国平均に比べて,このLSWの試験に合格する率が高いという好成績を収めている。ソーシャルワーク連合委員会の報告(2011)によると,全国の

第12章 アメリカのソーシャルワーク教育

表12-4 全米のMSWプログラムの学生の実習専門分野

実習専門分野	数	%
高齢者福祉	1,156	3.1
アルコール・薬物等の依存症	507	1.4
児童福祉	2,961	8.0
司法福祉・青少年犯罪	512	1.4
発達障害	185	0.5
家族福祉	2,648	7.1
グループサービス	141	0.4
医療福祉	1,724	4.7
産業福祉	237	0.6
精神保健福祉	4,321	11.7
公的扶助	237	0.6
リハビリテーション	107	0.3
学校ソーシャルワーク	2,307	6.2
その他	2,168	5.9
様々な分野の組み合わせ	2,181	5.9
未定	7,410	22.0
無	8,338	22.5
総計	37,052	100.0

出所：Statistics on Social Work Education in the United States: 2003. Council on Social Work Education (CSWE) (2005) (sic).

LSWの2010年度の合格率は59％であったのに対し，バルドスタ州立大学の2010年度の卒業生の69％がLSWの試験に合格している。

(5) 通信・インターネットによるソーシャルワーク教育の発展

情報化時代において，通信・インターネット上でのソーシャルワーク教育が，現在全米の各地で急速な勢いで発展している。全てのコースを通信・インターネットで受けることにおいて，高い満足度が学生たちから得られていることをある研究は証明している（Regan and Youn, 2008）。そのような近年の潮流にのり，バルドスタ州立大学のMSWプログラムでも，2004年から，同大学で早く

から通信・インターネット教育を開始している教育学部の助けを借りながら，通常の教室で行う講義による教育に加え，通信・インターネットによるソーシャルワーク教育を導入し始めた。バルドスタ州立大学のMSWプログラムの通信・インターネット教育は，インターネット上だけでなく，教室で行う講義と混合させている。1カ月に1度は，バルドスタ州立大学のキャンパスの教室まで来て，講義に出席することが義務づけられている。

先述したように，バルドスタ州立大学のMSWプログラムは，ジョージア州の中で，唯一，通信・インターネット教育だけでMSWの修士号がとれる教育機関となっているため，北のアトランタ，サバンナ，メイケン等，ジョージア州の各地から，入学希望が年々増大している。そのために現在，バルドスタ州立大学のMSWプログラムの学生は，南ジョージアだけでなく，北ジョージアの地域までにわたり，ジョージア州全体のMSWレベルのソーシャルワーカーを育成することに貢献している。ジョージア州全都市・町からバルドスタ州立大学のMSWプログラムへの入学希望者が年々増加していることから，この通信・インターネット教育は，ジョージア州全体のコミュニティーのニーズを満たしていると言える。

通信・インターネット教育だけでMSWの修士号がとれることの利点には次のことがあげられる。バルドスタ州立大学に週日通うために，自分の住んでいる土地を移動せずに，自身のフルタイムの仕事を続けながら，また子どもや高齢者のケアを家でしながら，社会福祉の修士号を無理なくとれることである。実際に，たいていの通信・インターネット教育を志望する学生たちは，フルタイムの仕事（多くは既にソーシャルワーカーとして社会福祉組織で働いている者たち）を持ち，子どもや高齢者などの家族と一緒に暮らす，年齢層も，30代後半〜50代という者たちである。

バルドスタ州立大学のMSWプログラムの通信・インターネット教育は，次のようなカリキュラム構成を成している。各週に，各々のクラスを教えるインストラクターは，課題を学生たちに，プレイズビュー（Brazeview）という名の大学のホームページ上で与え，そのホームページを通して学生たちは，イン

第12章　アメリカのソーシャルワーク教育

ストラクターにわからない点を質問したり，学生たち同士で議論をしたり，宿題を提出したりする。そして，各月1回は，バルドスタ州立大学のキャンパスに来て，直接にインストラクターの講義を聞くこととなっている。その講義の受講日は，金曜と土曜日の週末である。週末であるならば，フルタイムの仕事を持っている者でも，遠方から車で運転して，授業を聞きにキャンパスに来られるため，その日程でオンラインの学生のための講義日を設定している。

（6）ソーシャルワーク教育効果分析

　先述したように，CSWE が，毎年，全米の各大学の社会福祉プログラムを監査し，その各プログラムのソーシャルワーク教育効果を測る。バルドスタ州立大学の MSW プログラムは，上記した19のプログラムの達成すべき目標を持っているが，その各目標が達成されているかどうかを査定する，バルドスタ州立大学の MSW プログラムで教授するリチャード・ボディ博士によって開発されたポコ分析（Program Objectives and Course Outcomes〔POCO〕Analysis）と称する教育効果分析を行い，その分析結果を CSWE に毎年提出している。この19のプログラム達成目標は，CSWE の基準と教育政策に連結している。ポコ分析は，各コースの各々の課題（レポート・試験等）のスコアを見ることで，1から19の各々のプログラム目標がどれだけ達成されたかを測る。CSWE からは，そのポコ分析結果を通しての監査で，毎年高い評価を得ている。

（7）評価・コンサルテーション・メンタリングによる教育の質の向上

　各学期を終了するときに，すべてのインストラクターは，「授業に対する学生の意見」（Student Opinion of Instruction, SOI と総称）調査票に，学生たちに記入をしてもらい，各クラスの授業のやり方に関する評価を学生たちからもらう。それと同時に，学生たちが MSW プログラムを卒業する前に，学生たちを10人ずつのグループに分け，MSW プログラムのディレクターがファシリテーターになり，フォーカスグループインタビューを行い，各コースは学生たちにとってどれだけ効果的だったか，良かった点，改善すべき点等の意見を学生たち1

人1人から聞く。このような学生たちの評価を常にもらい，その評価結果を基に，各自のクラスでの教え方について，良かった点は維持し，改善すべき点は改善を試みる努力を教員間でする。

　また，ほぼ毎週，教授会を開き，教授会で各クラス担当のシラバスやカリキュラムを共有し，各々のコースに関して改善すべき点を指摘し合ったり，アドバイスやアイディアを出し合う。さらに，学生たちの成長過程，問題状況について話し合い，問題がある学生の状況に対しては，解決方法をともに探る。時には，通信・インターネット教育プログラムを高めるためのトレーニングを行ったりもする。バルドスタ州立大学のMSWプログラムの教授・スタッフの特徴に，常にともに団結して話し合いのときを頻繁に持つようにしていることがある。職場内のチームワークこそ，良い教育・仕事をする上での鍵と信じているからであろう。それは，全米ソーシャルワーカー協会の倫理綱領とも一致することだろう。

　新しく雇用されたインストラクターには，教育について，スキルをアドバイスするメンターがつく。筆者が2010年にバルドスタ州立大学に雇用されたばかりの1年目のときには，研究方法論のクラスを教えるときに，それを長く教えてきたリチャード・ボディー博士にメンターを，社会福祉政策のクラスを教えるときには，それを10年近く教えてきたダイアン・ホリマン博士にメンターをお願いし，2人には，筆者の授業を後ろで時々見てもらい，良い点と改善すべき点を指摘してもらい，さまざまな教育上のアドバイスを頂いた。また，何か困ったことが発生した場合には，すぐに相談に乗って頂いた。このようなメンタリング制度は，新しいインストラクターをサポートすることで，教育の質を維持・向上させる良いシステムと考える。

（8）ジョージア州とバルドスタ州立大学のソーシャルワーク教育の課題

　現在，ジョージア州全体が，高齢化している。今後10年間において，全人口の20％（約180万人）までに高齢者が増加するだろうと予測されている。2015年になるまでには，65歳を越える高齢者の総人口の割合が，約14％になるだろう

第12章 アメリカのソーシャルワーク教育

と予測されている。(37)このように，ジョージア州に高齢者人口が増加するのは，平均寿命が高くなっていることと同時に，アメリカのベビーブーマー世代（1945-1957生まれの人々）が，定年後，ジョージア州に移動してくる者が多いという動向があげられる。何故ならば，ジョージア州は，他州に比べて温暖な気候であり，所得税や財産税が低いため，定年後の高齢者にとって暮らしやすい場所であるためである。また今後の10年間において，アフリカ系アメリカ人，ヒスパニック系の人々，アジア系の人々や他のマイノリティーの人種・民族が，ジョージア州の総人口の約40％以上を占めるようになると予測されている。アメリカの人口統計によると，現在，ジョージア州は全米の50州のなかで9番目に大きい州としてランク付けされている。さらに，ジョージア州の総人口は，2005年の約900万人から約1,008万人に増えるだろうと予想されている。(38)しかし，10万人の人口当たりのソーシャルワーカー，心理カウンセラー，栄養士の供給数においては，47番目もしくはそれ以下のランクに位置づけされている。(39)特に，臨床ソーシャルワーカーの必要性がここ数年間で増大している。ジョージア州労働局によると，臨床ソーシャルワーカーの必要性が，2002年の1,150人から2012人に1,840人に増大するだろうと言われてきた。(40)高齢者，多様性の問題が今後続出していくだろうジョージア州において，バルドスタ州立大学のMSWプログラムのようなソーシャルワーカーを続出させる門戸となりうる教育機関の存在は不可欠になっているだろう。

　バルドスタ州立大学のMSWプログラムのディレクターのマーサ・ギディングス博士は，今後のこのプログラムの抱負として，次の4点をあげている。①通信・インターネット教育を継続し，さらにコースを増加させていきたい。②MSWを既に持っているソーシャルワーカーたちへの継続教育コースを立ち上げたい。それは，修士プログラムを卒業した後でも，継続的に，ソーシャルワーカーとしての実践知識を高めることが必要と考えるからである。③地域のなかで，子どもの発達障害・問題に早期に対応できる予防プログラムや多分野協働プログラムをより一層発展させるための何かを大学として貢献していきたい。④現在のMSWプログラムに連携するかたちで，4年制大学の社会福祉学

部（BSW プログラム）と社会福祉博士課程（Ph.D. プログラム）を創設したい。[41]

4　女性とソーシャルワーク教育

　筆者が勤務するバルドスタ州立大学は元々，先述したように女子大学から始まった。そして，その社会福祉学修士のMSW プログラムに勤務して最も驚いたことには，多くの母子家庭の母親たちが，MSW プログラムで勉強をしていることである。大学にはオンラインのプログラムがあるため，比較的，母子家庭の母親たちが通いやすい。週日は，ソーシャルワーカーとして働き，育児をし，週末に，自宅でオンラインを通して，MSW プログラムの勉学に従事する。また，直接キャンパスに通うオンキャンパスのコースにしても，夜間クラス体制をとっている。オンキャンパスプログラムの週日のクラスは，毎日，夜の5時から8時までである。そのため，ティーンエイジの子どもを持つ母親が，日中はホスピスでソーシャルワーカーとして働きながら，そのホスピスの白衣を着て，私の5時からのクラスに現れるという光景を目にする。そのため，私の5時から8時までのクラスは，授業中に晩御飯を食べて良い（"ただし，静かに食べること！"）という許可を与えている。

　筆者は「女性の自立を支援する」ことをやっていきたいならば，自分自身が自立していなければ，女性の自立を支援することはできない，という信念を持っていたため，一個人の女性として自立できるように，今までの人生を自立に向けてアクティブに邁進してきたと思う。しかし，上記したようなバルドスタ州立大学のMSW プログラムの学生，特に母子家庭の母親たちやマイノリティーの民族・人種の女性たちを見て，彼女たちは本当にアクティブに自立に向けて人生を歩んでいると思う。なぜ，アメリカの女性たちは，このように個の自立を目指してアクティブなのか？　その背景には，アメリカの歴史的な女性たちによるフェミニズム運動の恩恵とともに，アメリカ社会全体に，年をとってからでも，大学や大学院に再び戻って，もう一度学びたいという者たちがいて，その者たちが大学や大学院に戻ってくることを歓迎しているという土壌が

第12章　アメリカのソーシャルワーク教育

あるからではないかと思う。特に，ジョージア州には，米軍基地がたくさんあり，その米軍からリタイアした女性・男性たちが，大学・大学院に戻って再び学び，第2の人生の契機と職を探す者たちが多い。そのなかには，ソーシャルワーカーになりたいという人たちが，男女ともに結構多い。特に，女性たちが子育てをしながら，働きながら，学位をとれることが容易な大学・大学院教育の環境をバルドスタ州立大学を初めとするアメリカ全般の大学はつくっている。また，このような女性（男性も含めて）たちへの奨学金制度も充実している。このような環境が，アメリカ女性たちをさらにアクティブにさせているのではないだろうか。

　日本では，女性たちが育児とキャリアを両方追求するのが難しいために，キャリアを選ぶ女性たちが育児をあきらめることが，少子化傾向の1つの要因として語られることがある。それに反してアメリカでは，子どもを出産した直後に，ソーシャルワークプログラムの大学院に入学したり，もしくは大学院在学中に妊娠をして子どもを産むという同僚たちを，私がペンシルバニア州のピッツバーグ大学ソーシャルワーク修士・博士プログラム在学時に，多く目の当たりにした。アメリカでは，女性たちがキャリアを追求しながら，育児をすることがサポート・歓迎され，それができる環境が充実している。それを証明するものとして，アメリカでは2000年代後半から第3次ベビーブーマーが生じており，2007年には，出生数431万7,119人という第1次ベビーブーマーを超える出生数の記録が出ている(42)。

　2000年の調査において，バルドスタのある南ジョージア地域の全住民のなかで，高卒もしくはそれ以下の学校にしか通っていない者が60％程おり，南ジョージアは他のジョージア州の地域（特に北のアトランタやサバンナ等）に比べて，教育水準が低く，貧困者が多い(43)。そのなかで，私の教えるバルドスタ州立大学の学生たちは，自分が家族のなかで初めて大卒になる者が多く，MSWプログラムの大学院に通う者たちは，そのような家庭環境から来た者が多いため，彼らたちがソーシャルワーカーになることと同時に，大学院の修士号を獲得するということには，彼らたち自身へのエンパワーメントともなっているように

感じる。ほどんとの MSW プログラムの学生が女性だが，彼女たちが MSW プログラムを卒業して修士号をとるということは，ソーシャルワーカーになるための資格をとれることもあるが，女性として自立をするために，その自立へのエンパワーメントになっているのではないかと思う。そのため，MSW プログラムのクラスでは，優れたソーシャルワーカーを育てることと同時に，学生たち（その多くが女性たち）を自立に向けてエンパワーしたいという目的・感情を常に持ち，教鞭を取っている。

注

(1) Ginsberg, L. H., "Social Work Education in the United States". *PORTULARLA*, 5, 2005, pp. 45-58.
(2) 2011年現在，CSWE は，バージニア州のアレキサンドリアに本部を持ち，29人の理事により運営されている。
(3) Council on Social Work Education, *Educational policy and accreditation standards*. Retrieved November 8, from http://www.cswe.org/CSWE/accrediation. Washington, DC: Author, 2008 (2010.11.8).
(4) Council on Social Work Education, *Commission on Accreditation Site visitors training manual*. Alexandria, Virginia: Council on Social Work Education, 2003.
(5) Ginsberg, L. H., op.cit.
(6) Lee, D. B. *Social Work Education in the United States: New Trends and Issues*. Unpublished manuscript, 2008.
(7) 注(3)と同じ。
(8) Frumkin, M. & Lloyd, G. A., "Social work education", in Edwards, R. L. et al, (ed.) *Encyclopedia of Social Work, 19th ed.*, 1995, pp. 2238-2247.
(9) Ibid.
(10) Ibid.
(11) Valdosta State University. (n. d.). Retrieved January 5, 2012, from http://en.wikipedia.org/wiki/Valdosta_State_University,.
(12) バルドスタ州立大学 MSW プログラムディレクターのマーサ・ギディング博士に，2012年1月7日にインタビューを行って得られた情報からなる。
(13) 同前。
(14) 同前。
(15) 同前。

第12章 アメリカのソーシャルワーク教育

(16) Valdosta State University, Division of Social Work. (2008). *Social Work at VSU: Ten reasons to learn mor*… Retrieved January 5, 2012, from Valdosta State University, Division of Social Work Website: (http://www.valdosta.edu/sowk/overview/tenfacts.shtml, 2012. 1. 5).
(17) 注(12)と同じ。
(18) Valdosta State University, Division of Social Work. *"Evaluative Standard 1: Program Rationale and Assessment"*. Unpublished manuscript, 2002.
(19) Johnson, L. C. *"Social work practice: A generalist approach"*,1989. Boston, Massachusetts: Allyn and Bacon.
(20) Ibid.
(21) Kirst-Ashman, K. K. & Hull, G. H. J., *Understanding generalist practice*,1993.
(22) McMahon, M.O. *Advanced generalist practice: with an international perspective*. Prentice Hall, 1994.
(23) Ibid, p. 6.
(24) Greene, R. R., "Ecological perspective: An electric theoretical framework for social work practice". In G. R. Roberta (eds.), *Human behavior therapy and social work practice*, 1991, pp. 199-224.
(25) McMahon, M. O., op. cit.
(26) Valdosta State University, Division of Social Work. *Self study report for the Council on Social Work Education Commission on Accreditation Volume I*, 1997. Unpublished manuscript.
(27) Ibid.
(28) Ibid, p. 15.
(29) Valdosta State University, Division of Social Work., op. cit, 2008.
(30) Valdosta State University, Division of Social Work. *Student Handbook 2010-2011*, 2010. Unpublished manuscript.
(31) McMahon, M. O., op. cit.
(32) Valdosta State University, Division of Social Work., op. cit, 1997.
(33) Valdosta State University, Division of Social Work., op. cit, 2008.
(34) Source: Statistics on Social Work Education in the United States: 2003. Council on Social Work Education (CSWE), 2005, p. 39 (Table 41).
(35) Valdosta State University, Division of Social Work. *Institutional Effectiveness Report: 2010-2011*, 2011. Unpublished manuscript.
(36) Regan, J. A. & Youn, E. Past, present, and future trends in teaching clinical skills through web-based learning environments. *Journal of Social Work Educa-*

tion, 44(2), 2008, pp. 95-115.
- (37) Board of Regents of the University System of Georgia. *Final report: Task force on health professions education*, 2006. Unpublished manuscript.
- (38) Ibid.
- (39) 10万人につき159.1人のソーシャルワーカーがいるという全国平均に比べて，ジョージア州では，89.4人しかソーシャルワーカーがいないという低い数値である。(注(37)から)
- (40) Georgia Department of Labor. *Georgia Workforce 2012: A comprehensive analysis of long-term employment trends*. Atlanta, Georgia: Georgia Department of Labor, Workforce Information & Analysis Division, 2005.
- (41) 注(12)と同じ。
- (42) Center for Disease Control and Prevention., *National center for health statistics*, 57, 2009, March, pp. 1-23.
- (43) 注(37)と同じ。

参考文献

McMahon, M.O., Advanced generalist practice: with an international perspective. Prentice Hall, 1994.

Ginsberg, L. H., *Social work education: Principles and methods*. Boston, Massachusetts: Allyn and Bacon, 2001.

ジョンソン，L. C. & ヤンカ，S. J.／山辺朗子・岩間伸之訳『ジェネラリスト・ソーシャルワーク』ミネルヴァ書房，2004年。

Ginsberg, L.H., "Social Work Education in the United States". *PORTULARLA*, 5, pp. 45-58, 2005.

Parker-Oliver, D. & Demiris, G., "Social Work Informatics: A New Specialty". *Social Work*, 51(2), 2006, pp. 127-134.

Kirst-Ashman, K. K. & Hull, G. H. J., Generalist practice with organizations and communities. Belmont, CA: Brooks/Cole, 2011.

（菅野花恵）

あとがき——社会福祉における「フェミ」たちの挑戦

　本書は，フェミニズムの視点で社会福祉の総体を再検討し，新たな社会福祉の理論を構築することを意図して，社会福祉の各領域における検討を行ったものである。このような試みは，社会福祉の領域において皆無ではないながら，今まで活発に取り組まれてきたとは言い難い。比較するならば，社会政策や法学，女性労働問題などの近接領域の方がずっと先んじている。それでも近年になると——1990年代半ばを過ぎると——，「遅れていた」社会福祉領域においても，後述するようなさまざまな理由により，フェミニズムによる取り組みや見直しが見られるようになった。それらの取り組みや経過については，2004年に出版された，『フェミニスト福祉政策原論』（杉本貴代栄編著，ミネルヴァ書房）に一部記述した。本書はその続編であり，特に2000年代に入ってからの取り組みについて，また，より今日的な課題について取り上げたものである。本書の書名を『フェミニズムと社会福祉政策』としたが，それはいわゆる「政策論」だけではなく，「技術論」や「教育」の問題をも包含する，広義の「社会福祉政策」を意味していることを断っておきたい。

　近接領域と比べても，フェミニズムによる再検討が「出遅れた」社会福祉ではあったが，それでも1990年代半ばになると，社会福祉をフェミニズムの立場から再検討することが主張されるようになった。その理由を一言で言うならば，女性が社会的な困難を抱えていること，そして現存する社会福祉の制度がそれを十分に援助していないことが明らかになったからである。このような「女性が抱える困難」は，日本が高齢社会に足を踏み入れたこと，ドメスティック・バイオレンスや児童虐待といった「現代的な課題」が社会的な問題として取り上げられるようになったこと，母子家庭が増加したためにその抱える困難が明らかになったこと等の理由により，従来よりも「見える」ようになったのだ。

このような「不幸なめぐりあわせ」により，社会福祉のなかにもフェミニズムの研究視角が持ち込まれざるを得なくなったのである。
　その結果，社会福祉の各領域において，どのような変化が起こり，あるいはどのような課題が積み残されたのかは，本書の各章での分野別の記述にゆだねることにしたい。ただ，それら各章に通底していることとして，「女性が抱える困難」は，ますます難しくなりつつある，ということを指摘しておきたい。従来よりも雇用は不安定化し，格差は拡大し，今まで日本においては明らかではなかった「貧困の女性化」も顕在化しつつある。さらにグローバル化というような「新しい問題」も加わった。フェミニズムの研究視角がさらに必要とされているのである。
　本書の執筆者についても触れておきたい。編者を含めて，本書の執筆に参加した12人の執筆者は，それぞれの分野で「女性の抱える困難」を研究対象とし，継続的に研究してきた研究者である。長くはない社会福祉とフェミニズムの研究史から見ると，第2，第3世代にあたる。前書の「あとがき」のなかで編者は，フェミニズムの立場から社会福祉の問題を提起し続けてきたために，それは「正統派」とはいえない研究者生活であったこと，同時にそれはやりがいのある挑戦であったという自身の経験について述べた。また，「フェミ」（フェミニストを指す蔑称）と呼ばれて現在に至っていることも記述した。本書の他の執筆者たちが「フェミ」と呼ばれてきたかどうかは聞き漏らしたが，多分私と同様な多少の苦い経験と，挑戦の積み重ねがあったに違いない。このような「フェミ」たちの挑戦により，第3世代からさらに第4世代へと，今後もフェミニスト研究が受け継がれていくことになるだろう。
　私たちの新しい試みを理解し，企画の段階から本書の出版に力を貸してくれた，ミネルヴァ書房の音田潔さんに心から感謝する。

2012年9月1日

　　　　　　　　　　　　　　　　　　　　　　　　　　　　　　編　者

人名索引

ア 行

青木秀男　177
朝倉美江　87, 214, 215, 216
アダムズ（Adam, J.）　265
有賀美和子　114, 127
安藤哲也　71
安間優希　197
飯島裕基　89
石川久仁子　214
李　善姫　68
一番ヶ瀬康子　202, 214
伊藤周平　87
岩田正美　20, 68, 176, 177, 233, 234
岩間伸之　109, 126, 288
上野千鶴子　20, 88, 121
埋橋孝文　45
右田紀久恵　215
内橋克人　214, 216
エスピン・アンデルセン（Esping-Andersen, G.）　14, 15, 242, 243, 244, 245, 247, 248, 249, 250, 251, 256, 257, 258, 259
江原由美子　115, 121, 127
エリンセター（Elingsaeter, A. L.）　252, 259
大沢真理　206, 210, 215, 258, 259
太田貞司　207, 215
大塚陽子　259
小笠原慶彰　201, 214
岡本栄一　203, 214, 215
岡本仁宏　209, 215
岡村重夫　214
小田中聰樹　151, 154
乙部由子　195

カ 行

戒能民江　149, 151, 153, 154
春日キスヨ　87
堅田香緒里　177
金子郁容　199, 214
川村千鶴子　212, 216
川本隆史　87, 88
カースト・アシュマンとハル（Kirst-Ashman, K. K. & Hull, G. H. J.）　270, 287, 288
菅野花恵　288
菊池英明　149, 154
キティ（Kittay, E. F.）　117, 118, 128
ギリオム（Gilliom, J.）　119
クーパー（Cooper, L. B.）　115
桑島薫　235
小磯優子　195
小出まみ　68
児島亜紀子　116, 127, 220, 234, 235
小島妙子　151, 154
コーズ（Kohs, S. C.）　110, 127
後藤弘子　153
小山隆　234
コンドウ（KONDOU, D. K.）　235
近藤恵子　157

サ 行

坂本いづみ　125, 128
笹谷春美　87
三本松政之　204, 214, 215, 216
汐見稔幸　195
下平好博　216
ジョンソン（Johnson, L. C.）　110, 126, 269, 287, 288

291

シーロフ（Siaroff, A.） 244, 257
スコット（Scott, J. W.） 115
管磨志保 214
杉本貴代栄 20, 21, 22, 45, 87, 89, 113, 118, 127, 128, 153, 154, 177, 216, 234, 257, 259, 289, 290
須藤八千代 127, 128, 129, 234, 235
セインズベリ（Sainsbury, D.） 245, 246, 247, 256, 258, 259
関根政美 215, 216
セン, アマルティア（Sen, A.） 210, 211, 215
袖井孝子 87

タ 行

武石恵美子 195
武田信子 68
竹中恵美子 87
舘かおる 127
橘木俊詔 215
立岩真也 221, 235
塚原立志 89
柘植あづみ 220, 234
ティトマス（Titumuss, T.） 15, 242
デイリー（Daly, M） 14, 22, 241, 257
デイリーとレイク（Daly, M & Lake, K） 21, 22, 241, 244, 257, 258, 259
ドミネリ（Dominelli, L.） 120, 121, 122, 124, 128, 233, 235

ナ 行

内藤和美 87
中井紀代子 21, 87
中川理 229, 235
中田照子 45
西山志保 214, 216
仁平典宏 208, 215, 216
野林加代 89

ハ 行

バーグ（Berg, N. V. D.） 115
橋本宏子 20
バトラー（Butler, J.） 126
林 千代 20
原 史子 67, 68
ピアーズ（Pearce, D.） 118
平塚良子 111, 112, 124, 125, 127, 128
ブイエ（Bøje, T. P.） 252, 259
深沢和子 257
副田あけみ 128
フーコー（Foucault, M） 229, 235
フレーザー（Fraser, N.） 246, 247, 256, 258, 259
古川孝順 20, 235
ペング（Peng, I.） 21, 87
ボーコスト（Borchorst, A.） 251, 252, 258, 259
堀千鶴子 148, 150, 154

マ 行

マクマホン（McMahon, M. O.） 152, 154, 270, 271, 272, 276, 287, 288
マクリード（McLead, E.） 120
松岡克尚 111, 127
松田素二 235
丸山里美 177
三井さよ 87, 88
三野宏治 234
宮地尚子 152, 154
宮本節子 108, 125, 126, 128
牟田和恵 128
森田明美 20, 45

ヤ 行

安田浩一 89
山縣文治 20, 195
山口佐和子 154

山田昌弘　68
山根純佳　88
湯澤直美　20, 28, 45, 148, 150, 153, 235
ヤンカ（Yanca, S. J.）　110, 126, 288
吉田恭子　120, 127

　　　　　ラ　行

リスター（Lister. R）　118, 119, 128

リッチモンド（Richmond, M. E）　109, 126, 264
ルイス（Lewis, J.）　243, 244, 257
レイク（Lake, K）　21, 22, 244
レイラ（Leira, A.）　251

　　　　　ワ　行

和田順子　154

項目索引

ア 行

アジア人花嫁　211
朝日訴訟　202
アンセルシオン　229, 230, 235
育児休業給付　51, 185, 186
育児休業制度　51, 178, 179, 181, 193
育児休業制度取得率　51, 187
育児休業法　51, 178, 179, 180, 181, 182, 183, 184, 185, 186, 187, 190, 191, 192, 193, 194
イクメンプロジェクト　46
一時保育　53, 55
一時保護　138, 141, 143, 144, 148, 218, 219, 222, 224, 227, 228, 229, 230, 234
一時保護委託契約施設　143
一時保護施設（シェルター）　218, 219, 222, 224, 226, 227, 228, 230, 231, 232, 234, 235
1.57ショック　46, 47, 48
インテグレーション　96
エンゼルプラン　9, 17, 48
「夫（恋人）からの暴力」調査研究会　138, 149, 150, 154

カ 行

外国人介護士　86, 87
介護職員基礎研修　89
介護職員処遇改善交付金　82
介護報酬　82
介護保険法　9, 10
学術情報発信システム　SUCRA　237
家族介護への現金給付　9, 88
カラカサン－移住女性のためのエンパワメントセンター　213, 216
看護休暇制度　179

勤労婦人福祉法　178
高齢社会をよくする女性の会　9, 21, 88
国際婦人年　6, 138
国際ボランティア年　202, 203
国立女性教育会館　236, 237, 238
国連婦人の10年　6
子ども・子育て応援プラン　17, 48, 49, 50, 54
子ども・子育てビジョン　48, 51, 67
コムスン問題　78, 88
ゴールドプラン　75
ゴールドプラン21　78

サ 行

仕事と生活の調和（ワーク・ライフ・バランス）憲章　34
次世代育成支援対策推進法　53
慈善組織協会　264
児童相談所　58, 225, 231
児童扶養手当　10, 16, 21, 28, 29, 30, 34, 35, 36, 37, 38, 40, 41, 42, 43, 44, 45
社会福祉基礎構造改革　18, 19, 29
社会福祉士及び介護福祉士法　75, 84
社会福祉法　18, 206
出産育児一時金　183, 186, 195
出産手当金　183, 186
准介護福祉士　84, 86
ジェンダー・バッシング　11, 18
ジェンダー・フリー　12
障害者基本法　29
少子化社会対策基本法　12, 17, 48, 50
少子化社会対策大綱　17, 50
女性差別撤廃条約　6, 11, 21
女性に対する暴力撤廃宣言　8
女性に対する暴力の撤廃に関する宣言　138
女性の自己決定（権）　18, 219, 220, 221, 222,

223, 225, 226, 227, 230, 231, 232, 233
女性福祉　2, 3, 4, 20, 125, 126, 127, 214
女性福祉法を考える会　3, 20
女性ホームレス　159, 161, 164, 170, 171, 174, 175
新エンゼルプラン　11, 17, 48
新ゴールドプラン　75, 76
身体障害者福祉法　92, 95, 96, 97, 98
杉並・老後を良くする会　209
性同一性障害特例法　196
セクシュアル・ハラスメント　5, 131
セクシュアル・マイノリティ　150, 153, 196, 197
セツルメント運動　200, 264
全国シェルターシンポジウム　150, 156
全国女性シェルターネット　155, 156, 157
全国婦人保護施設等連絡協議会（全婦連）　92, 101, 103
ソーシャルワーク教育協議会（CSWE）　262, 263, 264, 265, 267, 275, 278, 281, 286, 287

タ　行

第4回国連世界女性会議　155
「脱家族化」（de-familialization）　245, 249, 250, 251, 256
「脱商品化」（de-commodification）　242, 243, 245
多文化共生社会　210, 211, 212
男女共同参画基本計画　12, 21
男女共同参画社会基本法　11, 12, 16, 140, 210
男女共同参画推進センター　130, 237
男女雇用機会均等法（均等法）　6, 7, 11, 178
地域子育て支援センター　53
父親クオータ　251, 252, 253, 254
知的障害者福祉法　97
ドメスティック・バイオレンス（DV）　4, 5, 15, 36, 115, 119, 131, 132, 136, 137, 138, 139, 143, 148, 151, 153, 154, 155, 156, 157, 160, 168, 169, 211, 213, 218, 220, 234, 260, 289

ナ　行

日本型福祉社会　7, 8, 9, 19, 40, 206
日本女性学研究会　260, 261
乳児家庭全戸訪問事業　53, 57
ネットカフェ難民　160
ノーマライゼーション　96

ハ　行

配偶者からの暴力の防止及び被害者の保護に関する法律（DV防止法）　31, 137, 139, 140, 141, 143, 144, 147, 148, 149, 151, 152, 156, 168, 169, 234
配偶者暴力相談支援センター　131, 140, 141, 143, 144, 146
売春防止法（売防法）　3, 20, 90, 91, 92, 93, 94, 95, 96, 98, 99, 101, 102, 103, 106, 108, 125, 143, 166, 167, 169, 176
パパママ育休プラス　181
ハルハウス　264
パープルダイヤル　157
パープルホットライン　157
ひとり親世帯　25
ひとり親世帯就労促進費　36, 41
貧困の女性化　118, 128, 175, 176, 255, 290
貧困率　24, 25
ファミリー・サポート・センター　53, 56, 58, 66
ファザーリング・ジャパン　69, 70, 71
フェミニスト・ソーシャルワーク　13, 15, 109, 113, 114, 119, 120, 122, 123, 125, 126, 127, 128, 218, 232, 233, 240
福祉レジーム　242, 243, 250
父子世帯　21, 25, 41
婦人相談員　20, 92, 140, 143, 152, 168
婦人相談所　91, 101, 138, 143, 144, 146, 154
婦人福祉　2, 3, 20, 114
婦人保護　150, 164, 217
婦人保護事業　2, 3, 20, 105, 106, 125, 148, 153,

295

154, 167
婦人保護施設　91, 96, 99, 101, 107, 108, 125, 129, 140, 143, 168, 169, 170, 177
ベビーホテル　47
方面委員　200
保護命令　141, 142, 153, 156
母子及び寡婦福祉法　28, 29, 151
母子加算　36, 40, 41
母子生活支援施設　16, 67, 137, 143, 168, 176, 224, 225
母子世帯　2, 4, 21, 25, 31, 36, 45, 67, 150, 154, 162, 166, 176
母子家庭等自立支援対策大綱　28
母子家庭の母の就業の支援に関する特別措置法（特別措置法）　28, 29, 31, 33, 38, 39
ホームヘルパーの段階的研修制度　7, 75, 83, 84
ホームレスの自立の支援等に関する特別措置法（ホームレス自立支援法）　29, 158, 159
ボランタリズム（Voluntarism）　200, 203
ボランティアリズム（Volunteerism）　202, 203

ヤ　行

養育支援訪問事業　53, 57

要保護女子　90, 91, 92, 93, 95, 103, 104, 106, 144, 217
寄せ場　158, 164, 166

ラ　行

リーマン・ショック　24
レインボーパレード　196, 197

ワ　行

ワーキング・プア　171
ワークフェア　29, 45

A–Z

DV加害者　151, 152
NPO法人ソムニード　211, 212, 215
"Winet（ウィネット）"　236, 237

《執筆者紹介》（執筆順）

杉本貴代栄（すぎもと・きよえ）**序章，第3章，あとがき**
　　編著者紹介参照。

湯澤直美（ゆざわ・なおみ）**第1章**
　現　在：立教大学コミュニティ福祉学部教授。
　主　著：『ワークフェア――排除から包摂へ？』（共著）法律文化社，2007年。
　　　　　『貧困と学力』（共著）明石書店，2007年。
　　　　　『子どもの貧困――子ども時代の幸せ平等のために』（共編著）明石書店，2008年。
　　　　　『福祉政策理論の検証と展望』（共編著）中央法規出版，2008年。
　　　　　『子どもの貧困白書』（共編著）明石書店，2009年。

原　史子（はら・あやこ）**第2章**
　現　在：金城学院大学人間科学部教授。
　主　著：『女性学入門――ジェンダーで社会と人生を考える』（共著）ミネルヴァ書房，2010年。
　　　　　「児童虐待調査にみる家族的背景と支援課題」『金城学院大学論集』社会科学編第5巻第1号，2008年。

宮本節子（みやもと・せつこ）**第4章**
　現　在：フリーのソーシャルワーカー。
　主　著：『証言　現代の性暴力とポルノ被害』（共著）東京都社会福祉協議会，2010年。
　　　　　「売春防止法見直しのための私案」ポルノ・買春問題研究会『論文資料集vol 10』2010年。

須藤八千代（すどう・やちよ）**第5章**
　現　在：愛知県立大学教育福祉学部教授。
　主　著：『ソーシャルワークの作業場――寿という街』誠信書房，2004年。
　　　　　『フェミニスト福祉政策原論』（共著）ミネルヴァ書房，2004年。
　　　　　『ソーシャルワーカーの仕事と生活』（編著）学陽書房，2009年。
　　　　　『増補　母子寮と母子生活支援施設のあいだ』明石書店，2010年。

山口佐和子（やまぐち・さわこ）**第6章**
　現　在：金城学院大学・中京大学・日本赤十字豊田看護大学非常勤講師。
　主　著：『アメリカ発DV再発防止・予防プログラム』ミネルヴァ書房，2010年。
　　　　　『女性学入門――ジェンダーで社会と人生を考える』（共著）ミネルヴァ書房，2010年。
　　　　　『子ども家庭のウェルビーイング』（共著）金芳堂，2011年。

丸山里美（まるやま・さとみ）**第7章**
　現　在：立命館大学産業社会学部准教授。
　主　著：『ホームレス・スタディーズ』（共著）ミネルヴァ書房，2010年。
　　　　　「野宿者の抵抗と主体性——女性野宿者の日常的実践から」『社会学評論』第56-45号，2006年。
　　　　　「自由でもなく強制でもなく」『現代思想』第34-9号，2006年。

乙部由子（おとべ・ゆうこ）**第8章**
　現　在：金城学院大学非常勤講師。
　主　著：『中高年女性のライフサイクルとパートタイム』ミネルヴァ書房，2006年。
　　　　　『女性のキャリア継続』勁草書房，2010年。
　　　　　『女性学入門——ジェンダーで社会と人生を考える』（共著）ミネルヴァ書房，2010年。

朝倉美江（あさくら・みえ）**第9章**
　現　在：金城学院大学人間科学部教授。
　主　著：『福祉ボランティア論』（共編著）有斐閣，2007年。
　　　　　『地域福祉』（共著）ミネルヴァ書房，2009年。
　　　　　『地域ケアシステムとその変革主体』（共編著）光生館，2010年。
　　　　　『社会福祉と権利擁護』（共著）放送大学教育振興会，2012年。

桑島　薫（くわじま・かおる）**第10章**
　現　在：東京大学大学院総合文化研究科博士課程，湘南工科大学非常勤講師。
　主　著：『女性たちの大学院』（共著）生活書院，2009年。
　　　　　「ドメスティック・バイオレンスと伝統主義——アメリカ先住民コミュニティにおける援助者のDV解釈枠組み」『国際ジェンダー学会誌』第4号，2006年。
　　　　　「プロセスとしての『自己決定』」『超域文化科学紀要』第16号，東京大学大学院総合文化研究科，2011年。

大塚陽子（おおつか・ようこ）**第11章**
　現　在：立命館大学政策科学部教授。
　主　著：『シングルマザーの暮らしと福祉政策——日本・アメリカ・デンマーク・韓国の比較調査』（共著）ミネルヴァ書房，2009年。
　　　　　『ジェンダー史叢書6　経済と消費社会』（共著）明石書店，2009年。
　　　　　『よくわかる女性と福祉』（共著）ミネルヴァ書房，2011年。

菅野花恵（かんの・はなえ）**第12章**
　現　在：バルドスタ州立大学社会福祉学部准教授。
　主　著："Social workers and battered women: The need to study client violence in the domestic violence field", *Journal of Aggression, Maltreatment and Trauma*, 18, 2008.
　　　　　"Supporting Indirect Traumatized Populations: The Need to Assess Secondary Traumatic Stress for Helping Professionals in DSM-V", *Journal of Health and Social Work*, 35(3), 2010.
　　　　　"MSW Students' Satisfaction with Their Field Placement: The Role of Preparedness and Supervision Quality", *Journal of Social Work Education*, 46(1), 2010.

《編著者紹介》

杉本貴代栄（すぎもと・きよえ）
　現　在：金城学院大学人間科学部教授。
　主　著：『フェミニスト福祉政策原論』（編著）ミネルヴァ書房，2004年。
　　　　　『女性が福祉社会で生きるということ』勁草書房，2008年。
　　　　　『シングルマザーの暮らしと福祉政策――日本・アメリカ・デンマーク・韓国の比較調査』
　　　　　　（編著）ミネルヴァ書房，2009年。
　　　　　『ジェンダーと福祉国家――欧米におけるケア・労働・福祉』（監訳）ミネルヴァ書房，
　　　　　　2009年。

　　　　　　　　　　　　　フェミニズムと社会福祉政策

　　　　　　　　　　2012年10月30日　初版第1刷発行　　　　　〈検印省略〉

　　　　　　　　　　　　　　　　　　　　　　　　　定価はカバーに
　　　　　　　　　　　　　　　　　　　　　　　　　表示しています

　　　　　　　　　　　編著者　　杉　本　貴代栄
　　　　　　　　　　　発行者　　杉　田　啓　三
　　　　　　　　　　　印刷者　　中　村　知　史

　　　　　　　　発行所　株式会社　ミネルヴァ書房
　　　　　　　　　　607-8494　京都市山科区日ノ岡堤谷町1
　　　　　　　　　　電話（075）581-5191／振替01020-0-8076

　　　　　　　　　© 杉本貴代栄ほか，2012　　　　中村印刷・清水製本

　　　　　　　　　　　ISBN978-4-623-06402-1
　　　　　　　　　　　　Printed in Japan

女性学入門
──ジェンダーで社会と人生を考える

杉本貴代栄編著

現代を生きる女性にとって身近で重要なテーマを題材に，ジェンダーとは何か，現代社会において何が問題なのかをドラマや漫画を使いながら分かりやすく解説した1冊。

よくわかる女性と福祉

森田明美編著

女性が日常生活を送る中で生じる様々な問題をテーマに，女性の暮らしを支え，その幸福追求において必要となる社会福祉実践とは何か，どのような支援が今後求められるのかについて分かりやすく解説した1冊。

シングルマザーの暮らしと福祉政策
──日本・アメリカ・デンマーク・韓国の比較調査

杉本貴代栄・森田明美編著

ジェンダーという分析視角から，福祉国家のタイプを異にする4カ国比較調査を行い，各国のひとり親政策の特徴と課題を明らかにする1冊。

ジェンダーと福祉国家──欧米におけるケア・労働・福祉

メリー・デイリー／キャサリン・レイク著　杉本貴代栄監訳

ジェンダーの相違と不平等は，福祉国家によってどのように形成されてきたのか。量的研究と質的研究の間の中間的比較研究からジェンダーと福祉国家の関係を理論的・実証的に明らかにする1冊。

アメリカ発　DV再発防止・予防プログラム
──施策につなげる最新事情調査レポート

山口佐和子著

アメリカで取り組まれているDV再発防止や予防のためのプログラムの実際を調査・レポートした本書では，どのような支援が被害者・加害者・子どもたちそれぞれに行われているのかが具体的にまとめられており，わが国で模索されているDV施策や自治体の計画に貴重な示唆を与える1冊。

───── ミネルヴァ書房 ─────
http://www.minervashobo.co.jp/